부동산
계약의
기   술

이것만 알면
중개사고는 없다!

부동산 계약의 기술

김종언 지음 · 한상옥 엮음 · 고상철 감수

매일경제신문사

"힘들어도 참고 했던 일들이 쌓이면
실력이 되고
습관처럼 했던 일들이 쌓이면
고수가 되고
놀이처럼 하는 일에 젖어 들면
최고가 될 수 있습니다."

_____ 님께

드립니다.

20   년   월   일

_____ 드림

공인중개사는
부동산 전문가가 되어야 한다

이 책은 한 공인중개사의 열정과 헌신을 담은 소중한 기록입니다. 고(故) 김종언 공인
중개사님은 평생을 공인중개사로서의 자부심을 가지고, 부동산 전문가가 되기 위해 끊
임없이 노력하신 분입니다. 그분은 늘 공인중개사들에게 부동산 전문가로 성장할 것을
강조하며, 자신 또한 이를 몸소 실천해오셨습니다. 그의 삶과 일에 대한 열정은 주변 모
든 이들에게 깊은 감명을 주었습니다.

그러나 갑작스러운 비보를 접하게 되었습니다. 저자께서 우리 곁을 떠나신 후, 고상
철 대표님으로부터 그분의 유지를 이어받아 이 원고를 책으로 엮어보라는 권유를 받았
을 때, 저는 큰 부담감을 느꼈습니다. 중개사님이 남긴 글의 무게와 그분의 중개업과 후
배 공인중개사에 대한 깊은 애정을 생각할 때, 그 기대에 부응할 수 있을지 두려웠습니
다. 하지만 중개사님의 후배 공인중개사들에 대한 뜨거운 사랑과 열정을 누구보다 잘
알고 있었기에, 그 마음을 담아내고자 최선을 다해 편집을 마쳤습니다.

김종언 공인중개사님은 공인중개사로서의 사명을 누구보다도 깊이 이해하고, 실천하
신 분이었습니다. 그는 단순히 부동산을 거래하는 중개사가 아닌, 진정한 부동산 전문
가로서의 길을 후배들에게 제시하고자 했습니다. 그의 삶과 경력은 우리에게 많은 교훈
을 남겼으며, 그의 말 한마디 한마디는 많은 이들의 가슴에 깊은 울림을 주었습니다.

이 책은 중개사님의 그러한 열정과 헌신을 고스란히 담고 있습니다. 그의 글을 읽으며, 우리는 공인중개사로서의 역할과 책임에 대해 다시 한번 깊이 생각하게 됩니다. 중개사님은 언제나 후배들에게 부동산 전문가가 되기 위한 공부와 노력을 게을리하지 말라고 당부하셨습니다. 그는 자신이 걸어온 길을 통해, 부동산 시장에서의 올바른 길을 제시하고자 했습니다.

이 책을 엮으며, 중개사님의 목소리가 후배 공인중개사들의 마음에 닿기를 바랍니다. 그가 강조했던 전문성, 윤리, 그리고 열정이 여러분의 가슴속에 깊이 새겨졌으면 합니다. 중개사님의 꿈과 비전이 이 책을 읽는 모든 이들에게 큰 힘과 영감을 주기를 간절히 바랍니다.

마지막으로, 김종언 공인중개사님의 뜻을 이어받아 이 책을 세상에 내놓을 수 있게 된 것을 큰 영광으로 생각합니다. 이 책이 많은 공인중개사들에게 길잡이가 되어, 그들의 여정에 밝은 빛을 비추기를 희망합니다. 중개사님의 열정과 헌신이 여러분에게 전해지길 바라며, 이 책을 바칩니다.

공인중개사
한상옥

"중개의 꽃은 계약입니다.
그리고 그 꽃을 피우기 위해 필요한 모든 초석이
이 책에 담겨 있습니다"

안녕하세요? 저는 ㈜미스터홈즈 FC 대표 고상철입니다. 이 책이 세상에 나오기까지 많은 고민과 여러 우여곡절이 있었습니다. 특히, 이 책의 원저자인 고(故) 김종언 교수님께서 마지막 원고를 남기시고 불의의 사고로 우리 곁을 떠나신 후, 출판까지 이어지는 과정은 매우 힘든 시간이었습니다.

하지만 김 교수님의 뜻을 이어받아 그의 표현과 의도를 최대한 온전히 담고자 노력하며, 이 책을 세상에 내놓을 수 있었습니다. 원고 정리와 출간을 위해 애써주신 한상옥 대표님께도 이 자리를 빌려 감사의 마음을 전합니다.

이 책은 초보 공인중개사에게 실질적으로 도움을 줄 수 있는 내용들로 구성되어 있습니다. 2002년, 제가 처음 공인중개사무소를 열고 첫 계약서를 작성했던 날이 떠오릅니다. 당시에는 부동산 공법 강의를 하던 강사로서, "이 정도야 쉽게 할 수 있겠지"라는 자신감으로 중개업에 뛰어들었지만, 매번 계약서를 쓸 때마다 유의할 점과 배워야 할 부분이 많다는 것을 깨달았습니다.

현재 저는 국내 최초의 기업형 부동산 브랜드인 미스터홈즈를 운영하며, 계약의 기술이 얼마나 중요한지 날마다 실감하고 있습니다. 계약을 잘 작성하는 것은 단순한 기술이 아니라, 이 업의 진정한 매력을 깨닫게 해주는 과정입니다.

이 책은 중개업의 초석을 다지기 위한 훌륭한 길잡이가 될 것입니다. 중개업은 정답이 없는 분야입니다. 하지만 정답을 찾아가는 방법은 있습니다. 이 책이 그 방법을 탐구하고자 하는 모든 공인중개사들에게 길잡이가 되어주길 진심으로 바랍니다.

(주)미스터홈즈 FC 대표이사
고상철

부동산 중개업은 물건도 현장에 있고, 고객도 현장에 있다

공인중개사 합격을 진심으로 축하합니다. 지금까지는 공인중개사 자격증을 취득하기 위한 이론을 연마했다면, 이제는 현장으로 달려가야 합니다. 물건도 현장에 있고, 고객도 현장에 있기 때문입니다.

필자는 35여 년 동안 전국의 공인중개사사무소 2,000여 곳을 방문한 현장 경험 기록을 토대로 부동산 중개 기술을 더 현실적이고 계량화해 이 책에 담았습니다.

"내가 책임지겠습니다"라는 말은 절대 금물이다

35여 년간 현장에서 중개와 12년간 실무교육을 하다 보니 많은 질문을 받았습니다. 개업공인중개사는 계약 한 건에 급급해서 고객의 마음을 잡기 위해 어떤 부분에서 "내가 책임지겠습니다"라고 말하는 경우가 많습니다. 그런데 고객은 자기의 이익에 반하거나 손해가 된다면, 이를 중개한 공인중개사에게 그 책임을 묻는 것이 현실입니다.

그래서 공인중개사는 중개대상물에 대해 권리 분석을 철저히 하고, 임장 활동을 통해 물건의 상태를 정확하게 분석하며, 계약서 작성 시 서로 합의해 특약 작성을 잘해야 합니다. 그 물건에 대해 계약 시와 중도금 잔금 후에라도 예상되는 문제를 반드시 미리 확인해야 합니다.

전문성을 갖춘 프로 공인중개사로 거듭나야 성공할 수가 있다

오늘날 부동산 중개업은 단순 중개계약에서 고급 중개 컨설팅 분야까지 전문성을 두루 갖춰야 경쟁에서 이길 수가 있습니다. 즉, 중개의 기술을 필요로 합니다. 중개의 기술이란, 창업 사무소 입지분석부터 ① 창업의 기술, ② 물건 확보의 기술, ③ 권리 분석의 기술, ④ 임장 활동의 기술, ⑤ 마케팅(물건 광고)의 기술, ⑥ 상담의 기술, ⑦ 계약의 기술,

⑧ 중재의 기술, ⑨ 해결의 기술, ⑩ 고객 관리의 기술 등 고도의 기술이 필요합니다.

실전/실무에서 〈부동산 계약서 쓰기〉의 가치를 확인하라!

35여 년간 부동산 중개 현장에서 활동하면서 온갖 희로애락(喜怒哀樂)을 경험했습니다. 그 경험을 바탕으로 필자는 좌우명을 '부동산 중개업은 즐거운 여행이다'로 정하고, 열심히 영업하며 프로 공인중개사가 되기 위해 공부하고 기록으로 남겼습니다.

그동안 물건지의 상태에 따라 16개의 사무소를 창업(신규 창업 10곳, 인수 4곳, 합동 1곳, 공동 1곳)해 영업했습니다. 그래서 이 책에는 창업의 기술, 부동산 중개 기술과 관련된 내용을 망라했습니다. 초보공인중개사나 현재 영업 중인 공인중개사가 꼭 읽어봐야 할 내용을 담았습니다.

부동산을 사랑하고, 고객이 나의 사무소를 사랑하게 하라!

공인중개사는 부동산을 사랑하고, 내 사무소를 사랑하며, 고객이 내 사무소를 사랑하게 만드는 것이 성공의 지름길입니다.

부동산 중개업 사무소의 내재 가치는 계약에 있습니다. 즉, 계약서를 많이 작성해야 수익을 창출할 수 있으며, 내 생활도 한층 윤택해질 것입니다.

부동산 중개업도 영업이기 때문에 돈이 들어오지 않으면 짜증스럽고 나태해지기 쉽지만, 돈이 들어오면 기분이 좋아집니다. 따라서 항상 자신감을 가지고 고객과 유대관계를 맺어야 하며, 나를 도와줄 수 있는 귀인으로 만들어야 합니다.

이 책에는 필자의 노력에 의한 성공사례와 실패사례도 나열되어 있으니, 이 책을 읽는 공인중개사님들이 간접 경험으로 참고하시길 바랍니다.

필자는 "꿈꾸는 자에게 행운의 여신이 미소를 보내며, 기회는 준비된 자의 몫이다!"라는 구절을 좋아합니다.

누군가는 지금도 계약서를 쓰고 있으며, 열심히 뛰는 자는 누군가가 눈여겨보고 있습니다. 이 지면을 통해 인사를 나눈 공인중개사 선후배님들께 늘 행운이 함께하길 기원합니다.

공인중개사
김종언

차례

공동주택
계약의 기술

부　동　산　계　약　의　기　술

1

부동산
계약의 기초

일반중개계약과 전속중개계약 비교

구분	일반중개계약	전속중개계약
형태	X(다중의뢰 가능)	○(독점의뢰 가능)
진행사항 통보	X	2주에 최소 1회 이상 통보
정보공개 의무	X	계약체결 후 7일 이내 거래정보망 또는 신문광고
유효기간	의뢰 후 거래성립 시	(원칙) 3개월 (예외) 약정기간
서식 사용 의무	X(권장 서식)	○(법정 서식)
위약금(중개보수)	X	위약금 : 중개보수의 100% 소요비용정산 : 중개보수의 최대 50%
보존의무	×	3년 보존

단순 일반중개계약에서 전속중개계약으로 시도하고 나아가서 전속 컨설팅 용역계약으로 수익을 창출해야 성공할 수 있다.

중개계약에는 일반중개계약과 전속중개계약이 있다. 전속중개계약은 독점 의뢰이 며, 법정서식을 사용하고, 중개보수 위약금이 있다는 점에서 일반중개계약과 차이가 있다. 필자도 물건을 접수하고 어느 시점에 가서는 넌지시 전속중개계약서 이야기를 꺼낸다. 그런데 쉽지 않다. 즉, 실제 계약서도 아닌데 3~6개월 전속중개계약서에 도장을 찍으라고 하면 사기가 아닌가 의심하거나 이상한 눈길을 보내온다. 그래서 자세한 설명을 하고 매도 위임장이라도 받아내기도 한다. 하지만 지속해서 시도하고 고객과 믿음과 신뢰를 얻고, 기쁨과 감동을 주면서 그들과 유대관계를 맺다 보니 몇 건 정도는 전속중개계약을 받아내면서 실제 계약을 성사시키기도 했다.

전속중개계약 정기보고서

전속중개계약 정기보고서

보고서 번호 :
보고 날짜: 20○○년   월   일

계약정보	주 소	
	계약 기간	[계약 시작일] ~ [계약 종료일]
	의뢰인 정보	[의뢰인 이름 및 연락처]
매물 상태 및 특징	매물유형	공장
	면적	[전용면적 및 공용면적(해당되는 경우)]
	가격 및 특징	
마케팅 활동	광고활동	[온라인/오프라인 광고 상태 및 업데이트]
	관심고객	[관심을 보인 고객의 수와 반응]
	오픈하우스	[실시 여부 및 날짜, 참석자 수]
관심 및 방문자 정보	총 방문자 수	[이 기간 동안의 방문자 수]
	고객 피드백	[방문 고객의 의견 및 관심도]
진행된 협상 및 계약 상환	협상 상태	[현재 진행 중인 협상의 개요]
	계약 진행	[계약으로 이어진 상황 및 상세 정보]
문제 및 해결책	문제점 :	
	해결책 :	
추가 노트 및 의견	의견	[중개 과정에 대한 중개인의 의견 및 제안]
	1	
	2	
	3	
	다음 단계 계획	

위와 같이 결과보고서를 제출합니다.

20   년   월   일

미스터홈즈 대표 공인중개사 :   고상철 (인)

_____ 귀하

부동산 유형별 계약서는 이렇게 작성하라!

이제 본격적인 계약서 및 확인설명서 작성으로 들어가보기로 한다.

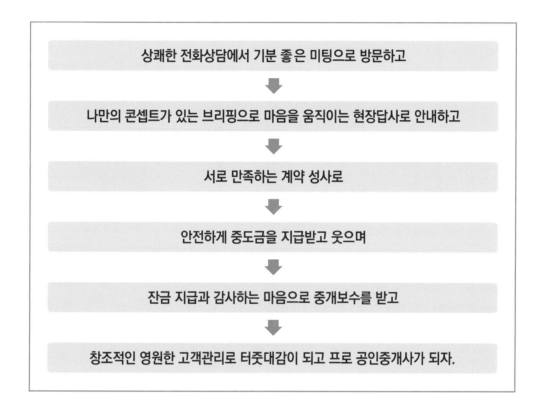

부동산 계약서는 하자가 없어야 한다.

양 당사자의 합의사항을 계약서 특약과 확인설명서에 정확히 기록하고, 읽어주고 본인의 서명과 날인을 받는 것이 최고의 방법이다. 그들의 공통점은 결정적인 타이밍에서 손을 들고 만다. 고객의 분위기를 파악해 순간순간 감동을 줄 수 있는 이벤트를 연출해 계약을 성사시켜야 한다.

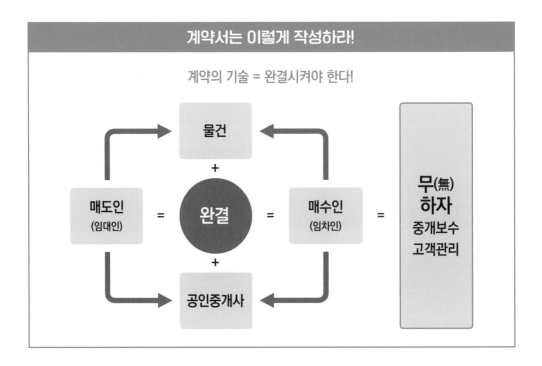

상쾌한 전화상담과 기분 좋은 미팅

처음 부동산 중개업에 입문해 사무소에 자리하면 전화받기도 망설여지기 마련이다. 왜냐하면 준비가 덜 되어 있어 뭐라고 답변을 해야 할지 걱정되기 때문이다. 그럴 때는 잠깐 양해를 구하고 옆 동료에게 넘기거나, 아니면 메모를 하고 잠시 후 정확하게 전화를 드리겠다고 하며 손님의 문의사항을 파악해 답변해야 한다.

첫째, 자기 중개사무소의 물건을 빨리 파악하고 정보망을 검색해 물건 변동사항과 가격 추이를 빨리 습득해서 답변해야 한다.

둘째, 메모를 정확하게 해서 제때 답변이 안 되면 옆 동료나 대표의 조언을 구해 손님에게 결과를 알려줘야 한다. 적당히 메모하고는 잃어버려 휴지통을 뒤지는 일도 허다하게 일어나니, 자기만의 물건 접수 대장에 기록하는 습관을 가져야 한다.

셋째, 상쾌한 전화상담으로 기분 좋은 미팅이 되도록 최선을 다해야 한다. 전화로 정보만 제공하고 미팅이 이루어지지 않는다면 다음 진행이 안 될 것이 뻔하기 때문이다.

넷째, 찾아오는 길 안내를 정확히 알려 미팅에 차질이 없도록 해야 한다. 만약을 대비해 중개사무소 찾기가 어렵다면, 중도에 마중을 나가서라도 모시고 와야 한다. 특히 주차난이 심하다면 주차를 잘할 수 있게 인도해야 한다. 중개사무소를 못 찾고 길을 헤매다가 다른 중개사무소로 가버리면 지금까지 공들여 진행한 상담은 헛수고가 된다.

이런 점들을 유념해 초보공인중개사들도 자신감을 가지고 업무를 수행할 수 있도록 노력해야 한다. 차츰 경험이 쌓이면 더 능숙하게 응대할 수 있을 것이다.

1. 전화상담 시 목소리를 낮추고 상쾌한 기분으로 전화벨이 3번 울리기 전에 받는다. "예, ○○공인중개사입니다"라고 인사하며, 메모하면서 또박또박 정보를 제공한다.
2. 동시에 다른 전화(연동 전화기)가 온다면 경중을 가려 양해를 구하고 다시 전화한다.
3. 상대편의 전화가 내려진 후 본인 전화기를 내려놓는다. 누구나 전화를 받고서 상대편이 먼저 전화를 끊는 바람에 정작 더 전해야 할 이야기를 못하고 기분이 상한 경우가 있을 것이다.
4. 손님, 고객이 본인을 찾는 전화가 있다면 반드시 받아야 한다. 비록 거래로 잘못이 있거나 중대한 하자가 생겨도 보이콧하는 일은 없어야 한다. 순간을 모면하기 위해 자리에 없다고 한들 해결책은 본인이 처리해야 하기 때문이다.

물건 확보 시연 실습 문항

1. 안녕하세요? ○○○부동산 공인중개사 김종언입니다. 임대문의 안내문을 보고 전화 드립니다.
2. 저희 고객이 이 지역에 외국계 등산장비 전시 판매장을 찾고 계십니다. 지금 보이는 건물이 좋아보여 여쭤봅니다.
3. 전용면적이 몇 평이나 됩니까?
4. 보증금과 월차임은 얼마입니까? 조금 조정이 가능할까요?
5. 관리비는 어느 정도 됩니까?
6. 주차대수와 손님 이용료는 어떻게 됩니까?
7. 개인 소유 건물입니까? 법인 소유 건물입니까?
8. 혹시 권리금이 있나요?
9. 만약 계약한다면 렌트프리/시설기간은 얼마나 가능할까요?
10. 저희 고객을 모시고 가면 언제 열어볼 수가 있나요?
11. 고맙습니다. 저희 고객께 잘 말씀드리고 최선을 다하겠습니다.

참고
1. 다른 중개(법인)사무소의 것이라면 중개보수에 관한 사항은?
2. 일단은 호감이 가도록 상담하는 것이 중요함.

현장에서 직접 시연(실습)합니다.

나만의 콘셉트(Concept) 브리핑으로
마음을 움직이는 현장답사 안내하기

미팅이 이루어졌으면 이제 브리핑은 간결하고 정확하게 해야 한다. 고객의 생각과 조건을 빨리 간파해 미리 머릿속에 준비된 권장 물건 2개 정도를 1순위, 2순위로 정해 제시하고 현장을 방문해야 한다. 물건이 하나만 준비되어 있으면 손님의 취향이나 조건에 맞지 않을 경우, 그제야 다른 물건을 찾아 헤매다 보면 시간 낭비도 되지만, 모처럼 방문한 손님의 기대에 부응하지 못하는 경우가 많다. 항상 2순위 물건이 머릿속에 준비되어 있어야 한다. 브리핑 후 현장답사를 나설 때도 세심한 주의가 필요하다.

출처 : 저자 제공(이하 동일)

첫째, 손님과 현장 출발 시, 사전에 방문하는 물건주에게 연락해 집 상태를 점검하도록 한다. 가령 창문을 열어놓아야 좋아보이는지, 날씨에 따라 추운 겨울이라면 난방을, 여름이라면 에어컨을 가동해 방문하는 손님이 호감을 느끼도록 해줘야 한다.

둘째, 동선을 잘 계획해야 한다. 나이 드신 어르신이라면 노인정이 있는 평지로, 어린이가 있다면 어린이 놀이터가 있는 쪽으로, 고가의 승용차를 소유한 손님이라면 넓은 주차장으로, 전망을 중요시하는 손님이라면 공원이 있는 곳으로, 직장인의 출퇴근을 고려하는 손님이라면 BUS 주차장이 보이는 곳으로 안내해야 한다. 돌아올 때도 장점이 많은 곳으로 오는 것이 좋다.

셋째, 같은 평수의 아파트를 방문할지라도 순서를 잘 선택해야 한다. 전망을 중요시한다면 높은 층부터, 가격을 중요시한다면 깨끗한 집을 먼저 보여줄지, 로열층을 먼저 보여줄지를 손님의 기호에 맞춰야 계약 성사를 이루기 쉽다.

넷째, 방문 후 귀가하는 손님께 명함만 한 장 줘서 보내면 안 된다. 그 손님에게 상담했던 브리핑 자료를 제공해 집에 귀가한 후 가족들과 다시 한번 검토할 수 있도록 자료를 제공해야 한다.

계약 성사는 한두 번 방문으로 이루어지는 경우도 있지만, 오랜 시간이 지난 후에 이루어지는 경우도 있다. 사정으로 미루어졌더라도 다시 계획을 세워 미팅이 될 수 있다면, 그 자료를 들고 올 것이다. 계약은 반드시 미팅이 이루어져야 체결할 수 있다. 자료 제공은 간단하다. 상담했던 내용과 도면 정도만 첨부해도 그분들에게는 훌륭한 자료가 될 것이다.

다섯째, 진돗개 근성으로 재방문을 유도해야 한다. 한두 번 방문으로 계약 성사가 이루어지면 좋겠지만, 현실은 그렇지 않다. 심지어 열 번 이상 방문하는 경우도 있다. 그러나 이사 날짜가 정해지고 조건에 근접한 손님이라면 여기서 멈추면 안 된다.

더구나 경쟁이 치열한 중개업 시장에서 그 손님은 나만 믿고 기다리지 않는다. 다른 중개사무소에서도 이미 정보를 얻고 있을 것이며, 더욱 나은 정보와 조건을 제시하는 곳으로 달려가기 마련이다.

여섯째, 최근에는 처음 방문해 바로 계약을 하고 가시는 손님이 의외로 늘어나고 있다. 바쁜 직장 생활에 시간을 절약하려는 젊은 손님들은 집이나 직장에서 정보망을 꼼꼼히 파악해서 출력된 정보를 손에 쥐고 온다. 만약 어느 중개사무소와 여러 번 상담을 통해 물건을 확인했음에도 그 중개사무소와 계약을 맺지 못하고 찾아온 손님이라면, 그 중개사무소가 정확한 정보를 제공하지 못했거나 믿음과 신뢰를 주지 못했을 가능성이 크다. 감동하지 못했기 때문에 정보를 얻고도 계약은 다른 사무소에서 체결하는 경우가 흔히 있다. 이미 지나간 후 후회를 해도 소용이 없다.

현장을 방문할 때는 여러 사람이 동시에 방문하는 것을 자제하고, 실제로 필요한 손님만 대동하는 것이 예의다. 매수 손님과 함께 방문하면서 사전에 물건의 장단점을 말하지 않도록 해야 한다. 단점을 말하면 물건주의 기분을 상하게 할 수 있고, 반대로 너무 좋다고 흥분하면 가격 조절이 어려워질 수 있기 때문이다.

공인중개사는 정중히 인사하고 명함을 건네며, 아이가 있는 경우 조그만 과자 하나라도 선물하며 친근감을 표시해야 한다. 돌아와서는 반드시 결과를 물건주에게 알려야 한다. 그래야 다음 방문에도 거부감을 줄일 수 있다.

특히 공동중개로 회원업소와 동행 방문할 때는 상대 중개사무소에 누가 되지 않도록 상대의 안내를 존중하고, 자신의 명함을 주는 것을 삼가야 한다. 어디까지나 안내하는 중개사무소의 물건이기 때문이다.

서로가 만족하는 계약(Closing) 성사하기

손님의 마음을 움직여 계약을 이루려면 가격과 조건이 중요하다. 누군들 매도(임대) 물건을 높은 가격으로 받기를 원하지 않겠는가? 반대로 매수(임차)하고자 하는 손님은 낮추어주길 희망한다. 참 중요한 문제다. 결국은 공인중개사인 중개업자가 중매를 서는 심정으로 협상을 할 수밖에 없다. 필자는 '완충벨트'라는 용어로 가격을 조정하려고 한다.

요즘은 부동산 가격이 높아서, 가령 매도자의 희망가격이 2억 5,000만 원인데 매수자가 2억 원을 희망한다면 5,000만 원이라는 큰 금액의 '완충벨트'가 가로막고 있다.

가격 차가 워낙 커 접근이 어렵더라도 일단은 시도해봐야 한다. 먼저 매도자에게 기분이 상하지 않도록 현재의 부동산 가격 흐름을 잘 설명하고, 꼭 받아야 할 가격을 정한 후, 매수 손님에게 2순위 물건보다 장점을 부각시켜 매수 희망가격을 끌어올려 중간선 가격에서 계약이 이루어지도록 심혈을 기울여야 한다. 실제로는 중간선 가격보다 조금 높은 가격으로 많이 이루어진다.

그래도 계약 성사가 힘들고 깨어진다면 재빨리 순발력을 발휘해 2순위 물건으로 눈을 돌려야 한다. 작은 차이의 금액으로 대면 협의를 시작한다면 20분 정도 어느 한쪽을 먼저 오도록 시간을 조정하는 것이 좋다. 사전에 정지작업을 해야 협상을 빨리 끝낼 수 있기 때문이다. 미리 소속공인중개사나 보조원의 협조로 바로 협상을 할 수 있도록 교감을 이루어놓아야 그동안 공들인 손님을 놓치지 않는다.

계약 성사 후에는 더 많은 기쁨을 주기 위해 행운의 열쇠가 부착된 '축하카드'를 작성하고 읽어주어서 한 빈 더 감동을 줘야 한다. 필자는 매수(임차) 고객뿐만 아니라 떠나는 매도 고객에게도 축하카드를 손수 붓펜으로 작성해 고객이 보는 앞에서 읽어준다. 고객의 기쁨을 배가시키는 일이야말로 영원한 고객으로 관리할 수 있는 방법이다. 실제로 10년 전 카드를 가지고 방문하는 고객도 있다. 주변의 친지나 동료를 보내주며 카드 이야기를 통해 한결 수월한 상담을 하기도 한다. 또한 중개보수를 받을 때도 계약 시의 기분 좋은 감정이 이어져 깎는 일이 없다. 오히려 감사하다는 인사를 받기도 한다. 한번 시도해볼 만하다고 권하고 싶다.

어떤 공인중개사는 귀찮다고, 또는 글씨를 잘못 써서 실행이 어렵다고 한다. 그렇다면 타이핑하는 방법도 있지 않은가?

계약서는 정확하게 작성하라

① 철저한 권리분석으로 브리핑 자료를 만든다.
② 물건 현 상태를 임장 활동을 통해 위법 확장건축물의 하자 부분을 확인하고 확인설명서에 기록한다.
③ 양 당사자가 합의된 사항을 특약하고 읽어주고 서명·날인받는다.
④ 계약 이후 중도금 및 잔금 납부 시까지 새로운 사항을 인지했다면 양 당사자에게 알리고 대처한다.
⑤ 업 또는 다운계약서를 작성하지 않는다.
⑥ 중개보수에 관한 사항을 분명하게 읽어주고 확인받는다.

안전하게 중도금 하기와 웃을 수 있는 잔금하기

[중도금 시 준비사항]

① 중도금일 2~3일 전에 등기사항전부증명서를 열람하고 양 당사자에게 연락해 사전 준비사항을 점검한다. 중도금 당일에도 다시 열람한다.

② 양 당사자의 확인을 거쳐 매도인 본인 통장계좌로 입금할 수 있도록 배려한다.

③ 문제점이 발생하면 즉시 양 당사자와 상면해서 해결하도록 조치한다.

[잔금처리와 소유권 이전]

① 마무리 단계인 잔금 납부 시에는 만반의 준비를 해야 한다. 각종 서류 준비는 물론 법무사, 세무사와 미리 연락해 시간 약속에 차질이 없도록 해야 한다.

② 소유권 이전을 위한 매도용 인감증명서 서류 발급은 하루 전에 한 번 더 확인한다. 글자 한 자 표기가 잘못되어 재발행하는 번거로움이 생길 수 있다.

③ 관리비를 비롯해 전기요금, 가스요금, 장기수선충당금, 예치금 등을 당일 정리하거나 바로 정리가 되도록 준비해둔다.

④ 잔금은 사전에 조율해 수표의 금액을 나누어 발행하도록 조치한다. 당일 바쁜 시간에 은행으로 왔다 갔다 하는 번거로움을 줄여야 한다.

⑤ 특히 공휴일이 잔금일이라면 더욱 세심하게 살펴 수표도 서명·날인과 함께 복사해두고 분실 등 문제가 발생하면 즉각 대처할 수 있도록 한다.

⑥ 잔금 정리 시 매수자(임차인)를 미리 오도록 해서 이전 사용자로부터 사용법 등을 열쇠와 함께 인계받도록 한다. 이렇게 입주 시에 사용법을 몰라 불편한 점이 없도록 배려하면 좋다. 또한 중대한 하자가 없는지 동시에 확인해 이사를 떠난 후 분쟁의 소지를 없애야 한다.

⑦ 열쇠는 가능하면 입주자가 새로운 것으로 교체를 권유해서 이전 주인의 분실 등으로 인해 새로운 입주자가 심적인 부담을 갖지 않도록 안내한다.

⑧ 계약 시에도 마찬가지겠지만, 중도금, 잔금 시에도 공인중개사가 주도적으로 진행해서 마무리해야 한다.

감사하는 마음으로 중개보수 받기

꽃(계약성사)을 피웠고 잘 마무리했으니 이제는 씨앗(중개보수)을 받아야 할 차례다. 고맙게 받아야 한다. "예! 고맙습니다. 요긴하게 쓰겠습니다." 얼마나 좋은 말인가? 어렵고 어려운 계약을 성사시키고 중도금, 잔금까지 완료하고 소유권 이전까지 얼마나 힘들었는지는 경험자만이 알 것이다. 그래서 고맙게 받고 요긴하게 사용해야 한다. 좀 깎자고 하면 다음 기약을 하고 넌지시 져주는 것도 고객 관리의 한 방법이 아닐까? 법정 중개보수를 받고 영수증을 발행해서 믿음을 심어주는 것도 좋겠다.

필자의 지인 공인중개사 중 계약도 많이 하고 수익도 많이 올리나 쉽게 소비해 정작 생활에는 어려움을 겪고 있는 분도 있다. 아무리 열심히 일하면 뭘 하겠는가? 기분이 좋다고 한잔, 안 된다고 한잔 술로 또는 사행심에 빠져 빈손이 된다면 장래가 보장되지 않는다. 의외로 그런 사람이 많기에 거론해본다.

필자는 35년 동안 중개업을 하면서 중개보수로 얼굴을 붉힌 적이 단 한 번 있었다. 다투지는 않았지만 10년이 지난 지금까지도 받지 못했다. 지금도 일주일에 몇 번씩 얼굴을 마주치며 살아가는 얄궂은 인연이다. 같은 아파트 단지 같은 동 같은 라인에 살게 될 줄은 꿈에도 몰랐다. 그분은 필자의 얼굴을 보면 멀리서 피하고 뒤돌아간다. 그러고 보니 필자의 잘못은 아닌가 보다. 필자는 떳떳하니 말이다.

부동산 중개업을 하다 보면 분양권 전매를 경험하게 된다. 마침 분양권을 시행사에 가서 약간의 프리미엄을 협의하다가 손님이 요구하는 200만 원을 깎지 못했다고 중개보수가 120만 원이었으나 20만 원을 주기에 얼굴을 붉히고 말았다. 그 손님의 이유는 100만 원도 못 깎았으니 100만 원은 빼고 20만 원을 주고 간다고 하기에 20만 원도 그냥 돌려주었다. 설마 0원으로 끝내지는 않겠지…. 하지만 10년이 지난 지금까지도 그냥 피하고 있으니 그분의 가슴도 얼마나 속이 시릴까? 중개사무소 여직원이 한 말이 생각난다. "사장님! 중개보수는 깎이더라도 받고 봐야 하지 않아요?" 맞는 말이다. 우선은 받고 볼 일이다.

영원한 고객 관리

　10년 고객을 30명쯤 관리하고 있다면 성공한 공인중개사일까? 정답이 아닐 수도 있다. 물건의 크기에 따라 다를 수 있기 때문이다. 하지만 10년 동안 그 고객과 인연을 맺고 있다는 것도 또한 쉽지 않을 것이다. 그분들의 재산을 관리하다 보면 뭔가 얻어지는 것이 있다. 부자라는 말보다는 부를 이루기 위해 얼만큼 노력하고 절약하는지를 눈여겨보면 세상에 그저 주어지는 것이 없다는 사실을 느끼게 된다.

필자가 계약서를 작성하고 드린 후에 내 집 마련 축하카드를 드리고 있다.

　필자는 과거부터 지금까지 계약서 작성 후에 내 집 마련의 축하카드를 케이크와 함께 드리고 있다. 고객을 관리하는 공인중개사는 그 고객으로부터 믿음과 신뢰를 얻고 영원한 고객으로 관리하려면 조금도 소홀함이 없어야 한다. 한번 신뢰를 쌓은 고객은 결코 사라지지 않는다. 이웃, 친지, 동료 등 손님을 모시고 오고 보내주기도 한다. 부동산 경기가 호황일 때는 물론 불황일 때에도 도움을 주고받을 수 있다.

　필자의 고객 중 몇 분은 필자의 말이라면 무조건 믿는다. 어떤 일이 있다면 먼저 찾아오고 필자의 말에 따라 움직인다. 그분들 말씀은 왠지 필자의 조언에 따르면 결과가 좋다는 것이다. 무슨 이야기인가? 그만큼 사심 없이 객관적인 입장에서 일 처리를 하다 보니 자연적으로 영원한 고객이 되었다. 필자는 물건지를 따라 몇 차례 중개사무소를 이전하다 보니 모처럼 맺은 고객을 관리하기가 쉽지 않았다. 그 후 한 지역에 터를 잡아 10년을 넘게 영업하다 보니 자연스레 고정 고객이 쌓이기 시작했다.

부동산 중개업에 입문해 창업했다면 알맹이 있는 고객을 잘 관리해야 한다. 그냥 그때마다 거래하고 관리하면 안 된다. 그분들의 일상까지 눈여겨보고 경조사까지 챙겨 인간적으로 맺어진 고객은 절대로 다른 중개사무소로 옮겨 가지 않는다.

관리하면서 중요한 사항이 하나 있다. 그 고객의 개인정보는 철저히 비밀을 유지해야 한다. 자칫 그분께 누를 끼칠 뿐만 아니라 한 번 틈이 생기면 회복하기가 어렵기 때문이다. 중개업법에 고객의 비밀 준수 임무가 있지 않은가? 나이 드신 고객이라면 어버이날에 카네이션 두 송이가 들어있는 우체국 어버이날 선물도 보내고 연말에 새해맞이 축하카드도 보내는 방법도 있다. 많은 비용이 들지 않지만 고객이 받아볼 때는 분명 작은 기쁨이 있을 것이다.

영원한 고객 관리란 것이 따로 있지 않다. 그분들의 마음속에 뭔가 기쁨을 주고 뇌리에 기억될 수 있다면 이것 또한 고객 관리의 한 방법이 아닌가? 꼭 그분들의 재산을 관리하고 수익을 창출해주어야만 유대관계가 이루어지는 것은 아닐 것이다. 바로 사람 살아가는 정겨움을 주고받을 기회를 잘 살려야 진정한 프로 공인중개사일 것이다.

부동산 중개업은 프로야구 게임이다

필자는 부동산 중개업을 프로야구 게임에 비유해본다. 프로야구선수는 피땀 흘리며, 그 바닥에서 주전선수로 선정되고 결과물을 얻어야 부를 이룰 수 있다. 공인중개사가 임대차계약으로 200만 원 이하의 중개보수를 받는다면 안타로, 500만 원 이상 받는다면 2루타로, 1,000만 원 이하 보수의 계약 건수를 올렸다면 3루타로 가정하고, 1,000만 원 이상 보수를 올리는 큰 계약을 성사시켰다면 홈런으로, 2,000만 원 이상은 투런 홈런으로, 3,000만 원 이상은 쓰리런 홈런으로, 5,000만 원의 큰 중개보수의 계약을 성사시켰다면 그야말로 꿈의 만루 홈런으로 대비해본다.

부동산 중개업은 프로야구 게임이다!

나만의 콘셉트로 무장하고 물건 현장을 누벼야 살아남는다.

공인중개사

꿈은 꿈꾸는 자가 이룬다!

임대차계약 성사 중개보수	매매계약 성사 중개보수
① 안타 : 100만 원 이하	① 솔로 홈런 : 1,000만 원
② 2루타 : 200만 원 이상	② 투런 홈런 : 2,000만 원 이상
③ 3루타 : 500만 원 이상~1,000만 원 이하	③ 쓰리런 홈런 : 3,000만 원 이상
	④ 만루 홈런 : 5,000만 원 이상

1년에 홈런 몇 개로 성공하는 공인중개사도 있는가 하면 많은 안타를 쳐서 성공하는 공인중개사도 있다. 그만큼 공인중개사는 현장에서 땀을 흘려야 성공할 수 있다는 이야기다.

문을 닫는 사무소는 이유가 있다

그토록 온갖 어려움을 극복하고 터전을 잡은 사무소를 문을 닫는다고 생각해보면, 뭔가 사전 준비가 덜 되었을 테고 영업에 열심히 매진하지 않았다는 이유가 있을 것이다. 물론 더 좋은 사무소로 옮겨간다거나 아니면 넉넉한 권리금을 받았다면 더할 나위 없겠지만, 투자금보다 손실을 보고 새로운 길을 찾고 있다면 문제가 달라진다. 이왕 부동산(컨설팅) 중개업을 계속할 계획이라면 철저한 분석이 필요하지 않을까? 그래야만 두 번의 실수를 미리 방지할 수 있기 때문이다.

 필자가 도농복합지역의 한 자리에서 10년을 영업하면서 접수 물건과 계약 성사 건수를 통계로 분석해보니 대략 다음과 같았다. 물론 위치에 따라 물건의 다양성에 따라 종류도 각각 다르고 중개보수 또한 크기에 따라 차이가 있겠지만, 아파트(분양권 포함), 전원주택, 연립빌라, 단독주택, 원룸, 투룸, 토지, 건물, 상가, 공장, 창고 등 매매 임대차를 전부 포함해 1년 동안 접수 물건이 대략 500건 정도가 넘었다. 그 500건 중 몇 건을 계약 성사시켜야 우수 중개사무소로 인정할 수 있을까? 보는 견해에 따라 중개보수의 많고 적음에 따라 다르겠지만, 공인중개사 본인의 의지와 발로 뛰는 활약에 따라 다를 것이다.

 필자의 생각으로는 5년 정도 중개업을 했다면 일반 직장인과 비교해 필요경비를 제외하고 순수익 월 600만 원 정도는 되어야 한다고 생각한다. 공인중개사는 각 개인사업자이기에 의료보험, 연금 혜택 등도 개인비용으로 가입해야 하기 때문이다. 본인의 향후 노후도 대비해야 하기 때문이다.

2

계약서의
종류

계약서의 종류

개업공인중개사의 영업은 여러 유형의 물건을 알선 중개하게 된다. 주거용 부동산에서부터 상가(건물), 토지, 임야(공장, 창고, 전원주택지 등)까지 다양한 물건을 매매하고 임대차 계약을 작성하며, 자산관리(건물 등)를 하는 공인중개사가 있는가 하면, 더 전문화된 부동산 컨설팅까지 다양한 분야로 전문성을 발휘하는 공인중개사도 있다. 부동산 중개업 영업은 앞서 거론한 것처럼 하자가 없어야 한다.

필자는 35여 년간 부동산 중개업 분야에서 일하면서 많은 사건, 사고를 겪었다. 심지어 소비자의 고발로 법정에도 여러 차례 섰고 벌과금도 냈다. 그래서 계약서와 확인설명서 작성을 빈틈없이 한다. 법정에 서보면 계약서의 특약사항과 확인설명서 기록을 토대로 판결을 내린다는 것을 알 수 있다. 앞서 기술한 바와 같이, 우리나라 법의 판결은 증거주의를 택하고 있다. 즉, 완벽한 계약서 작성과 법정서식인 확인설명서 작성의 중요성을 강조하며, 각 물건의 유형별 계약서 작성 방법을 기술해보고, 기본적인 특약사항과 그 물건에 따른 특별 추가 특약사항 모음을 나열해보기로 한다.

계약서의 하자담보책임

공인중개사가 물건을 의뢰받아 고객과 협상해서 계약서를 작성할 때는 양측이 웃는 얼굴로 서로 도와주겠다는 마음으로 계약서를 작성하는 경우가 많다. 하지만 중도금 시기나 잔금 시기에, 또는 대외적 상황 변화로 인해 부동산 가격의 급상승이나 정부의 정책 변화 등으로 인해 해약을 원하거나 물건 상태의 확인 미비로 인해 다툼의 소지가 발생하면 반드시 분쟁이 생기기 마련이다.

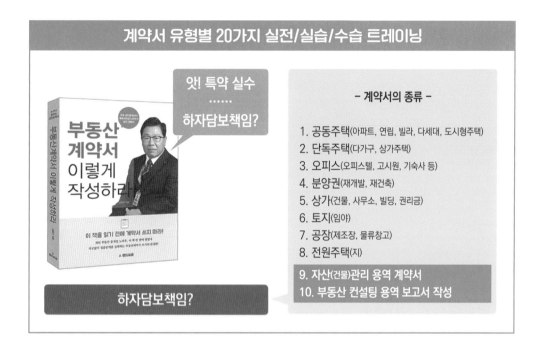

이런 경우를 대비해 계약서는 유형별로 정확하게 작성해야 한다. 잔금 지급일에 잔금을 지급하지 못하면 그다음 날부터 손해배상 문제가 발생할 수 있다. 이럴 경우, 공인중개사는 중재력을 발휘해 중개보수를 다 받지 못하더라도 양 당사자를 이해시켜 잔금으로 거래를 완결해야 한다. 그렇지 않고 시일이 지나 해결을 하게 되면 중개보수를 받기 어려워진다.

따라서 개업공인중개사는 계약 후 중도금, 잔금, 명의 이전 후에도 일어날 수 있는 사항을 미리 점검해 계약 시 그 책임소재를 분명하게 합의 특약하는 것을 권장한다.

하자담보책임 = 계약서 특약과 확인설명서로 책임소재 판결

모든 사업은 계약서로부터 출발한다.

"계약서는 거래 양 당사자 모두가 완벽해야 한다."

• 매도자(임대인)의 하자담보책임과 매수자(임차인)의 선관주의 의무
• 문제 발생 시에 최선책이 아니면 차선책으로 매듭을 지어야 한다.

중개업 현장은 이렇다

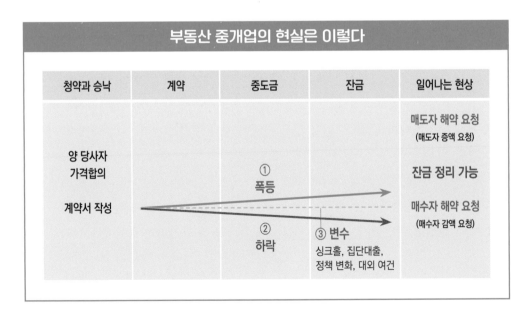

부동산 중개업의 현실은 이렇다

청약과 승낙	계약	중도금	잔금	일어나는 현상
양 당사자 가격합의 계약서 작성		① 폭등 ② 하락	③ 변수 싱크홀, 집단대출, 정책 변화, 대외 여건	매도자 해약 요청 (매도자 증액 요청) 잔금 정리 가능 매수자 해약 요청 (매수자 감액 요청)

양 당사자와 합의 계약 후에도 다음과 같은 상황들이 발생할 수 있다.

첫째, 가격 폭등 시다. 매도자는 해약을 원하게 될 수 있다. 개업공인중개사는 잔금일을 가능한 한 단축하는 것이 좋다(1개월 이내). 매수인의 자금 여력에 따라 잔금이 늦어질 때는 중도금을 빨리 주는 조건이 바람직하다.

둘째, 가격 하락 시다. 매수자가 해약을 원할 수 있다. 이 경우에도 빠른 잔금 지급이 필요하다.

셋째, 기타 변수 발생 시다. 계약 후 인접 지역에 싱크홀이 나타나거나 정부의 갑작스러운 정책 변화로 집단 대출이 불가능해지는 경우, 대외 변수로 인해 중도금 및 잔금 이행이 어려운 상황이 발생할 수 있다. 따라서 계약 기간을 단축하는 것이 좋다.

이행지체(履行遲滯)

이행지체는 계약서대로 이행하고 싶어도 이행할 수 없는 사정이 생겨 동시 이행을 못 하는 경우를 말한다. 매도인(임대인)은 상대방에게 상당한 기간을 정하고 그 이행을 최고하고, 그 기간 내에도 이행하지 않을 경우 계약을 해제할 수 있음을 통보해야 한다. 이때 일방 당사자가 계약을 해제하는 경우, 상대방은 그 손해에 대해 손해배상 청구를 할 수 있다(민법 제551조).

이행불능(履行不能)

이행불능은 거래한 물건의 목적물을 동시 이행으로 진행하지 못한 사유 발생에서 기인한다. 가령 그 목적물이 화재 등으로 소실되었거나 압류, 가압류, 가처분, 근저당 등 제한 물건이 설정되어 부채가 많아 정리가 불가능한 경우, 잔금과 명의 이전이 이행불능으로 봐서 계약을 해제할 수 있다(대법원 2003. 1. 24 선고 2000다22850 판결).

불완전이행(不完全履行)

불완전이행은 채무자가 채무를 이행하기는 했지만, 그 이행이 채무의 내용에 좋은 완전한 것이 아닌 경우를 말한다. 채무불이행의 한 형태로, 불완전한 이행이 채무자의 고의나 과실에 의한 것일 때, 채권자는 그로 인해 발생한 손해의 배상을 청구할 수 있다.

계약파기(契約破棄)

부동산 매매나 임대차계약 당사자의 일방이 채무를 이행하지 않으면, 일정한 기간을 정해 이행을 요구하고, 정해진 기한 내에도 이행하지 않으면 계약을 해지할 수 있다. 양 당사자가 합의한 계약의 조건과 특약에 따라 기간을 연장하지 않고도 계약을 해제할 수 있으며, 양 당사자 중 일방의 귀책으로 인해 계약 이행이 불가능하다면 계약파기가 가능하다. 이 경우 손해배상 문제가 발생할 수 있다.

가계약서와 가계약금 이체와 보관

가계약서

부동산(매매/전세/월세) 가계약서

1. 본 계약 예정일 : 20   년   월   일
2. 부동산의 표시 :   도   시   구   동   번지
3. 거래 약정 내용 :

위 부동산 소유자(임대인)와 매수(임차)양 당사자가 쌍방 협의하에 아래와 같이 가계약을 체결한다.

매매 예정금액	-金 원정(원정)	
가계약금	-金 원정은 20 년 월 일 영수함.	

4. 가계약 약정

① 가계약의 효력은 가계약체결일로부터 본 계약이 체결될 때까지 유효하다.

② 다른 약정사항이 없는 한 임대인은 가계약금의 배액을 상환하고, 임차인은 가계약금 포기하고 계약을 해제할 수 있다.

③ 잔금일(이사)은 20   년   월   일 하기로 한다.

부가조건

1. 본 가계약은 위 1, 2, 3항에 양 당사자가 합의하여 계약서명 한다(양 당사자 참석 시).
2. 본 물건에 ○○은행 채권최고액 ○○○만 원 있음.
3. 위 가계약금은 매도자(○○○의 ○○은행   - -   ) 계좌로 입금한다.
4. 본 가계약서 임대인/임차인에게 위 부과조건이 기록된 본 가 계약서를 핸드폰으로 발신해 동의를 받고 가계약금을 온라인 입금한다(양 당사자 1인 참석 또는 미참석 전화상 합의 시).
5. 중개보수는 공인중개사의 하자가 없다면 각각 지급하기로 한다.

본 계약에 대해 매도인(임대인)과 매수인(임차인)은 이의 없음을 확인하고 각자 서명·날인 후 매도인(임대인), 매수인(임차인), 공인중개사가 각 1통씩 보관한다.

20   년   월 일

매도인(임대인)	주소			
	주민등록번호		성명 본인 서명(동의)	날인
매수인(임차인)	주소			
	주민등록번호		성명 본인 서명(동의)	날인
공인중개사 사무소	주소			
	등록번호		중개사무소 명칭	
	대표자	본인 서명(동의) 등록된 인장 날인		

현실적으로 중개사무소에서는 가계약서를 직접 작성하는 경우가 많지 않다. 일반적인 거래에 앞서 물건을 선점하기 위해 우선 가계약금을 계좌이체로 보내고, 본 계약을 약속하는 경우가 많다. 그러나 경험상 본 계약으로 진행되는 경우는 약 50% 정도에 불과하다. 어느 일방의 사정으로 인해 본 계약을 못하겠다는 이유로 가계약금 반환을 요청하거나, 소유권자가 받은 가계약금을 일방적으로 돌려주겠다는 의사표시를 하는 경우, 이를 알선한 공인중개사가 중간에서 난처한 상황에 처하는 경우가 허다하다.

그래서 필자는 '계약서 쓰기' 교육 과정에서 '가계약금 제대로 보내는 방법'과 '가계약서 작성하기'를 강의한다. 현장 영업에서 가장 많은 질문을 받는 것이 바로 가계약 문제이므로, 원칙을 갖고 해결할 수 있는 방법을 제시하고자 한다.

보통 가계약이 체결되는 상황은 다음의 세 가지 방식 중 하나다.

① 양 당사자가 사무소에서 미팅하는 경우
② 어느 일방이 사무소에 있는 경우
③ 양 당사자 없이 전화상으로 이루어지는 경우

이러한 경우에도 가계약금에 대해 어느 일방이 미이행 시 손해배상 문제를 명확하게 해야 한다. 가계약금으로 100만 원이라도 걸고 계좌이체를 할 때, 필자는 가계약금에 대한 서류를 작성하고, 청약자와 소유권자의 승낙을 핸드폰에 부연 설명을 하고 기록으로 남긴 후 계좌이체를 시킨다.

양 당사자가 모두 없더라도 가계약서를 작성하면서, 본 계약일과 조건, 물건 소재지, 공부상 면적, 권리관계 등을 확인하고 위약금 내용을 특약으로 기재한다.
'고객님, 거래 물건에 대한 가계약서를 작성해서 보내드립니다. 내용을 확인하시고 승낙 부탁합니다'라는 문구를 핸드폰으로 전송하고 승낙 후에 청약자에게 계좌이체를 하도록 한다.
이렇게 함으로써 본 계약이 이행되도록 강제할 수 있고, 설사 본 계약이 진행되지 못하더라도 분쟁의 소지를 줄일 수 있다. 이를 통해 공인중개사도 중간에서 얼굴 붉히는 상황을 줄일 수 있다. 그런데 계약이 파기된 상황에서 공인중개사에게는 또 다른 숙제가 남는다. 중개보수를 누구에게 받을지의 문제다.

물론 본 계약이 진행되지 않았으므로 계약을 이행하지 못한 당사자에게 중개보수를 청구하기 참으로 힘들다. 그러나 배액 배상이든 가계약금의 몰수든 불로소득을 얻은 일방에게는 중개보수를 요구할 수 있으며, 실제로 다수의 경우에서 받기도 한다.

가계약금 이체 영수증

물건을 선점하기 위해 소유권자 계좌로 선입금 시에도 아래와 같이 가계약금 입금 영수증을 작성해서 핸드폰으로 전송하고 청약자의 청약 확인과 소유권자의 승낙을 받은 후 계좌 입금하도록 한다면 이를 알선한 공인중개사의 책임을 면할 수 있다. 또한 이러한 청약과 승낙 조건에 따라 양 당사자는 손해를 감수해야 하기에 신중하게 본 계약서 작성으로 이루어지는 비율이 90% 이상임을 필자의 경험이다.

가계약금 계좌이체 확인서

청약자 :　　　　　귀하

승낙자 :　　　　　귀하

가계약금 :　　　　만 원정(W:　　원정)

계좌번호 :　　은행　 －　 －　 －

물건 : 서울　구　동　빌라　동　호　융자 : 없음. 전세금 :　억 원정

청약자는 가계약금으로 청약과 소유권자의 승낙으로 20　년　월　일 본 계약을 하기로 약속합니다. 위 계좌로 입금하며 청약자가 미이행 시 위 가계약금을 반환받지 않기로 하고, 승낙자가 미이행 시에는 위 가계약금의 배액을 배상하기로 합의합니다.

20　년　월　일

(　　)공인중개사사무소　확인 공인중개사　　　(인)

우리나라의 법의 판결은 증거주의를 택하고 있다. 구두로서는 입증하기가 여간 쉽지 않을 뿐만 아니라 양 당사자의 이해관계에 따라 번복을 하기도 하고 녹음 기록도 인정받기가 결코 쉽지 않다. 조금은 귀찮고 번거롭더라도 영수증으로 증거를 남기는 방법이 제일 좋다.

가계약금 사무소에 맡기는 영수증

부동산 중개업 현장에서는 물건을 선점해 가계약금을 지불하고 가계약서를 작성하는 경우와 양 당사자를 만나지 않은 상태에서 매도(임대)인 계좌로 가계약금을 계좌 입금하는 경우가 있을 뿐만 아니라 개업공인중개사 사무소에 가계약금을 맡기는 경우도 있다. 문제는 이러한 경우 본 계약으로 진행되는 확률이 50% 정도다. 즉, 매수(임차)인이 가계약금을 보내놓고 더 좋은 물건이 있다거나 사정에 의해 가계약금 반환을 요구하는 경우에 소유권자와 다툼이 발생하며 이를 알선한 공인중개사가 중개보수는커녕 난처한 입장에 서게 된다. 소유권자는 더 좋은 조건을 제시하는 자를 선택하면서 가계약금만 반환하겠다고 하기도 한다. 또한 개업공인중개사 사무소에 가계약금을 보관하고 있었는데, 그 물건이 그 사이에 나가버리는 경우도 있어 곤욕을 치른다.

그렇다면 우리는 어떻게 해야 할까? 방법은 가계약서를 작성하는 방법과 중개사무소 보관용 영수증을 작성하는 것이 최선이다.

① 양 당사자가 배석했다면 가계약서나 본 계약서를 작성하면 된다.
② 어느 일방만 참석하고 전화로 승낙해 가계약서를 작성한다면, 가계약서를 작성해 참석하지 못한 일방에게 핸드폰으로 전송해 승낙을 받아내고 가계약금을 계좌 입금하도록 한다.
③ 양 당사자 모두가 미배석 시에도 가계약서를 작성해 양 당사자에게 핸드폰으로 전송하고 각각 청약과 승낙해 가계약금을 보낸다면 그 가계약서대로 이행할 수 있다면 개업공인중개사는 중간에 어려움을 면할 수 있다.

가계약금 공인중개사사무소 보관 영수증

맡기는 자: 귀하

가계약금 :   만 원정(W: 원정)
수표번호 :   은행   –   –   –

위 가계약금은 서울   구   동   빌라   동   호
전세계약의 가계약금으로 보관합니다. 위 물건 계약이 사정에 의해 계약이 불가 시에는 조건 없이 맡기는 자에게 반환하기로 하며 서로 간 이의를 제기하지 않기로 합니다.

20   년   월   일

(   )공인중개사사무소   확인 공인중개사   (인)

5. 물건 유형별 계약서 작성하기

프로공인중개사는 항상 준비되어 있어야 한다. 공인중개사는 부동산 중개 전문가로서 많은 교육을 받아 부동산 중개 이론이 정립되어 있다. 하지만 계약을 성사시켜야 수익이 들어온다. 만약 온갖 정성을 다했으나 마지막 단계에서 계약이 미루어지거나 깨어지면 이만저만 실망이 아닐 수 없다. 더욱이 자기가 공들인 손님이 다른 사무소에서 계약이 이루어졌다는 사실을 알고 나면 그 스트레스는 말로 표현하기 어렵다.

필자도 초보 시절 신나게 브리핑하고 물건지를 방문하며 서로 합의점을 찾아가는 듯했으나 사무소로 돌아오는 동안 매수자의 마음이 바뀌어 계약이 미루어지고 결국 성사를 못 시킨 경우가 많았다. 그래서 필자는 서류가방을 들고 물건지를 방문하는 습관을 가지고 있다. 가방 속에는 계약서, 영수증, 공제증서, 카탈로그, 명함, 나침반, 인주, 스테이플러, 레이저 측정기, 심지어 플래시까지 잘 정리해 승용차에 보관한다. 늘 들고 다니며 시간과 장소를 불문하고 계약을 성사시키기 위해 노력한다. 손님이 방의 크기를 재어 보자고 할 때 대충 몇 자라고 말하기보다는 줄자를 꺼내 정확히 재어봐야 두 번 다시 장롱 크기가 들어가는지를 확인하지 않아도 될 것이다.

노트북도 준비되어 있다면 금상첨화일 것이다.
필자가 35여 년 전 중개업에 입문할 때는 사람의 마음이 자고 나면 변한다고 들었으나 근래에 와서는 조석으로 변하니 정보가 홍수를 이루는 오늘날은 시시각각 뒤돌아보면 변하는 것이 현실이다. 그만큼 각박한 세상을 살아가고 있다는 증거다.

① 손님과 몇 차례 상담해 계약 성사 단계에서 다시 그 물건을 방문할 때는 현장에서 바로 계약을 유도하는 것이 좋다. 사무소까지 오는 짧은 시간에 양 당사자 누구라도 마음이 변할 수 있으며, 매도자가 도중에 다른 사무소에 들르면 생각이 바뀌어 성사가 안 되는 경우를 흔히 겪는다. 또한 양 당사자 중 몸이 불편한 경우도 있기에 그때 방문한 그 자리에서 계약을 체결하고 돌아와야 한다.

② 계약 약속을 하고 먼 거리에서 사무소까지 오는 시간이 오래 걸리는 매도(임대)인은 주소지로 방문 계약하는 것이 좋다. 사무소에 오는 동안 내 물건이 시세에 맞게 매도(임대)되는 것인지 여러 생각으로 중도에 다른 사무소에 들르거나 매수(임차)인은 기다리는 동안 협의한 가격이 높은 가격이 아닌가 여러 생각으로 잠시 나갔다가 그냥 가버리는 황당한 경우도 있다. 만약 식사를 하겠다면 동행해 식사를 같

이하면 더욱 좋은 방법이다. 물론 식사비는 어느 쪽이 부담하든 문제가 되지 않을 것이다. 계약 후 수익이 기다리고 있지 않은가? 식사 도중에도 마음이 변할 수 있고 식사를 하고 오다가 다른 사무소에 들를 경우에 다른 물건의 브리핑을 듣고 상황이 바뀌는 수도 있다.

③ 직장 근무로 시간을 낼 수 없는 손님은 역시 찾아가서 계약을 성사시켜야 한다. 근무시간을 마치고 퇴근하는 시간 동안 몇 시간의 차이로 계약 성사가 어려워지는 경우도 있다. 또한 매수 손님이라도 몸이 불편하거나 시간이 오래 걸리면 매도 고객께 양해를 구하고 매도 고객을 모시고 매수 고객의 주거지를 방문해 계약을 성사시키는 것도 좋은 방법이다.

이렇게 계약 성사를 위해 의지를 불태운다면 반드시 이루어질 것이다. 그렇게 하려면 항상 준비되어 있어야 한다. 만약 방문해 계약할 수 있는 행운이 왔을 때 서류 준비가 안 되어 있다면 문방구로 달려가야 한다. 손님으로부터 신뢰를 쌓을 절호의 기회를 상실하는 크나큰 실수로 아쉬움이 남을 수도 있다.

등기사항전부증명서는
계약 시점에 열람해야 하지요?

밤중에 한 공인중개사가 전화 상담을 요청했다. 5억 원짜리 매매 물건을 선점하기 위해 가계약금을 보내기로 했다고 한다. 가계약금을 보내기 전 금요일에 해당 물건의 등기사항전부증명서를 열람했는데, 건강보험 압류 건이 있었으나 금액은 얼마 되지 않아 대수롭지 않게 넘겼다. 다만 후순위 금융권 융자가 1억 1,000만 원 있었다고 한다.

해당 공인중개사는 토요일에 매매 가계약금 50만 원을 매도자에게 보냈고 다음 주 월요일에 계약금 5,000만 원 중 450만 원을 지불하기로 계약서를 작성했다고 한다. 매매가격이 5억 원이었으나 융자가 많아서 계약금은 1/10인 500만 원만 지불하기로 했다. 중도금은 2억 5,000만 원으로 정했다. 또한 계약금 500만 원 지급 후 건강보험료 400만 원을 말소하고, 중도금 지급 시 융자금 1억 8,000만 원을 상환 말소하기로 특약했으며, 잔금일은 1개월 후로 정하고 계약서를 완성했다.

그런데 월요일 계약서 작성 전에 등기사항전부증명서를 재열람하지 않은 것이 문제였다. 다음 날 혹시나 해서 열람을 시도해봤더니 '사건 중'으로 열람이 불가했다고 한다. 등기소에서 확인해보니 매매금액이 넘는 액수의 국세청 압류가 어제, 즉 월요일에 잡힌 것으로 기재되어 있는 것이다. 매도자에게 확인해봐도 뾰족한 대책이 없었다.

토요일에 열람한 등기사항전부증명서를 믿을 것이 아니라 월요일 계약서 작성 전에 다시 열람해서 확인했어야 했는데, 설마가 사람 잡은 꼴이 되고 말았다. 사연을 듣고 보니 매도자는 사업으로 빚에 쪼들린 상태였다. 건강보험료도 많이 밀려 있었으며, 국세청의 압류까지 겹쳐 갈 곳이 없다고 하니 참 난감한 상황이었다. 매수자에게 이러한 사항을 이야기하니 이를 중개한 공인중개사를 고발하겠다고 했다.

그나마 잘 설득해 매수자는 계약금 500만 원만 돌려받기로 합의했다. 그래서 매도자에게 이야기하니 계약금 500만 원 중 400만 원은 이미 체납한 건강보험료를 납입하고

100만 원만 남았다고 한다. 그 100만 원은 공인중개사가 받아 보관하고 있으며 나머지 400만 원은 사정이 어려우니 매달 100만 원씩 변제하겠다고 했다. 참으로 어려운 형편임이 눈에 보였다.

이 경우 공인중개사는 어떻게 해야 할까? 공인중개사는 권리관계 확인·설명에 대한 책임이 있다. 계약 시에는 반드시 소유권자의 등기권리증을 지참해야 한다. 대부분은 지참하지 않고 계약 시점에 등기사항전부증명서를 바로 열람해서 확인·설명하고 계약서를 작성한다. 단위가 큰 액수의 계약이라면 계약서 작성 후에 고객이 돌아간 후 다시 열람해보는 것도 사기를 예방하는 길이다.

이 경우 중개사의 권리관계 확인·설명 미비는 고의가 아니었지만, 결과적으로 그로 인해 손해가 발생했으니 업무 정지에 해당하는 처벌을 받을 수 있고, 공제증서나 보증보험으로 보상할 수 있다. 비록 그 절차에 따라 시간적, 정신적으로 피로하겠지만 추후 매수자가 구상권을 청구할 수도 있으니 유념해야 한다. 필자라면 차라리 공인중개사가 400만 원을 반환하고 매도자로부터 받아낼 것이다. 이런저런 이야기를 들어가며 시간 낭비하는 것보다는 수업료를 냈다고 생각하는 편이 낫다.

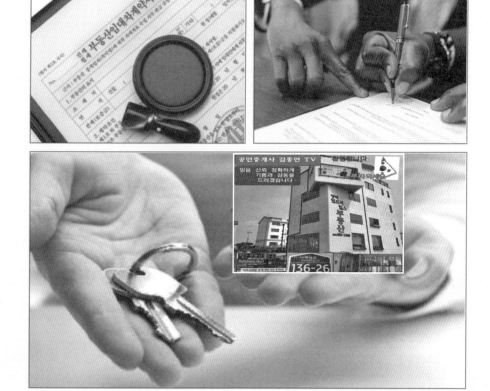

출처 : 저자 제공(이하 동일)

가계약금 반환에 대한 법리와 판례

개업공인중개사의 중개업무 중 계약체결을 하면서 계약금 중 일부를 지불하고, 그 후 계약금 잔액을 지급하는 약정으로 계약서를 작성·체결하는 경우가 종종 있다.

가계약금이라는 말로 상거래에서는 통용이 되고 있으나, 법전에서는 사용하지 않는 법률 용어다. 개업공인중개사의 현장 영업에서는 어쩔 수 없이 통용되고 있다. 부동산 중개를 하다 보면 가계약금을 지급한 상태에서 당사자 일방의 요청으로 계약을 해제해야 하는 경우가 있다. 가계약 상태에서 계약을 해제한다면 반환해야 하는 계약금이 얼마인지가 문제가 될 것이다. 계약 해제 시 가계약금 반환의 법리 및 계약 자체가 성립하지 않은 경우의 계약금 반환 법리에 대해 대법원 판결을 기준으로 살펴보도록 한다.

계약금에 대한 민법 규정을 보면 부동산 매매계약에서 계약금 지급과 관련해, 민법 제565조에서 당사자 사이에 특별한 약정이 없으면 계약금은 해약금으로 추정된다고 규정되어 있다.

따라서 당사자 일방이 이행에 착수할 때까지(예를 들어 중도금을 지급하거나 부동산을 인도하기 전까지) 매수인은 지급한 계약금을 포기하고 매매계약을 해제할 수 있다. 매도인은 계약금의 2배액을 제공하고 매매계약을 해제할 수 있다고 민법에 규정되어 있다.

매수인이 매도인에게 계약금을 지급할 때, 매매계약상 계약금으로 정해진 금액을 전부 지급하지 않고 그중 일부만 지급한 경우, 즉 가계약금만 지급한 경우에 매도인이 계약을 해제할 수 있는지, 만약 계약 해제할 수 있다면 자신이 받은 금액의 2배만 상환하면 계약을 해제할 수 있는지, 계약서에 계약금으로 기재한 총액의 2배를 모두 지급해야 계약을 해제할 수 있는지가 문제가 될 것이다.

물론 계약서에 계약금 반환에 대해서 특별 약정을 했다면 논외로 하고, 그에 따르면 된다.

대법원 판결문을 요약하면 다음과 같다.

"매도인에게 계약금 일부만 지급하고 계약금 잔액은 나중에 지급하기로 약정하거나, 계약금 전부를 나중에 지급하기로 약정한 경우, 매수인이 계약금의 나머지 또는 계약금 전부를 지급하지 않는 한, 매도인은 임의로 계약을 해제할 수 없다"라는 판결을 내렸다. 이 판결은 계약금이 일부만 지급된 경우에는 원칙적으로 계약을 해제할 수 없다는 취지로, 계약금의 해약금으로서 기본 법리를 이유로 한 것이다.

또한 "계약금 일부만 지급된 상태에서 매매계약을 해제할 수 있다고 하더라도, 해약금의 기준이 되는 금액은 실제 교부받은 금액이 아니라 계약서에 약정된 계약금을 기준으로 보아야 한다"라고 판결했다. 따라서 매도인이 실제로 받은 1,000만 원의 2배인 2,000만 원을 공탁한 것만으로는 매매계약 해제가 되지 않으며, 약정된 계약금 총액인 1억 1,000만 원의 2배인 2억 2,000만 원을 상환해야 계약 해제가 가능하다는 것이다 (대법원 2007다73611 판결).

이 판결의 논리적 근거는 계약금 일부만 지급된 경우에는 전체 계약금이 완납될 때까지 계약금을 해약금으로 계약을 해제할 수 없다는 기본 법리를 기반으로 한다. 따라서 계약체결 시 당사자들에게 이 기본 법리를 고지해야 하며, "계약금이 일부만 지급된 경우에는 계약을 해제할 수 없다"라고 특별히 약정하는 것이 바람직하다. 대법원은 이와 같은 판결을 통해 계약서상의 특약 문구에 따라 계약 해제 여부를 판단할 것으로 보인다.

결론적으로, 계약금을 해약금으로 하는 법리가 적용되기 위해서는 일단 계약이 유효하게 성립해야 한다. 매매계약이 유효하게 성립해야 계약금이 해약금으로 추정된다. 대법원 판결에 따르면, "계약의 성립은 당사자 사이에 의사의 합치가 요구되며, 이러한 의사의 합치는 당해 계약의 내용을 이루는 모든 사항에 관하여 있어야 하는 것은 아니나 그 본질적 사항이나 중요 사항에 관하여는 구체적으로 의사의 합치가 있거나, 적어도 장래를 향하여 구체적으로 특정할 수 있는 기준과 방법 등에 관한 합의는 있어야 한다"라고 했다(대법원 판결 2005다51650).

또 다른 대법원 판결에서는, "부동산 매매에 관한 가계약서 작성 시 매매목적물과 매매대금이 특정되고 중도금 지급 방법 등에 관한 합의가 있었다면, 그 가계약서에 잔금 지급 시기가 기재되지 않았고 후에 정식 계약서가 작성되지 않았다 하더라도 매매계약은 성립한 것으로 보아야 한다"라고 판결했다(대법원 2005다39594 판결).

따라서, 매매계약이 성립하지 않았다고 판단되는 경우(예 : 당사자가 정해지지 않은 경우, 매매대금 액수, 중도금, 잔금 등 매매대금 지급 방법과 시기가 특정되지 않은 경우 등)에는, 계약금 또는 가계약금만 먼저 지급했다고 해도 계약금이 해약금으로 추정되지 않으며, 계약금 반환 법리가 적용되지 않는다. 결국, 매매계약 자체가 성립하지 않은 경우라면, 별도의 약정이 없는 한, 이미 지급한 가계약금은 원인무효가 되어 실제로 지급한 가계약금만 부당이득 반환으로 청구할 수 있다.

3

공동주택 매매계약서 작성
(아파트, 연립주택, 빌라, 다세대주택, 도시형주택 등)

공동주택(아파트) 매매계약서 쓰기 : '기본 시설물'은 없어졌거나 변경되었다

기본 시설물 외 설치된 시설물의 특약

일반적인 주택 거래에서 가장 문제가 되는 것은 기본 시설물이다. 샹들리에, 붙박이장, 가스레인지, 비데, 도어록, 정수기 등의 리스 물품은 그 상태를 확인하고 임장 시 "소유주 것인가요? 임차인 것인가요? 거래가에 포함되나요? 떼어 가시나요?"라고 구체적으로 물어봐야 한다.

흔히 쓰는 일반 아파트 계약서 특약 항목에는 '기본 시설물 상태에서 계약하고 매매 관례에 준한다'라는 문구가 있다. 하지만 입주 10년 차, 15년 차 아파트에는 기본 시설물이란 것이 거의 남아 있지 않다. 많은 품목이 교체되거나 수리되었을 가능성도 크다. 요즘은 임차인이 시설물을 교체했다가 이사 시 가져가는 경우도 많아 분쟁을 줄이기 위해 물건 상태를 꼼꼼히 체크해야 한다.

한 번은 임대차 거래가 성사돼 이삿날 현장에 가 보니 화장실 변기 뚜껑이 없어졌다. 임차인이 살다가 비데를 가져가면서 기존에 있던 변기 뚜껑을 달아놓지 않은 것이다. 임대인에게 사정을 이야기하니, '나는 모르는 일'이라며 나 몰라라 해서 필자가 직접 마트에 가서 변기 뚜껑을 사다주어야 했다. 즐거운 이삿날 서로 얼굴을 붉히느니 필자가 직접 해결해주는 것이 낫겠다는 생각에서였다.

다음은 선수관리비 처리 부분이다. 아파트와 같은 공동주택에 입주하면 선수관리비 한 달 치를 예치시켜야 한다. 새로운 소유자가 예치된 금액을 맡기면 매도인이 찾아가

PART 1. 공동주택 계약의 기술 51

는 것이 원칙이다. 선수관리 예치금을 매수인이 매도인에게 반환하는 식이다. 이 시기를 놓치고 시간이 지났을 경우, 매도인이 선수관리 예치금을 내놓으라고 하면 일이 복잡해진다. 미리 챙겨서 이삿날 정산하는 것이 좋다. 또한 수선충당유지예치금도 세입자가 살던 중에 매매가 된 경우 또는 임대차계약 시에도 반드시 관리사무소의 확인을 거쳐 정산해야 한다.

공유·합유 물건 시 유의사항

공유·합유 물건은 전체 동의를 얻어야 매매가 가능하다. 임대차는 과반의 동의로도 가능하다. 2명이 소유권자라면 2명 모두 동의해야 하고, 3명이면 2명, 4명이면 3명, 5명이면 3명의 동의를 얻어야 한다.

개업공인중개사가 질의를 해왔다. 1억 8,000만 원짜리 아파트를 내놨는데 엄마와 아들의 공유 물건이었다. 엄마가 물건을 내놓아 매매를 시도했는데, 1주일이 지나자 아들이 경찰을 대동하고 중개사무소로 찾아왔다. 자신의 동의를 구하지 않고 계약을 했다고 항의하러 온 것이었다. 알고 보니 아들과 엄마 사이에는 접근금지 가처분이 내려진 상태였다.

필자는 정상적이고 합리적인 계약이 되도록 중재를 하라고 조언했다. 다시 강조하건대 공유와 합유 물건일 경우 매매는 전체 동의를 얻어야 하며, 임대차계약은 과반의 동의를 얻어야 한다.

재개발·재건축 물건 거래 시 주의사항

재개발·재건축의 매매나 임대차 시에는 중개사고가 빈번하게 일어난다. 특히 가격이 상승하는 재개발·재건축 지역에는 지분 쪼개기가 된 물건이 많다. 이러한 물건에 대해서는 그 지분에 따라 조합원의 자격이 되는지, 아니면 현금 보상으로 조합원이 되지 못하는지를 조합 사무소에 알아보고 알선 중개해야 한다.

정비사업 분양은 부동산 매매 시 주의할 사항이 특히 많다. 개업공인중개사들은 이에 대한 연구를 열심히 해서 불의의 중개사고를 예방해야 한다. 조합 사무실에 추진위원회 구성 또는 조합의 설립 동의 여부에 대해 확인·설명서에 기재하는 것이 타당하다. 참고로 '도시정비법 시행령' 제33조 제1항 제3호에 따르면, 추진위원회가 구성되었는지 조합의 설립에 동의한 자로부터 토지 또는 건축물을 취득한 자는 추진위원회 구성 또는 조합의 설립에 동의한 물건인지 꼭 확인해야 한다.

아파트 매매계약서 쓰기

매매계약서를 작성하기 전에 컨설팅 현황 브리핑 자료를 만들어놓는 것이 좋다. 각종 공부를 바탕으로 공인중개사가 직접 현장을 방문해 확인한 내용을 첨부해서 거래 당사자가 거래 매물에 대해 알 수 있도록 일목요연하게 정리해야 한다. 계약서는 내용의 자유, 형식의 자유, 서식의 자유를 갖는다. 다만, 일정한 요식 행위는 계약의 진행 순서와 특약사항을 지키기 위한 것이다. 서명·날인은 반드시 양 당사자 본인이 하는 것이 원칙이다. 나중에 문제의 소지를 줄이기 위해 서명·날인은 동시에 하는 것이 좋다.

확인·설명서는 법정 서식으로서 토지이용계획확인서, 등기사항전부증명서, 건축물관리대장, 토지대장, 지적도, 평면도 등을 매수인에게 제시하고 정확하게 작성하고 확인·설명해야 한다. 특히, 내·외부 시설물 외 그 밖의 시설물 난에는 매수자(임차인)이 몇 차례 방문 일자를 적는 것이 좋다. 필자는 매수인(임차인)이 물건을 방문 확인한 날짜를 기록해둔다.

확인·설명서 작성은 계약하기 전에 미리 만들어두고 양 당사자가 동석하면 읽어주어야 한다. 수정 부분은 수정하고, 서명·날인을 받는 것이 좋다. 토지이용계획확인서, 등기사항전부증명서, 건축물관리대장의 기록과 임장 활동의 물건 상태를 그대로 기록하고, 차이점이 있다면 양 당사자의 합의로 특약해야 한다.

수선충당금 반환

이삿날 임차인과 임대인 사이에 수선충당금을 가지고 다투는 것을 종종 보게 된다. 이를 특약으로 명시할 수도 있으나 법적으로 수선충당금은 임차인에게 돌려주게 되어 있다. 이를 임대인에게 고지하고 절차를 안내하는 것이 합리적이다.

한편, 일부 임차인 중에는 수선·유지비와 수선충당금을 혼동하는 이들도 있는데 수선충당 유지비는 정화조 청소, 냉·난방시설의 청소, 소화기 충약, 약품, 승강기 수리 및 정기 검사, 물탱크 청소, 정화조 유지·관리 및 청소, 소모 자재 구입, 부품 수리 및 그 밖의 경우에 소요되는 금액이다.

수선충당유지비는 주로 소모성 비용이라 주인에게 환급을 요구할 수 없다. 반면 수선충당금 또는 특별수선충당금은 페인트 공사 등 주요 시설물 등의 보수 및 교체 등을 위해 일정액을 매달 적립하는 금액으로 소유자의 재산관리를 위해 충당하는 비용이기 때문에 집주인이 내야 한다. 보통 관리비로 일괄 청구되는데 이사 당일 관리소에 가서 이사를 고지하면, 관리소에서 임차 기간 임대인이 냈던 수선충당금을 알려준다.

이를 임대인에게 고지하면 임대인은 이를 임차인에게 돌려주어야 한다.

계약서 변경 요청

원칙적으로 계약서 변경은 불가능한 일이다. 하지만 부득이한 경우에 고객이 원한다면 계약 당사자 양쪽이 모두 참석한 가운데 변경사항을 작성해야 한다. 양 당사자가 모두 참석한 가운데 다시 작성할 수 있다. 필자도 과거에 남편 이름으로 임대차계약을 했는데 사업을 하고 있어서 아내의 이름으로 임대차를 변경한 경우가 있었다.

원칙적으로 변경을 위해서 계약서를 새로 쓸 때는 양 당사자와 임대인이 동석하고 합의한 후, 이전 계약서를 환수해서 소각해야 한다. 새로운 계약서에는 전 임차인이 "이전 계약서로 인해서 발생하는 민형사상 책임을 배상하기로 한다"라는 내용을 포함하고, 새로운 임차인도 연대 책임을 지기로 한다고 특약을 추가해야 한다.

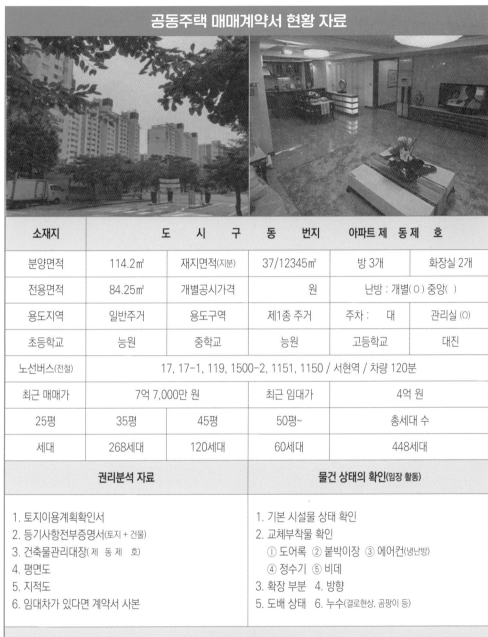

공동주택 매매계약서 현황 자료

소재지	도 시 구 동 번지 아파트 제 동 제 호				
분양면적	114.2㎡	재지면적(지분)	37/12345㎡	방 3개	화장실 2개
전용면적	84.25㎡	개별공시가격	원	난방 : 개별(O) 중앙( )	
용도지역	일반주거	용도구역	제1종 주거	주차 : 대	관리실 (O)
초등학교	능원	중학교	능원	고등학교	대진
노선버스(전철)	17, 17-1, 119, 1500-2, 1151, 1150 / 서현역 / 차량 120분				
최근 매매가	7억 7,000만 원		최근 임대가	4억 원	
25평	35평	45평	50평~	총세대 수	
세대	268세대	120세대	60세대	448세대	

권리분석 자료	물건 상태의 확인(임장 활동)
1. 토지이용계획확인서 2. 등기사항전부증명서(토지 + 건물) 3. 건축물관리대장(제 동 제 호) 4. 평면도 5. 지적도 6. 임대차가 있다면 계약서 사본	1. 기본 시설물 상태 확인 2. 교체부착물 확인 　① 도어록　② 붙박이장　③ 에어컨(냉난방) 　④ 정수기　⑤ 비데 3. 확장 부분　4. 방향 5. 도배 상태　6. 누수(결로현상, 곰팡이 등)

본 물건의 장점(미래가치)

1. 교통 편리 분당 생활권 전철역 예정 지역
2. 자연환경 청정지역으로 서울주민 선호
3. 한창 개발이 진행되고 있는 지역
4. 등산로(골프장) 등 문화 예술가들이 선호하는 지역
5. 저렴한 관리비와 넉넉한 주차대수 실내운동시설 완비

(주) 서명 날인은 본인이 자필로 하는 것이 바람직하다.

아파트 매매계약서

매도인과 매수인 쌍방은 아래 표시 부동산에 관하여 다음 계약 내용과 같이 매매계약을 체결한다.

1. 부동산의 표시

소 재 지	서울시 ○○구 ○○동 ○○번지 ○○APT ○○동 ○○호					
토 지	지 목	대(토지대장)			면적	(토지대장) ㎡
건 물	구 조	철근콘크리트 (건축물대장)	용 도	공동주택(아파트) (건축물대장)	전용면적	(건축물대장) ㎡

2. 계약 내용

제1조(목적) 위 부동산의 매매에 대하여 매도인과 매수인은 합의에 의하여 매매대금을 다음과 같이 지불하기로 한다.

매매대금	금 일십억원정	(₩1,000,000,000)	
계 약 금	금 일억원정	(₩100,000,000) 은 계약 시에 지불하고 영수함. 영수자 (	인)
중 도 금	금 육억원정	(₩600,000,000) 20××년 ××월 ××일에 지불한다.	
잔 금	금 삼억원정	(₩300,000,000) 20××년 ××월 ××일에 지불한다.	

제2조(소유권 이전 등) 매도인은 매매대금의 잔금 수령과 동시에 매수인에게 소유권이전등기에 필요한 모든 서류를 교부하고 위 부동산을 인도하여야 한다.

제3조(제한물권 등의 소멸) 매도인은 위의 부동산에 설정된 저당권, 지상권, 임차권 등 소유권의 행사를 제한하는 사유가 있거나, 제세공과금 기타 부담금의 미납금 등이 있을 때에는 잔금 수수일까지 그 권리의 하자 및 부담 등을 제거하여 완전한 소유권을 매수인에게 이전한다. 다만, 승계하기로 합의하는 권리 및 금액은 그러하지 아니한다.

제4조(지방세 등) 위 부동산에 관하여 발생한 수익의 귀속과 제세공과금 등의 부담은 위 부동산의 인도일을 기준으로 하되, 지방세의 납부의무 및 납부책임은 지방세법의 규정에 의한다.

제5조(계약의 해제) 매수인이 매도인에게 중도금(중도금이 없을 때는 잔금)을 지불하기 전까지 매도인은 계약금의
배액을 상환하고, 매수인은 계약금을 포기하고 본 계약을 해제할 수 있다.

제6조(채무불이행과 손해배상의 예정) 매도인 또는 매수인이 본 계약상의 내용에 대하여 불이행이 있을 경우 그 상대방은 불이행한 자에 대하여 서면으로 최고하고 계약을 해제할 수 있다. 그리고 계약 당사자는 계약 해제에 따른 손해배상을 각각 상대방에게 청구할 수 있으며, 손해배상에 대하여 별도의 약정이 없는 한 계약금을 손해배상의 기준으로 본다.

【특약사항】

1. 본 계약은 양 당사자가 토지이용계획확인서, 등기사항전부증명서, 토지대장, 건축물관리대장, 평면도 및 물건 현 상태를 세 차례 방문하여 육안으로 확인하고, 계약 서명, 날인한다.
2. 등기부등본상 채권최고액 금   만 원 근저당 설정 상태이며 매도인은 잔금일에 전액 상환 말소등기한다.
3. 샹들리에, 붙박이장, 가스레인지, 비데는 매매가격에 포함한다.
4. 선수관리 예치금은 잔금일 매도자에게 반환한다.
5. 계약금과 잔금은 다음의 계좌로 입금한다. [예금주 :   ]

본 계약을 증명하기 위하여 계약 당사자가 이의 없음을 확인하고 각각 서명·날인 후 매도인, 매수인, 공인중개사는 매장마다 간인하여야 하며, 각 1통씩 보관한다. (계약금 일부를 미리 입금했다면 입금한 날짜를 기재합니다)   년 월 일

매도인	주 소	[도로명 주소를 기재합니다]					
	주민등록번호		신분증 확인	전 화		성 명	인
	대 리 인	주 소		주민등록번호		성 명	
매수인	주 소	[도로명 주소를 기재합니다]					
	주민등록번호		신분증 확인	전 화		성 명	인
	대 리 인	주 소		주민등록번호		성 명	
공인중개사	사무소 소재지			사무소소재지			
	사무소 명칭			사무소명칭			
	대 표	서명·날인	인	서명·날인			인
	등 록 번 호		전화	등록번호		전 화	
	소속공인중개사	서명·날인	인	서명·날인			인

● 확인설명서는 주거용으로 한다.

중개대상물 확인·설명서[I] (주거용 건축물)

■ 공인중개사법 시행규칙 [별지 제20호서식] <개정 2024. 7. 2.>　　　　　　　　　　　(6쪽 중 제1쪽)

중개대상물 확인 · 설명서[I] (주거용 건축물)

(주택 유형: [　]단독주택　[　]공동주택　[　]주거용 오피스텔　)
(거래 형태: [　]매매 · 교환 [　]임대　　　　　　　　　　　　　　)

확인 · 설명 자료	확인 · 설명 근거자료 등	[　]등기권리증 [　]등기사항증명서 [　]토지대장 [　]건축물대장 [　]지적도 [　]임야도 [　]토지이용계획확인서 [　]확정일자 부여현황 [　]전입세대확인서 [　]국세납세증명서 [　]지방세납세증명서 [　]그 밖의 자료(　　　　　　　　)
	대상물건의 상태에 관한 자료요구 사항	

유의사항	
개업공인중개사의 확인 · 설명 의무	개업공인중개사는 중개대상물에 관한 권리를 취득하려는 중개의뢰인에게 성실 · 정확하게 설명하고, 토지대장 등본, 등기사항증명서 등 설명의 근거자료를 제시해야 합니다.
실제 거래가격 신고	「부동산 거래신고 등에 관한 법률」 제3조 및 같은 법 시행령 별표 1 제1호마목에 따른 실제 거래가격은 매수인이 매수한 부동산을 양도하는 경우 「소득세법」 제97조제1항 및 제7항과 같은 법 시행령 제163조제11항제2호에 따라 취득 당시의 실제 거래가액으로 보아 양도차익이 계산될 수 있음을 유의하시기 바랍니다.

I . 개업공인중개사 기본 확인사항

① 대상물건의 표시	토지	소재지					
		면적(㎡)		지목	공부상 지목		
					실제 이용 상태		
	건축물	전용면적(㎡)			대지지분(㎡)		
		준공년도 (증개축년도)		용도	건축물대장상 용도		
					실제 용도		
		구조		방향		(기준:　)	
		내진설계 적용여부		내진능력			
		건축물대장상 위반건축물 여부	[　]위반 [　]적법	위반내용			

② 권리관계	등기부 기재사항		소유권에 관한 사항	소유권 외의 권리사항
		토지		토지
		건축물		건축물

③ 토지이용 계획, 공법상 이용제한 및 거래규제에 관한 사항 (토지)	지역·지구	용도지역		건폐율 상한	용적률 상한
		용도지구		%　　　　　%	
		용도구역			
	도시 · 군 계획 시설		허가 · 신고 구역 여부	[　]토지거래허가구역	
			투기지역 여부	[　]토지투기지역 [　]주택투기지역 [　]투기과열지구	
	지구단위계획구역, 그 밖의 도시 · 군관리계획			그 밖의 이용제한 및 거래규제사항	

④ 임대차 확인사항	확정일자 부여현황 정보	[ ] 임대인 자료 제출 [ ] 열람 동의		[ ] 임차인 권리 설명
	국세 및 지방세 체납정보	[ ] 임대인 자료 제출 [ ] 열람 동의		[ ] 임차인 권리 설명
	전입세대 확인서	[ ] 확인(확인서류 첨부) [ ] 미확인(열람·교부 신청방법 설명) [ ] 해당 없음		
	최우선변제금	소액임차인범위: 만 원 이하 최우선변제금액: 만 원 이하		
	민간임대 등록여부	등록	[ ] 장기일반민간임대주택 [ ] 공공지원민간임대주택 [ ] 그 밖의 유형( )	[ ] 임대보증금 보증 설명
			임대의무기간 임대개시일	
		미등록 [ ]		
	계약갱신 요구권 행사 여부	[ ] 확인(확인서류 첨부) [ ] 미확인 [ ] 해당 없음		

개업공인중개사가 "④ 임대차 확인사항"을 임대인 및 임차인에게 설명하였음을 확인함	임대인	(서명 또는 날인)
	임차인	(서명 또는 날인)
	개업공인중개사	(서명 또는 날인)
	개업공인중개사	(서명 또는 날인)

※ 민간임대주택의 임대사업자는 「민간임대주택에 관한 특별법」 제49조에 따라 임대보증금에 대한 보증에 가입해야 합니다.
※ 임차인은 주택도시보증공사(HUG) 등이 운영하는 전세보증금반환보증에 가입할 것을 권고합니다.
※ 임대차 계약 후 「부동산 거래신고 등에 관한 법률」 제6조의2에 따라 30일 이내 신고해야 합니다(신고 시 확정일자 자동부여).
※ 최우선변제금은 근저당권 등 선순위 담보물권 설정 당시의 소액임차인범위 및 최우선변제금액을 기준으로 합니다.

⑤ 입지조건	도로와의 관계	(m × m)도로에 접함 [ ] 포장 [ ] 비포장		접근성	[ ] 용이함 [ ] 불편함	
	대중교통	버스	( ) 정류장, 소요시간: ([ ] 도보 [ ] 차량) 약 분			
		지하철	( ) 역, 소요시간: ([ ] 도보 [ ] 차량) 약 분			
	주차장	[ ] 없음 [ ] 전용주차시설 [ ] 공동주차시설 [ ] 그 밖의 주차시설 ( )				
	교육시설	초등학교	( ) 학교, 소요시간: ([ ] 도보 [ ] 차량) 약 분			
		중학교	( ) 학교, 소요시간: ([ ] 도보 [ ] 차량) 약 분			
		고등학교	( ) 학교, 소요시간: ([ ] 도보 [ ] 차량) 약 분			

⑥ 관리에 관한 사항	경비실	[ ] 있음 [ ] 없음	관리주체	[ ] 위탁관리 [ ] 자체관리 [ ] 그 밖의 유형
	관리비	관리비 금액: 총 원		
		관리비 포함 비목: [ ] 전기료 [ ] 수도료 [ ] 가스사용료 [ ] 난방비 [ ] 인터넷 사용료 [ ] TV 수신료 [ ] 그 밖의 비목( )		
		관리비 부과방식: [ ] 임대인이 직접 부과 [ ] 관리규약에 따라 부과 [ ] 그 밖의 부과 방식( )		

⑦ 비선호시설(1km이내)	[ ] 없음 [ ] 있음 (종류 및 위치:)

⑧ 거래예정금액 등	거래예정금액		
	개별공시지가 (㎡당)		건물(주택) 공시가격

⑨ 취득 시 부담할 조세의 종류 및 세율	취득세	%	농어촌특별세	%	지방교육세	%
	※ 재산세와 종합부동산세는 6월 1일 기준으로 대상물건 소유자가 납세의무를 부담합니다.					

II. 개업공인중개사 세부 확인사항

⑩ 실제 권리관계 또는 공시되지 않은 물건의 권리 사항

⑪ 내부·외부 시설물의 상태 (건축물)	수도	파손 여부	[ ] 없음	[ ] 있음 (위치:)
		용수량	[ ] 정상	[ ] 부족함 (위치:)
	전기	공급상태	[ ] 정상	[ ] 교체 필요 (교체할 부분:)
	가스(취사용)	공급방식	[ ] 도시가스	[ ] 그 밖의 방식 ( )
	소방	단독경보형 감지기	[ ] 없음 [ ] 있음(수량: 개)	※「소방시설 설치 및 관리에 관한 법률」제10조 및 같은 법 시행령 제10조에 따른 주택용 소방시설로서 아파트(주택으로 사용하는 층수가 5개층 이상인 주택을 말한다)를 제외한 주택의 경우만 적습니다.
	난방방식 및 연료공급	공급방식	[ ] 중앙공급 [ ] 개별공급 [ ] 지역난방	시설작동 [ ] 정상 [ ] 수선 필요 ( ) ※ 개별 공급인 경우 사용연한 ( ) [ ] 확인불가
		종류	[ ] 도시가스 [ ] 기름 [ ] 프로판가스 [ ] 연탄 [ ] 그 밖의 종류 ( )	
	승강기	[ ] 있음 ([ ] 양호 [ ] 불량) [ ] 없음		
	배수	[ ] 정상 [ ] 수선 필요 ( )		
	그 밖의 시설물			
⑫ 벽면·바닥면 및 도배 상태	벽면	균열	[ ] 없음	[ ] 있음 (위치:)
		누수	[ ] 없음	[ ] 있음 (위치:)
	바닥면	[ ] 깨끗함 [ ] 보통임 [ ] 수리 필요 (위치:)		
	도배	[ ] 깨끗함 [ ] 보통임 [ ] 도배 필요		
⑬ 환경조건	일조량	[ ] 풍부함 [ ] 보통임 [ ] 불충분 (이유:)		
	소음	[ ] 아주 작음 [ ] 보통임 [ ] 심한 편임 진동 [ ] 아주 작음 [ ] 보통임 [ ] 심한 편임		
⑭ 현장안내	현장안내자	[ ] 개업공인중개사 [ ] 소속공인중개사 [ ] 중개보조원(신분고지 여부: [ ] 예 [ ] 아니오) [ ] 해당 없음		

※ "중개보조원"이란 공인중개사가 아닌 사람으로서 개업공인중개사에 소속되어 중개대상물에 대한 현장안내 및 일반서무 등 개업공인중개사의 중개업무와 관련된 단순한 업무를 보조하는 사람을 말합니다.

※ 중개보조원은 「공인중개사법」 제18조의4에 따라 현장안내 등 중개업무를 보조하는 경우 중개의뢰인에게 본인이 중개보조원이라는 사실을 미리 알려야 합니다.

Ⅲ. 중개보수 등에 관한 사항

⑮ 중개보수 및 실비의 금액과 산출내역	중개보수		<산출내역> 중개보수: 실 비: ※ 중개보수는 시·도 조례로 정한 요율한도에서 중개의뢰인과 개업공인중개사가 서로 협의하여 결정하며 부가가치세는 별도로 부과될 수 있습니다.
	실비		
	계		
	지급시기		

「공인중개사법」 제25조제3항 및 제30조제5항에 따라 거래당사자는 개업공인중개사로부터 위 중개대상물에 관한 확인·설명 및 손해배상책임의 보장에 관한 설명을 듣고, 같은 법 시행령 제21조제3항에 따른 본 확인·설명서와 같은 법 시행령 제24조제2항에 따른 손해배상책임 보장 증명서류(사본 또는 전자문서)를 수령합니다.

년   월   일

매도인 (임대인)	주소		성명	(서명 또는 날인)
	생년월일		전화번호	
매수인 (임차인)	주소		성명	(서명 또는 날인)
	생년월일		전화번호	
개업 공인중개사	등록번호		성명(대표자)	(서명 및 날인)
	사무소 명칭		소속공인중개사	(서명 및 날인)
	사무소 소재지		전화번호	
개업 공인중개사	등록번호		성명(대표자)	(서명 및 날인)
	사무소 명칭		소속공인중개사	(서명 및 날인)
	사무소 소재지		전화번호	

(주) 확인설명서는 법정서식으로 반드시 정확하게 기록해야 한다.

개인정보수집 및 이용 활용 동의서

1. 개인 정보 수집 동의
   ① 수집하는 개인정보의 항목
      첫째 : [   ] 공인중개사 사무소는 고객관리, 계약서 작성 등 각종 서비스의 제공을 위하여
             아래와 같이 최소한의 개인정보를 수집하고 있습니다.
             – 수집항목 : 이름, 주소, 휴대폰 번호, 연락처, E-mail
      둘째 : 시스템 이용 과정이나 사업처리 과정에서 아래와 같은 정보들이 자동적으로 생성 되어
             수집될 수 있습니다.
   ② 개인정보 수집 방법 : 공인중개사 사무소는 다음과 같은 방법으로 개인정보를 수집함.
      ☞ 한국공인중개사협회 부동산 거래 정보망(K-REN) 시스템 사용이 허가된 공인중개사의 직접
         입력을 통한 시스템 등록
   ③ 개인정보의 수집 및 이용 목적 : 개인정보는 아래 목적을 위하여 수집하며 이외의 목적으로 사
      용하지 않습니다.
      • 부동산 거래를 위한 매물관리
      • 부동산 거래를 위한 계약서작성
      • 지속가능한 서비스 제공을 위한 고객관리
   ④ 개인정보의 보유 및 이용기간
      저장된 개인정보는 원칙적으로 개인정보 수집 및 이용목적이 달성되면 지체 없이 파기합 니다.
      단, 다음의 정보에 대해서는 아래의 이유로 명시한 기간 동안 보존합니다.
      • 관련 법령에 의한 정보보유사유 상법」, 「전자금융거래법」 등 관련 법령에 의하여 보존할 필요
        가 있는 경우, 관계법령에서 정한 기간 동안 개인정보를 보관합니다. 이 경우, 보관하는 정보
        는 그 보관 목적으로만 이용하며 보존 기간은 아래와 같습니다.
      • 부동산 계약서 거래기록 보존 이유 : 개업공인중개사의 업무 및 부동산 거래 신고에 관한 법률
        – 보존기간 5년.
                          ▣ 매도자(임대인) : 개인정보 제공자 :
                          ▣ 매수자(임차인) : 개인정보 제공자 : [□ 동의 동의거부] [□ 동의 동의거부]

2. 개인정보 제3자 제공안내
   [   ]공인중개사 사무소는 서비스 향상을 위하여 아래와 같이 개인정보를 위탁하고 있으며,
   관계법령에 따라 위탁 계약 시 개인정보가 안전하게 관리될 수 있도록 필요한 사항을 규정하고 있
   습니다. 개인정보 위탁처리 기관 및 위탁업무 내용은 아래와 같습니다.
   ① 수탁업체 : 정보시스템 제공처(한국공인중개사협회)
   ② 위탁업무 내용 : 부동산 거래정보망 시스템 제공
   ③ 개인정보의 보유 및 이용기간 : 회원 탈퇴 시 혹은 위탁계약 종료 시까지
      • 동의는 거부할 수 있으며, 동의거부 시 제공되는 중개 서비스가 제한될 수 있으나 그에 대한 불
        이익은 없습니다.
                          ▣ 매도자(임대인) : 개인정보 제공자 :
                          ▣ 매수자(임차인) : 개인정보제공자 : [□ 동의 동의거부] [□ 동의 동의거부]

                          수집일시 : 20   년   월   일

부동산 거래계약 신고서

■ 부동산 거래신고 등에 관한 법률 시행규칙 [별지 제1호서식] <개정 2023. 8. 22.>　　부동산거래관리시스템(rtms.molit.go.kr)
에서도 신청할 수 있습니다.

부동산 거래계약 신고서

※ 뒤쪽의 유의사항·작성방법을 읽고 작성하시기 바라며, [ ]에는 해당하는 곳에 √표를 합니다.　　　　(앞쪽)

접수번호		접수일시		처리기간	지체없이	

① 매도인	성명(법인명)		주민등록번호(법인·외국인등록번호)		국적	
	주소(법인소재지)				거래지분 비율 (　　분의　　)	
	전화번호		휴대전화번호			

② 매수인	성명(법인명)		주민등록번호(법인·외국인등록번호)		국적	
	주소(법인소재지)				거래지분 비율 (　　분의　　)	
	전화번호		휴대전화번호			
	③ 법인신고서등	[ ]제출　　[ ]별도 제출　　[ ]해당 없음				
	외국인의 부동산등 매수용도	[ ]주거용(아파트)　[ ]주거용(단독주택)　[ ]주거용(그 밖의 주택) [ ]레저용　　　　[ ]상업용　　　[ ]공업용　　[ ]그 밖의 용도				
	위탁관리인 (국내에 주소 또는 거소가 없는 경우)	성명	주민등록번호			
		주소				
		전화번호	휴대전화번호			

개업 공인중개사	성명(법인명)		주민등록번호(법인·외국인등록번호)	
	전화번호		휴대전화번호	
	상호		등록번호	
	사무소 소재지			

거래대상	종류	④ [ ]토지　　[ ]건축물(　　　　　)　　[ ]토지 및 건축물(　　　　　)			
		⑤ [ ]공급계약 [ ]전매 [ ]분양권 [ ]입주권　[ ]준공 전　[ ]준공 후 [ ]임대주택 분양전환			
	⑥ 소재지/지목 /면적	소재지			
		지목	토지면적　　　　㎡	토지 거래지분 (　　분의　　)	
		대지권비율 (　　분의　　)	건축물면적　　　　㎡	건축물 거래지분 (　　분의　　)	
	⑦ 계약대상 면적	토지　　　㎡	건축물　　　㎡		
	⑧ 물건별 거래가격	공급계약 또는 전매	분양가격 　　　　원	발코니 확장 등 선택비용 　　　　원	추가 지급액 등 　　　원

⑨ 총 실제 거래가격 (전체)	합계 　　　원	계약금	원	계약 체결일	
		중도금	원	중도금 지급일	
		잔금	원	잔금 지급일	

⑩ 종전 부동산	소재지/지목 /면적	소재지			
		지목	토지면적　　　㎡	토지 거래지분 (　　분의　　)	
		대지권비율 (　　분의　　)	건축물면적　　　㎡	건축물 거래지분 (　　분의　　)	
	계약대상 면적	토지　　　㎡	건축물　　　㎡	건축물 유형(　　　)	
	거래금액	합계　　　원	추가 지급액 등　　　원	권리가격　　　원	
		계약금　　　원	중도금　　　원	잔금　　　원	

⑪ 계약의 조건 및 참고사항

「부동산 거래신고 등에 관한 법률」 제3조제1항부터 제4항까지 및 같은 법 시행규칙 제2조제1항부터 제4항까지의 규정에 따라 위와 같이 부동산거래계약 내용을 신고합니다.

　　　　　　　　　　　　　　　　　　　　　　　　　　　　　　　　　년　　월　　일

　　　　　　　　　　　　　　매도인 :　　　　　　　　　　　(서명 또는 인)
　　　　신고인　　　　　　　매수인 :　　　　　　　　　　　(서명 또는 인)
　　　　　　　　　　　　　　개업공인중개사 :　　　　　　　(서명 또는 인)
　　　　　　　　　　　　　　(개업공인중개사 중개 시)

시장·군수·구청장 귀하

210mm×297mm[백상지(80g/㎡) 또는 중질지(80g/㎡)]

첨부서류	1. 부동산 거래계약서 사본(「부동산 거래신고 등에 관한 법률」 제3조제2항 또는 제4항에 따라 단독으로 부동산거래의 신고를 하는 경우에만 해당합니다) 2. 단독신고사유서(「부동산 거래신고 등에 관한 법률」 제3조제2항 또는 제4항에 따라 단독으로 부동산거래의 신고를 하는 경우에만 해당합니다)

유의사항

1. 「부동산 거래신고 등에 관한 법률」 제3조 및 같은 법 시행령 제3조의 실제 거래가격은 매수인이 매수한 부동산을 양도하는 경우 「소득세법」 제97조제1항·제7항 및 같은 법 시행령 제163조제11항제2호에 따라 취득 당시의 실제 거래가격으로 보아 양도차익이 계산될 수 있음을 유의하시기 바랍니다.

2. 거래당사자 간 직접거래의 경우에는 공동으로 신고서에 서명 또는 날인을 하여 거래당사자 중 일방이 신고서를 제출하고, 중개거래의 경우에는 개업공인중개사가 신고서를 제출해야 하며, 거래당사자 중 일방이 국가 및 지자체, 공공기관인 경우(국가등)에는 국가등이 신고해야 합니다.

3. 부동산거래계약 내용을 기간 내에 신고하지 않거나, 거짓으로 신고하는 경우 「부동산 거래신고 등에 관한 법률」 제28조제1항 부터 제3항까지의 규정에 따라 과태료가 부과되며, 신고한 계약이 해제, 무효 또는 취소가 된 경우 거래당사자는 해제 등이 확정된 날로부터 30일 이내에 같은 법 제3조의2에 따라 신고를 해야 합니다.

4. 담당 공무원은 「부동산 거래신고 등에 관한 법률」 제6조에 따라 거래당사자 또는 개업공인중개사에게 거래계약서, 거래대금지급 증명 자료 등 관련 자료의 제출을 요구할 수 있으며, 이 경우 자료를 제출하지 않거나, 거짓으로 자료를 제출하거나, 그 밖의 필요한 조치를 이행하지 않으면 같은 법 제28조제1항 또는 제2항에 따라 과태료가 부과됩니다.

5. 거래대상의 종류가 공급계약(분양) 또는 전매계약(분양권, 입주권)인 경우 ⑧ 물건별 거래가격 및 ⑨ 총 실제거래가격에 부가가치 세를 포함한 금액을 적고, 그 외의 거래대상의 경우 부가가치세를 제외한 금액을 적습니다.

6. "거래계약의 체결일"이란 거래당사자가 구체적으로 특정되고, 거래목적물 및 거래대금 등 거래계약의 중요 부분에 대하여 거래당사자가 합의한 날을 말합니다. 이 경우 합의와 더불어 계약금의 전부 또는 일부를 지급한 경우에는 그 지급일을 거래계약의 체결일로 보되, 합의한 날이 계약금의 전부 또는 일부를 지급한 날보다 앞서는 것이 서면 등을 통해 인정되는 경우에는 합의한 날을 거래계약의 체결일로 봅니다.

작성방법

1. ①·② 거래당사자가 다수인 경우 매도인 또는 매수인의 주소란에 ⑥의 거래대상별 거래지분을 기준으로 각자의 거래 지분 비율(매도인과 매수인의 거래지분 비율은 일치해야 합니다)을 표시하고, 거래당사자가 외국인인 경우 거래당사자의 국적을 반드시 적어야 하며, 외국인이 부동산등을 매수하는 경우 매수용도란의 주거용(아파트), 주거용(단독주택), 주거용(그 밖의 주택), 레저용, 상업용, 공장용, 그 밖의 용도 중 하나에 √표시를 합니다.

2. ③ "법인신고서등"란은 별지 제1호의2서식의 법인 주택 거래계약 신고서, 별지 제1호의3서식의 주택취득자금 조달 및 입주계획서, 제2조제7항 가 초이 구분에 따른 서류, 같은 항 후단에 따른 사유서 및 별지 제1호의4서식의 토지취득자금 조달 및 토지이용계획서를 이 신고서와 함께 제출하는지를 √표시하며, 그 밖의 경우에는 해당 없음에 √표시를 합니다.

3. ④ 부동산 매매의 경우 "종류"란에는 토지, 건축물 또는 토지 및 건축물(복합부동산의 경우)에 √표시를 하고, 해당 부동산이 "건축물" 또는 "토지 및 건축물"인 경우에는 ( )에 건축물의 종류를 "아파트, 연립, 다세대, 단독, 다가구, 오피스텔, 근린생활시설, 사무소, 공장" 등 「건축법 시행령」 별표 1에 따른 용도별 건축물의 종류를 적습니다.

4. ⑤ 공급계약은 시행사 또는 건축주 등이 최초로 부동산을 공급(분양)하는 계약을 말하며, 준공 전과 준공 후 계약 여부에 따라 √표시하고, "임대주택 분양전환"은 임대주택사업자(법인으로 한정)가 임대기한이 완료되어 분양전환하는 주택인 경우에 √표시합니다. 전매는 부동산을 취득할 수 있는 권리의 매매로서, "분양권" 또는 "입주권"에 √표시를 합니다.

5. ⑥ 소재지는 지번(아파트 등 집합건축물의 경우에는 동·호수)까지, 지목/면적은 토지대장상의 지목·면적, 건축물대장상의 건축물 면적(집합건축물의 경우 호수별 전용면적, 그 밖의 건축물의 경우 연면적), 등기사항증명서상의 대지권 비율, 각 거래대상의 토지와 건축물에 대한 거래 지분을 정확하게 적습니다.

6. ⑦ "계약대상 면적"란에는 실제 거래면적을 계산하여 적되, 건축물 면적은 집합건축물의 경우 전용면적을 적고, 그 밖의 건축물의 경우 연면적을 적습니다.

7. ⑧ "물건별 거래가격"란에는 각각의 부동산별 거래가격을 적습니다. 최초 공급계약(분양) 또는 전매계약(분양권, 입주권)의 경우 분양가격, 발코니 확장 등 선택비용 및 추가 지급액 등(프리미엄 등 분양가격을 초과 또는 미달하는 금액)을 각각 적습니다. 이 경우 각각의 비용에 부가가치세가 있는 경우 부가가치세를 포함한 금액으로 적습니다.

8. ⑨ "총 실제 거래가격"란에는 전체 거래가격(둘 이상의 부동산을 함께 거래하는 경우 각각의 부동산별 거래가격의 합계 금액)을 적고, 계약금/중도금/잔금 및 그 지급일을 적습니다.

9. ⑩ "종전 부동산"란은 입주권 매매의 경우에만 작성하고, 거래금액란에는 추가 지급액 등(프리미엄 등 분양가격을 초과 또는 미달하는 금액) 및 권리가격, 합계 금액, 계약금, 중도금, 잔금을 적습니다.

10. ⑪ "계약의 조건 및 참고사항"란은 부동산 거래계약 내용에 계약조건이나 기한을 붙인 경우, 거래와 관련한 참고내용이 있을 경우에 적습니다.

11. 다수의 부동산, 관련 필지, 매도·매수인, 개업공인중개사 등 기재사항이 복잡한 경우에는 다른 용지에 작성하여 간인 처리한 후 첨부합니다.

12. 소유권이전등기 신청은 「부동산등기 특별조치법」 제2조제1항 각 호의 구분에 따른 날부터 60일 이내에 신청해야 하며, 이를 이행하지 않는 경우에는 같은 법 제11조에 따라 과태료가 부과될 수 있으니 유의하시기 바랍니다.

처리절차

신고서 작성 (인터넷, 방문신고)	→	접수	→	신고처리	→	신고필증 발급
신고인				처리기관: 시·군·구(담당부서)		

■ 부동산 거래신고 등에 관한 법률 시행규칙 [별지 제1호의2서식] <개정 2020. 3. 13.> 부동산거래관리시스템(rtms.molit.go.kr)에서도 신청할 수 있습니다.

주택취득자금 조달 및 입주계획서

※ 색상이 어두운 난은 신청인이 적지 않으며, [ ]에는 해당되는 곳에 √표시를 합니다. (앞쪽)

접수번호		접수일시		처리기간	
제출인 (매수인)	성명(법인명)			주민등록번호(법인 · 외국인등록번호)	
	주소(법인소재지)			(휴대)전화번호	

① 자금 조달계획	**내돈** 자기 자금	② 금융기관 예금액　　　　　　원	③ 주식 · 채권 매각대금　　　　　원
		④ 증여 · 상속　　　　　　원	⑤ 현금 등 그 밖의 자금　　　　원
		[ ] 부부 [ ] 직계존비속(관계:　　) [ ] 그 밖의 관계(　　　　　)	[ ] 보유 현금 [ ] 그 밖의 자산(종류:　　　)
		⑥ 부동산 처분대금 등　　　　원	⑦ 소계　　　　　　원
	남돈 차입금 등	⑧ 금융기관 대출액 합계 ┃ 주택담보대출　　　　　　원	
		┃ 신용대출　　　　　　원	
		원 ┃ 그 밖의 대출　　　　　　원	
		(대출 종류:　　　)	
		기존 주택 보유 여부 (주택담보대출이 있는 경우만 기재) [ ] 미보유　　　[ ] 보유(　　건)	
		⑨ 임대보증금　　　　　　원	⑩ 회사지원금 · 사채　　　　원
		⑪ 그 밖의 차입금　　　　원	⑫ 소계
		[ ] 부부 [ ] 직계존비속(관계:　　) [ ] 그 밖의 관계(　　　　　)	원
⑬ 합계			원

	항목별	제출 서류
본인 자금	금융기관 예금액	잔고증명서, 예금잔액증명서 등
	주식 및 채권 매각 금액	주식거래내역서, 잔고증명서 등
	상속 및 증여	상속 및 증여세 신고서, 납세증명서 등
	현금 등 기타	소득금액증명원, 근로소득원천징수 영수 증 등 소득 증빙서류
	부동산 처분 대금	동산 매매계약서, 부동산 임대차계약서 등
타인 자금	금융기관 대출액	금융거래확인서, 부채증명서, 금융기관 대출신청서 등
	임대보증금 등	부동산 임대차계약서
	회사지원금, 사채 등 차입금	금전 차용을 증빙할 수 있는 서류 등

주택취득자금 조달 및 입주계획서 작성 방법

주택취득자금 조달 및 입주계획서는 국세청 등 관계기관에 통보되어, 신고내역 조사 및 관련세법에 따른 조사 시 참고자료로 활용되는데 주택취득자금 조달 및 입주계획서를 계약체결 일부 제출이 불가하며, 미리 부동산 거래계약 신고서의 제출 여부를 신고서 제출자 준비해야 한다.

투기과열지구에 소재하는 주택의 거래계약을 체결한 경우에는 다음 각 호의 구분에 따른 서류를 첨부해야 하는데 주택취득 자금 조달 및 입주계획서의 제출일 기준으로 주택취득에 필요한 자금의 대출이 실행되지 않았거나 본인 소유 부동산의 매매계약이 체결되지 않은 경우 등 항목별 금액 증명이 어려운 경우에는 그 사유서를 첨부해야 한다.

1. 금융기관 예금액 항목을 적은 경우 : 예금잔액증명서 등 예금 금액을 증명할 수 있는 서류

2. 주식·채권 매각대금 항목을 적은 경우 : 주식거래내역서 또는 예금잔액증명서 등 주식·채권 매각권 매각 금액을 증명할 수 있는 서류

3. 증여·상속 항목을 적은 경우 : 증여세·상속세 신고서 또는 납세증명서 등 증여 또는 상속받은 금액을 증명할 수 있는 서류

4. 현금 등 그 밖의 자금 항목을 적은 경우 : 소득금액증명원 또는 근로소득 원천징수영수증 등 서득을 증명할 수 있는 서류

5. 부동산 처분대금 등 항목을 적은 경우 : 부동산 매매계약서 또는 부동산 임대차계약서 등 부동산 처분 등에 따른 금액을 증명할 수 있는 서류

6. 금융기관 대출액 합계 항목을 적은 경우 : 금융거래확인서, 부채증명서 또는 금융기관으로부터대출받은 금액을 증명할 수 있는 서류

7. 임대보증금 항목을 적은 경우 : 부동산 임대차계약서

8. 회사지원금·사채 또는 그 밖의 차입금 항목을 적은 경우 : 금전을 빌린 사실과 그 금액을 확인할수 있는 서류

축하카드와 케이크를 선물하자

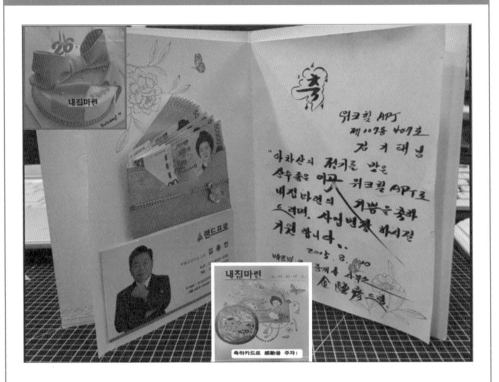

필자가 부동산 중개업 초창기에 손님과 계약을 이루고 난 후, 어떻게 하면 영원한 고정 고객으로 만들 수 있을까 생각하다가 중국을 여행하면서 얻은 아이디어가 있었다. 북경의 일류 카오야 요리 전문점에서 오리고기 요리를 먹고 결제할 때, 정성스러운 카드 한 장을 받았다. 카드에는 요리집의 사진과 화덕에서 요리하는 요리사의 사진이 있었고, "귀하는 우리 요리 집의 1억 5,683번째 고객입니다" 라고 표기되어 있었다. 무심코 지니고 와서 부동산 중개업에 접목시킬 방법을 고민한 끝에, 비슷한 카드를 구입해 자필로 내 집 마련 축하카드를 작성해드리며 케이크 선물을 했다. 그러자 의외의 결과로 새로운 손님을 많이 소개받았다. 그 손님에게 물건을 알선 중개했다면 소개해준 고객에게 중개보수의 일정 부분을 맛있는 음식을 드실 수 있도록 했더니, 이 역시 대박으로 이어졌다. 고객의 마음을 끌어당긴 본보기다.

[특약사항 기본]

① 본 매매계약은 양 당사자가 토지이용계획확인서, 등기사항전부증명서, 건축물관리대장, 토지대장, 지적도, 평면도 확인 및 물건 현 상태를 육안으로 확인하고 계약 서명, 날인한다.

② 등기사항전부증명서상 (   )은행 채권최고액 (   )만 원정은 중도금 시 은행에 동행해 상환 말소하기로 한다.

③ 현 임대차계약금(보증금 ○억 원(기간 20   년   월   일 종료)은 매수자가 승계받기로 하고 잔금일 기준 정산한다.

④ 잔금일 기준 선수관리비는 매도자에게 반환하고 매도자는 현 임대차 기간의 수선충당 유지금은 현 임차인에게 반환하기로 한다.

⑤ 기본 시설물 외 설치한 붙박이장(점) 샹들리에, 도어록, 가스레인지, 비데는 매매대금에 포함한다.

⑥ 본 계약은 양 당사자가 위 특약사항과 확인설명서를 읽고 듣고 계약 서명, 날인한다.

[추가 선택 특약사항]

⑦ 매도자는 잔금 시 현 임차인의 퇴거를 책임지기로 하고 미이행 시에는 손해배상금으로(   )만 원을 잔금에서 배상 공제한다.

⑧ 매도자는 본 물건 등기사항전부증명서상 권리(압류, 가압류, 가등기, 가처분 등)를 중도금 시까지 정리해주기로 한다.

⑨ 본 건물의 증축 확장 부분과 건축물관리대장상 두 칸이나 네 칸으로 분리, 주거시설 설치해 임대차하고 있음을 매수인이 확인하고 계약 서명, 날인한다.

⑩ 본 소유권자와 통화 승낙하에 처 (   )와의 계약이며 대금은 소유권자(   )의 (   )은행   −   −) 계좌로 입금하고 20   년   월   일 소유권자가 추인하기로 한다.

⑪ 본 계약은 대리인 (   )이 위임장과 인감증명서 첨부하고 소유권자와 통화 승낙하에 계약하며 대금은 소유권자 (   ) (   )은행 − − 계좌로 입금하고 잔금일 소유권자는 직접 참석하에 동시 이행으로 잔금 정리하기로 한다.

⑬ 본 계약은 공동소유권자 물건으로 위임장을 첨부한 1/2 소유권자인 ○○○과 계약하며 1/2 소유권자 (   )와 통화 승낙하에 계약하며 대금은 1/2씩 공동소유권자 계좌로 입금한다.

⑭ 매수자는 중도금 지급일은 20   년   월   일이며 중도금 지급날짜 전에 지급하지 않기로 한다.

⑮ 본 매매계약은 (   )신탁관리 회사의 신탁관리 물건으로 신탁관리 회사의 승낙하에 매매하며 신탁관리 계좌 (   )은행   −   −   (   )신탁관리 회사로 대금을 입금하기로 한다.

⑯ 본 계약의 계약금 (   )만 원 중 (   )만 원 계약 시 지급하며 (   )만 원은 20   년

월 일 지급하기로 하고, 매수인이 미지급 시에는 기지급한 (   )만 원은 위약금으로 반환받
지 않기로 하며 조건 없이 해약하기로 한다.

⑰ 본 임대차계약은 기간 종료 시에는 보증금을 임차인의 채권자 (   ) 참석하에 반환하기로 한다.

⑱ 양 당사자는 잔금일(이사날짜)은 상호 협의가 가능 시에 날짜를 조정할 수 있다.

⑲ 본 물건에 인테리어 시설 등으로 유치권 주장이 있다면 매도인이 책임지고 잔금 시까지 정리해주
기로 하며 미정리 시에는 대금에서 공제한다.

⑳ 본 물건의 등기사항전부증명서에 설정된 개인채무 권리자 (   )는 본 임대차계약 시에 소유권
자와 동행 참석하에 말소 수임 법무사에 맡겨 정리하기로 위임하기로 한다.

㉑ 본 물건은 현재 신축 중인 건축물로써 준공검사 후 입주하기로 한다.

㉒ 본 매매계약은 매매계약의 매도인이 보증금 (   )만 원으로 20 년 월 일부터 20 년 월
일까지 잔금 시 전세계약하기로 한다.

㉓ 기타 사항은 부동산 매매 관련 법과 관례에 따른다.

공인중개사의 확인설명 조세에 관한 실무적 주의

부동산 중개업 법령에는 양도소득세라는 용어가 한마디도 나오지 않는다. 이는 양도소득세는 매도자의 책임으로 확정, 납부해야 한다는 뜻이다. 그런데 매매 중개를 하고 잔금 및 소유권 이전 등기까지 마치고 수개월이 지난 후에 매도자가 양도소득세가 많이 나왔다며 이를 중개한 공인중개사에게 책임을 묻겠다고 한다. 과연 공인중개사에게 책임이 있을까?

공인중개사법 제25조 제1항에 따르면, 개업공인중개사는 중개를 의뢰받은 경우 중개가 완성되기 전에 다음 각 호의 사항을 확인해 이를 당해 중개대상물에 관한 권리를 취득하고자 하는 의뢰인에게 성실하고 정확하게 설명하고 토지대장등본 또는 부동산종합증명서, 등기사항전부증명서 등 설명 근거 자료를 제시해야 한다고 규정하고 있다.

① 해당 중개대상물의 상태, 입지 및 권리관계
② 법령 규정에 의한 거래 또는 이용 제한 사항
③ 그 밖에 대통령령이 정하는 사항

또한 동법 제9조에 따르면, 개업공인중개사는 중개대상물에 대한 권리를 취득함에 따라 부담해야 할 조세의 종류 및 세율을 설명해야 한다고 규정하고 있다. 일반적으로 취득세, 인지세, 지방교육세, 농어촌특별세 등이 여기에 해당하며, 확인설명서에도 기재한다. 따라서 매도자의 양도소득세에 관해서는 기록이 없다.

이러한 법적 규정을 고려할 때, 매도자의 양도소득세는 공인중개사의 설명 의무에 포함되지 않는다. 양도소득세는 매도자가 직접 세무사나 관련 전문가와 상담해 준비해야 할 사항이다. 공인중개사는 매도자의 세금 부담에 대한 책임을 지지 않으므로, 매도자가 양도소득세 문제를 이유로 공인중개사에게 책임을 묻는 것은 법적으로 무리한 주장이다.

따라서 공인중개사는 매도자의 양도소득세에 대한 설명 책임이 없으므로, 매도자가 양도소득세로 인한 불만을 제기하더라도 공인중개사에게 법적 책임은 없다.

사례 1

공인중개사가 아파트를 매매하면서 매도자의 양도소득세 문제로 다툼이 발생했다. 필자는 관할 세무서에 찾아가 자세히 알아봤고, 국세청(126번)과 중부국세청에도 전화로 장시간 상담을 했다.

① 매도자는 2005년에 32평 A아파트를 분양받아 1가구 1주택으로 거주하다가, 2012년 1월 12일에 가족(처는 국내에 두고 주민등록 유지)과 함께 미국으로 이주해 영주권을 획득했다. 자녀들은 유학을 위해 미국으로 갔고, 국내 주민등록은 말소되었다. 처 역시 국내 주소지를 두고 있지만, 사실상 미국에서 자녀들과 함께 살고 있었다.

② 매도자는 사정상 아파트를 매도하기 위해 귀국해 말소된 본인의 주민등록을 재등록했다. 전세 놓은 아파트를 매도하기 위해 공인중개사사무소에 매도를 의뢰했고, 공인중개사가 양도소득세 문제를 깊이 알아보지 않고 몇 군데 전화 상담 후, 비과세로 설명하고 매매계약을 체결했다.

③ 잔금을 앞두고 양도소득세를 자세히 알아보니, 소유권자가 영주권을 획득한 후 2년 이내에 매도하면 비과세이나, 그 이후에 매도하면 양도소득세가 과세된다는 사실을 알게 되어 당황스러웠고, 매도자도 난리가 났다. 아파트가격이 분양가격의 2.5배로 올라 양도소득세가 약 4,000만 원 정도 발생하게 되었다. 해약도 불가능하고 잔금도 지불하지 못하게 되었다. 다행히 전세를 끼고 매수자가 매수했기에 해결할 시간은 있지만, 시간이 문제였다.

④ 해결 방법은 소유권자가 귀국해 주민등록을 재등록하고 국내에 거주하며 6개월(183일) 이후에 소유권 이전을 해서 양도소득세 비과세 조건을 만드는 것이다. 따라서 6개월 이후로 잔금 정리를 하도록 매수자와 협의하는 것이 최선의 방법이다.

⑤ 양도소득세란 1세대 1주택 비과세 요건을 말할 때, 영주권과 관계없이 사실상의 거주 요건을 충족해야 한다. 결국 주민등록과 국내 거주 기간을 따진다는 것이다.

⑥ 공인중개사는 매도 물건을 접수할 때, 양도소득세 문제는 민감한 사항이므로 관련 공부를 열람하고 소유권자의 여러 사항을 잘 들어보고 양도소득세 부분은 1가구 1주택이라도 대략적인 이야기를 해야 하며, 보다 구체적인 확정 금액은 세무사나 세무서를 통해 상담하도록 해야 한다.

⑦ 보다 정확하게 설명할 때는 국세청 126번에 상담하거나 관련 공부를 지참하고 관할 세무서를 동행해서 정확하게 산출하고 매도자 본인의 책임임을 알려주어야 한다.

공인중개사는 매도자 상담 시 양도소득세에 관한 조언을 할 수밖에 없다. 그러나 고객이 보유한 물건이 1가구 1주택으로 비과세 요건을 충족하면 문제가 없으나, 전후 사정을 살펴보면 2주택 또는 다주택자일 수도 있다. 필자가 중개한 아파트 물건에서도 잔금 6개월 후에 양도소득세 고지서가 날아와 문제가 생긴 적이 있었다. 매도자가 당시 3년 거주했고 타 지역 아파트 분양을 받기 위해 부모가 사는 아파트로 주민등록을 이전해 직계 존비속으로 1가구 2주택이 된 사례였다. 소명을 위해 필자가 관리사무소 관리비 내역, 전화요금 내역, 승용차 주차 내역, 이전 분양계약서, 현재 매매계약서 등을 준비하고 세무서에 이의 신청을 해서 6개월 후 비과세 통보를 받았다.

공인중개사는 잔금 시 매도용 인감증명서의 물건지 주소와 상이하다면 그 이유를 물어보고, 1가구 2주택 요건을 갖추어 매도용 인감증명서 발행을 조언해야 한다.

4

공동주택 임대차계약서 작성
[아파트, 연립주택, 빌라, 다세대주택, 도시형주택 등]

공공주택 물건 매매계약서 현황 자료

소재지	도 시 구 동 번지 아파트 제 동 제 호				
분양면적	114.25㎡	대지면적(지분)	37㎡	방 3개	화장실 2개
전용면적	84.25㎡	개별공시가격	837.800 원	난방 : 개별(O) 중앙( )	
용도지역	일반주거	용도구역	제1종 주거	주차 : 2대	관리실 (O)
초등학교	능원	중학교	능원	고등학교	대진
노선버스(전철)	17, 17-1, 119, 1500-2, 1530, 1151 서현역 차량 20분				
최근 매매가	7억 5,000만 원		최근 임대가	4억 5,000만 원	
25평	35평	45평	50평~	총세대수	
세대	268세대	120세대	60세대	442세대	

권리분석 자료	물건 상태의 확인(임장 활동)
1. 토지이용계획확인서 2. 등기사항전부증명서(토지 + 건물) 3. 건축물관리대장(제 동 제 호) 4. 평면도 5. 지적도 6. 임대차가 있다면 계약서 사본	1. 기본 시설물 상태 확인 2. 교체 부착물 확인 　　① 도어록 ② 붙박이장 ③ 정수기 　　④ 에어컨(냉난방) ⑤ 비데 3. 확장 부분　4. 방향　5. 도배 상태 6. 누수(결로현상, 곰팡이 등)

미납국세 등 열람신청서

■ [별지 제95호서식] <개정 2024. 3. 22.>

미납국세 등 열람신청서 [　]주택임차 [　]상가임차

(앞쪽)

접수번호	접수일		처리기간 즉시
임차인 (임차하여 사용하려는 자 포함)	성명(상호)		주민등록번호(사업자등록번호)
	주소(사업장)		전화번호
임대인	성명(상호)		주민등록번호(사업자등록번호)
	주소(사업장)		전화번호

임차 건물 소재지(건물의 종류·명칭 및 동·열·층·호 등 구체적으로 기재)

[　] 임대인의 동의가 필요한 경우	「국세징수법」 제109조 제1항에 따라 위 임차인(임차하여 사용하려는 자 포함)에게 본인의 미납국세 등에 대한 열람을 동의합니다. 　　　　　　　　　　　　　　　　　　　　년　　　　월　　　　일 　　　　　　　임대인　　　　　　　　　　　　　　　　(서명 또는 인)
[　] 임대인의 동의가 필요하지 않은 경우	※ 「국세징수법」 제109조 제2항 전단 및 같은 법 시행령 제97조 제2항에 따라 임대차계약에 따른 보증금이 1천만원 초과인 경우를 말합니다.

「국세징수법」 제109조에 따라 위 임대인의 미납국세 등에 대한 열람을 신청합니다.

　　　　　　　　　　　　　　　　　　　　년　　　　월　　　　일

　　　　　　　신청인　　　　　　　　　　　　　　　　(서명 또는 인)

세 무 서 장　　귀하

| 미납국세열람 신청 개선 내용 |

구분	현행	개선*
신청 시기	• 임대차 계약 전	• 임대차 계약 전 또는 • 임대차 계약일부터 임대차기간 시작일까지
신청 장소	• 건물소재지 관할 세무서	• 전국 모든 세무서
임대인 동의	• 반드시 동의 필요	• 임대차 계약 전 : 동의 필요 • 임대차 계약 후 동의 불필요 　* 보증금 1,000만 원 이하 계약은 동의 필요
임대인 통보	–	• 임대인 동의 없이 열람한 경우 세무서에서 임차인의 열람사실을 임대인에게 통보

* 2023.4.3.(월) 열람신청 분부터 적용

■ 주민등록법 시행규칙 [별지 제15호서식] <개정 2024. 6. 25.>

전입세대확인서 열람 또는 교부 신청서

※ 뒤쪽의 유의사항을 읽고 작성하시기 바라며, 색상이 어두운 칸은 신청인이 작성하지 않습니다. (앞쪽)

접수번호	접수일자	처리기간　즉시

신청 내용	전입세대확인서 열람　　　[　　]	전입세대확인서 교부　　　[　　]

개인 신청인	성명　　　　　　　　　　　　　(서명 또는 인)	주민등록번호
	주소 (시·도)　　　　(시·군·구)	연락처

법인·단체 신청인	명칭	사업자등록번호
	대표자　　　　　　　　　　　(서명 또는 인)	연락처
	소재지	
	방문자 성명　　　주민등록번호	연락처

열람 또는 교부 대상 건물 또는 시설의 소재지

말소 또는 거주불명 등록된 사람의 성명과 전입일자 표시 여부	표시됨 □ / 표시되지 않음 □

용도 및 목적

「주민등록법」 제29조의2제1항, 같은 법 시행령 제49조의2제1항 및 같은 법 시행규칙 제14조제2항에 따라 위와 같이 전입세대확인서의 열람 또는 교부를 신청합니다.

년　　　월　　　일

신청인　　　　　　　　　　　　　　　　　　　　(서명 또는 인)

시장·군수·구청장 또는 읍·면·동장 및 출장소장 귀하

※ 위임장은 위임하여 신청하는 경우에만 작성합니다.

위임장

「주민등록법」 제29조의2제2항제2호에 따라 위 신청인에게 전입세대확인서의 열람 또는 교부 신청을 위임합니다.

년　　　월　　　일

위임한 자 (개인)	성명　　　　　　　　　　　　　(서명 또는 인)	주민등록번호
	주소	연락처

위임한 자 (법인·단체)	명칭	사업자등록번호
	대표자　　　　　　　　　　　(서명 또는 인)	연락처
	소재지	

제출 서류	신청인의 신분증명서 ※ 법인·단체의 경우에는 대표자의 신분증명서, 법인인감증명서 또는 사용인감계를 제출합니다.	수수료
담당 공무원 확인 서류	※ 담당 공무원이 행정정보의 공동이용을 통해 확인하는 것에 동의하는 서류 앞의 [ ]에 √표를 합니다. [ ] 1. 신청인이 전입세대확인서의 열람 또는 교부 신청을 할 수 있는 자임을 입증하는 「주민등록법 시행규칙」 별표 2에 따른 서류 [ ] 2. 신청인이 「주민등록법 시행규칙」 제18조제1항 각 호의 어느 하나에 해당하는지 여부를 확인할 수 있는 자료	- 열람: 1건 1회 300원 - 교부: 1통 400원 ※ 「주민등록법」 제29조의2제2항 제3호에 해당하는 경우에는 500원

행정정보의 공동이용 동의서

본인은 이 건 업무 처리를 위해 담당 공무원이 「전자정부법」 제36조제1항에 따른 행정정보의 공동이용(「주택임대차보호법」 제3조의6 제2항 후단에 따른 전산처리정보조직의 이용을 포함합니다)을 통해 위의 담당 공무원 확인 서류를 확인하는 것에 동의합니다.

※ 신청인이 행정정보의 공동이용에 동의하지 않거나 행정정보의 공동이용을 통해 확인할 수 있는 서류가 아닌 경우에는 신청인이 직접 해당 서류를 제출해야 합니다.

신청인   (서명 또는 인)

유의사항

1. '서명 또는 인'란에는 서명을 하거나 도장을 찍어야 하며 지문은 사용할 수 없습니다. 이 경우 서명을 할 때에는 자필로 한글 성명을 써야 합니다.
2. 외국인등록을 한 외국인 또는 국내거소신고를 한 외국국적동포의 경우 「출입국관리법」 제33조제1항에 따른 외국인등록증 또는 「재외동포의 출입국과 법적 지위에 관한 법률」 제7조제1항에 따른 국내거소신고증을 제시해야 하며, 주민등록번호는 외국인등록 번호 또는 국내거소신고번호로 갈음할 수 있습니다.
3. 법인·단체 신청인의 경우에는 '대표자'란에 대표자가 서명하거나 법인 인감(사용 인감을 포함합니다)을 찍습니다.
4. 동일 신청자가 동일 증명자료에 따라 동일 목적으로 여러 건물 또는 시설의 소재지에 대해 전입세대확인서의 열람 또는 교부를 신청하는 경우에는 「주민등록법 시행규칙」 별지 제15호서식과 별지 제16호서식에 따라 일괄 신청할 수 있습니다. 이 경우 해당 별지 제15호서식과 별지 제16호서식 사이에는 신청인의 확인(간인)이 있어야 합니다.
5. 전입세대확인서의 열람 또는 교부 신청의 위임은 해당 건물 또는 시설의 소유자, 임차인, 임대차계약자 또는 매매계약자 본인만이 할 수 있습니다. 이 경우 위임받아 신청하는 자는 위임장과 본인 및 위임한 자의 신분증명서(법인·단체의 경우에는 대표자의 신분증명서, 법인인감증명서 또는 사용인감계를 말합니다)를 함께 제출해야 합니다.
6. 다른 사람의 서명 또는 도장 등을 위조하거나 부정하게 사용하는 등의 방법으로 신청서 또는 위임장을 거짓으로 작성하는 경우에는 「형법」에 따라 처벌을 받게 됩니다.
7. 확인하려는 전입세대의 주소가 사실과 다르게 기재된 경우에는 전입세대확인서를 통해 해당 전입세대를 확인할 수 없습니다.
8. 외국인 및 외국국적동포는 세대주 또는 주민등록표 상의 동거인이 될 수 없으므로, 외국인 및 외국국적동포의 세대주 및 동거인 여부는 전입세대확인서를 통해 확인할 수 없습니다.
9. 「주민등록법 시행규칙」 제18조제1항에 따른 전입세대확인서 열람 또는 교부 신청 수수료 면제 대상은 다음과 같습니다.
   가. 「주민등록법」 제29조의2제2항제3호마목에 따라 국가나 지방자치단체가 공무상 필요하여 신청하는 경우
   나. 「국민기초생활 보장법」 제2조제2호에 따른 수급자가 신청하는 경우
   다. 재해의 발생 등 행정안전부장관, 시·도지사 또는 시장·군수·구청장이 필요하다고 인정하는 경우
   라. 관계 법령에서 주민등록자료 제공에 대한 수수료를 면제하도록 한 규정이 있는 경우
   마. 「독립유공자예우에 관한 법률」 제6조에 따라 등록된 독립유공자와 그 유족(선순위자만 해당된다)이 신청하는 경우
   바. 「국가유공자 등 예우 및 지원에 관한 법률」 제6조에 따라 등록된 국가유공자 등과 그 유족(선순위자만 해당하되, 선순위자가 부 또는 모인 경우에는 선순위자가 아닌 모 또는 부를 포함한다)이 신청하는 경우
   사. 「고엽제후유의증 등 환자지원 및 단체설립에 관한 법률」 제4조에 따라 등록된 고엽제후유의증환자 등이 신청하는 경우
   아. 「참전유공자 예우 및 단체설립에 관한 법률」 제5조에 따라 등록된 참전유공자 등이 신청하는 경우
   자. 「5·18민주유공자 예우에 관한 법률」 제7조에 따라 등록 결정된 5·18민주유공자와 그 유족(선순위자만 해당하되, 선순위자가 부 또는 모인 경우에는 선순위자가 아닌 모 또는 부를 포함한다)이 신청하는 경우
   차. 「특수임무유공자 예우 및 단체설립에 관한 법률」 제6조에 따라 등록된 특수임무유공자와 그 유족(선순위자만 해당하되, 선순위자가 부 또는 모인 경우에는 선순위자가 아닌 모 또는 부를 포함한다)이 신청하는 경우
   카. 「한부모가족지원법」 제5조 또는 제5조의2에 따른 보호대상자가 신청하는 경우
   타. 지방자치단체가 조례로 정하는 경우

이 계약서는 법무부가 국토교통부·서울시 및 관련 전문가들과 함께 민법, 주택임대차보호법, 공인중개사법 등 관계법령에 근거하여 만들었습니다. 법의 보호를 받기 위해 【중요확인사항】(별지1)을 꼭 확인하시기 바랍니다.

주택임대차 표준계약서

☑ 보증금 있는 월세
☐ 전세   ☐ 월세

임대인(   )과 임차인(   )은 아래와 같이 임대차 계약을 체결한다

[임차주택의 표시]

소 재 지	(도로명주소)			
토 지	지목		면적	㎡
건 물	구조·용도		면적	㎡
임차할부분	상세주소가 있는 경우 동·층·호 정확히 기재		면적	㎡
계약의종류	☐ 신규 계약　　　　　　　　　　　　　☐ 합의에 의한 재계약 ☐ 「주택임대차보호법」 제6조의 3의 계약갱신요구권 행사에 의한 갱신계약 ＊ 갱신 전 임대차계약 기간 및 금액 　 계약 기간: 　. 　. 　. ~ 　. 　. 　.　보증금: 　　　　원, 차임: 월　　　　원			

미납 국세·지방세	선순위 확정일자 현황	확정일자 부여란
☐ 없음 (임대인 서명 또는 날인 _____㊞)	☐ 해당 없음 (임대인 서명 또는 날인 _____㊞)	※ 주택임대차계약서를 제출하고 임대차 신고의 접수를 완료한 경우에는 별도로 확정일자 부여를 신청할 필요가 없습니다.
☐ 있음(중개대상물 확인·설명서 제2쪽 II. 개업공인중개사 세부 확인사항 「⑨ 실제 권리관계 또는 공시되지 않은 물건의 권리사항」에 기재)	☐ 해당 있음(중개대상물 확인·설명서 제2쪽 II.개업공인중개사 세부 확인사항 「⑨ 실제 권리관계 또는 공시되지 않은 물건의 권리사항」에 기재)	

[계약내용]

제1조(보증금과 차임 및 관리비) 위 부동산의 임대차에 관하여 임대인과 임차인은 합의에 의하여 보증금과 차임 및 관리비를 아래와 같이 지불하기로 한다.

보증금	금 　　　　　　　　　　　　 원정(₩　　　　　　　)		
계약금	금 　　　　　원정(₩　　　)은 계약시에 지불하고 영수함. 영수자 (　　인)		
중도금	금 　　　　원정(₩　　　)은 _____년 ____월 ____일에 지불하며		
잔 금	금 　　　　원정(₩　　　)은 _____년 ____월 ____일에 지불한다		
차임(월세)	금 　　　원정은 매월 　　일에 지불한다(입금계좌: 　　　)		
관리비	(정액인 경우) 금 　　　　　　　원정(₩　　　　　)		
	(정액이 아닌 경우) 관리비의 항목 및 산정방식을 기재		

제2조(임대차기간) 임대인은 임차주택을 임대차 목적대로 사용·수익할 수 있는 상태로 _____년 ____월 ____일까지 임차인에게 인도하고, 임대차기간은 인도일로부터 _____년 　　　　　월 　　　　일까지로 한다.

제3조(입주 전 수리) 임대인과 임차인은 임차주택의 수리가 필요한 시설물 및 비용부담에 관하여 다음과 같이 합의한다.

수리 필요 시설	☐ 없음 ☐ 있음(수리할 내용:　　　　　　　　　　　　　)
수리 완료 시기	☐ 잔금지급 기일인 _____년 ____월 ____일까지 ☐ 기타 (　　　)
약정한 수리 완료 시기 까지 미 수리한 경우	☐ 수리비를 임차인이 임대인에게 지급하여야 할 보증금 또는 차임에서 공제 ☐ 기타(　　　　　　　　　　　　)

제4조(임차주택의 사용·관리·수선) ① 임차인은 임대인의 동의 없이 임차주택의 구조변경 및 전대나 임차권 양도를 할 수 없으며, 임대차 목적인 주거 이외의 용도로 사용할 수 없다.

② 임대인은 계약 존속 중 임차주택을 사용·수익에 필요한 상태로 유지하여야 하고, 임차인은 임대인이 임차주택의 보존에 필요한 행위를 하는 때 이를 거절하지 못한다.

③ 임대인과 임차인은 계약 존속 중에 발생하는 임차주택의 수리 및 비용부담에 관하여 다음과 같이 합의한다. 다만, 합의되지 아니한 기타 수선비용에 관한 부담은 민법, 판례 기타 관습에 따른다.

임대인부담	(예컨대, 난방, 상하수도, 전기시설 등 임차주택의 주요설비에 대한 노후·불량으로 인한 수선은 민법 제623조, 판례상 임대인이 부담하는 것으로 해석됨)
임차인부담	(예컨대, 임차인의 고의·과실에 기한 파손, 전구 등 통상의 간단한 수선, 소모품 교체 비용은 민법 제623조, 판례상 임차인이 부담하는 것으로 해석됨)

④ 임차인이 임대인의 부담에 속하는 수선비용을 지출한 때에는 임대인에게 그 상환을 청구할 수 있다.

제5조(계약의 해제) 임차인이 임대인에게 중도금(중도금이 없을 때는 잔금)을 지급하기 전까지, 임대인은 계약금의 배액을 상환하고, 임차인은 계약금을 포기하고 이 계약을 해제할 수 있다.

제6조(채무불이행과 손해배상) 당사자 일방이 채무를 이행하지 아니하는 때에는 상대방은 상당한 기간을 정하여 그 이행을 최고하고 계약을 해제할 수 있으며, 그로 인한 손해배상을 청구할 수 있다. 다만, 채무자가 미리 이행하지 아니할 의사를 표시한 경우의 계약해제는 최고를 요하지 아니한다.

제7조(계약의 해지) ① 임차인은 본인의 과실 없이 임차주택의 일부가 멸실 기타 사유로 인하여 임대차의 목적대로 사용할 수 없는 경우에는 계약을 해지할 수 있다.

② 임대인은 임차인이 2기의 차임액에 달하도록 연체하거나, 제4조 제1항을 위반한 경우 계약을 해지할 수 있다.

제8조(갱신요구와 거절) ① 임차인은 임대차기간이 끝나기 6개월 전부터 2개월 전까지의 기간에 계약갱신을 요구할 수 있다. 다만, 임대인은 자신 또는 그 직계존속·직계비속의 실거주 등 주택임대차보호법 제6조의 3 제1항 각 호의 사유가 있는 경우에 한하여 계약갱신의 요구를 거절할 수 있다.

② 임대인이 주택임대차보호법 제6조의 3 제1항 제8호에 따른 실거주를 사유로 갱신을 거절하였음에도 불구하고 갱신요구가 거절되지 아니하였더라면 갱신되었을 기간이 만료되기 전에 정당한 사유 없이 제3자에게 주택을 임대한 경우, 임대인은 갱신거절로 인하여 임차인이 입은 손해를 배상하여야 한다.

③ 제2항에 따른 손해배상액은 주택임대차보호법 제6조의 3 제6항에 의한다.

제9조(계약의 종료) 임대차계약이 종료된 경우에 임차인은 임차주택을 원래의 상태로 복구하여 임대인에게 반환하고, 이와 동시에 임대인은 보증금을 임차인에게 반환하여야 한다. 다만, 시설물의 노후화나 통상 생길 수 있는 파손 등은 임차인의 원상복구의무에 포함되지 아니한다.

제10조(비용의 정산) ① 임차인은 계약종료 시 공과금과 관리비를 정산하여야 한다.

② 임차인은 이미 납부한 관리비 중 장기수선충당금을 임대인(소유자인 경우)에게 반환 청구할 수 있다. 다만, 관리사무소 등 관리주체가 장기수선충당금을 정산하는 경우에는 그 관리주체에게 청구할 수 있다.

제11조(분쟁의 해결) 임대인과 임차인은 본 임대차계약과 관련한 분쟁이 발생하는 경우, 당사자 간의 협의 또는 주택임대차분쟁조정위원회의 조정을 통해 호혜적으로 해결하기 위해 노력한다.

제12조(중개보수 등) 중개보수는 거래 가액의 _____%인 _____원(□ 부가가치세 포함 □ 불포함)으로 임대인과 임차인이 각각 부담한다. 다만, 개업공인중개사의 고의 또는 과실로 인하여 중개의뢰인간의 거래행위가 무효·취소 또는 해제된 경우에는 그러하지 아니하다.

제13조(중개대상물확인·설명서 교부) 개업공인중개사는 중개대상물 확인·설명서를 작성하고 업무보증관계증서 (공제증서 등) 사본을 첨부하여 _____년_____월_____일 임대인과 임차인에게 각각 교부한다.

[특약사항]

• 주택을 인도받은 임차인은 _____년 ____월 ___일까지 주민등록(전입신고)과 주택임대차계약서상 확정일자를 받기로 하고, 임대인은 위 약정일자의 다음날까지 임차주택에 저당권 등 담보권을 설정할 수 없다.

• 임대인이 위 특약에 위반하여 임차주택에 저당권 등 담보권을 설정한 경우에는 임차인은 임대차계약을 해제 또는 해지할 수 있다. 이 경우 임대인은 임차인에게 위 특약 위반으로 인한 손해를 배상하여야 한다.

• 임대차계약을 체결한 임차인은 임대차계약 체결 시를 기준으로 임대인이 사전에 고지하지 않은 선순위 임대차 정보(주택임대차보호법 제3조의6 제3항)가 있거나 미납 또는 체납한 국세·지방세가 _____원을 초과하는 것을 확인한 경우 임대차기간이 시작하는 날까지 제5조에도 불구하고 계약금 등의 명목으로 임대인에게 교부한 금전 기타 물건을 포기하지 않고 임대차계약을 해제할 수 있다.

• 주택 임대차 계약과 관련하여 분쟁이 있는 경우 임대인 또는 임차인은 법원에 소를 제기하기 전에 먼저 주택 임대차분쟁조정위원회에 조정을 신청한다 (□ 동의 □ 미동의)

※ 주택임대차분쟁조정위원회 조정을 통할 경우 60일(최대 90일) 이내 신속하게 조정 결과를 받아볼 수 있습니다.

• 주택의 철거 또는 재건축에 관한 구체적 계획 (□ 없음 □ 있음 ※공사시기 : ※ 소요기간 : 개월)

• 상세주소가 없는 경우 임차인의 상세주소부여 신청에 대한 소유자 동의여부 (□ 동의 □ 미동의)

※ 기타

본 계약을 증명하기 위하여 계약 당사자가 이의 없음을 확인하고 각각 서명·날인 후 임대인, 임차인, 개업공인중개사는 매 장마다 간인하여, 각각 1통씩 보관한다. 년 월 일

	주 소							서명 또는
임 대 인	주민등록번호			전 화		성 명		날인㊞
	대 리 인	주 소		주민등록번호		성 명		
임 차 인	주 소							서명 또는
	주민등록번호			전 화		성 명		날인㊞
	대 리 인	주 소		주민등록번호		성 명		
개 업 공 인 중 개 사	사무소 소재지			사무소 소재지				
	사무소 명칭			사무소 명칭				
	대 표	서명 및 날인	㊞	대 표	서명 및 날인			㊞
	등 록 번 호		전화	등 록 번 호			전화	
	소속공인중개사	서명 및 날인	㊞	소속공인중개사	서명 및 날인			㊞

주택임대차 표준계약서 작성 시 공인중개사는 물건에 대해 정확하게 권리분석을 하고 이를 거래 당사자에게 고지해야 한다.

① 과도한 선순위 담보권으로 인한 전세보증금 반환에 문제가 없는가?

  등기사항전부증명서상 선순위 담보권과 선순위 전세 세입자의 보증금과 기간을 확인해야 한다.

② 국세(당해세)로 인한 전세보증금 반환 문제가 없는가?

  이 부분은 임대인이 국세완납확인서를 지참해 보여줘야 하나, 대부분 숨기는 경우가 많다. 임대인과 협조를 받을 수 있는 대화로 풀어야 한다.

③ 임대차계약 당일 임대인이 담보권 행사를 하지 않는가?

  가끔 악덕 임대인이 전세 계약 잔금 날 서류를 준비했다가 잔금 후 바로 담보권 행사를 하는 경우가 있다. 계약하는 순간 등기사항전부증명서를 열람해서 최대한 확인하는 수밖에 없다.

④ 임대물의 A/S는 어떻게 진행할 것인가?

  요즘은 보증금이 있는 월세로 주로 임대차계약을 한다. 계약 당시에 도배/장판 등 A/S를 해주기로 하고 이를 어기는 임대인도 있다. 계약 당시부터 인테리어 업체를 불러서 견적을 뽑고 임대인이 이를 이행하도록 하는 것이 좋다.

⑤ 법정 중개보수의 기재는 정확히 합의하고 기록하고 읽어주어야 잔금 시에 중개보수로 인해 얼굴을 붉히지 않는다.

법의 보호를 받기 위한 중요사항! 반드시 확인하세요

┌─ 〈 계약 체결 시 꼭 확인하세요 〉 ─

【대항력 및 우선변제권 확보】

① 임차인이 주택의 **인도와 주민등록**을 마친 때에는 그 다음 날부터 제3자에게 임차권을 주장할 수 있고, 계약서에 **확정일자**까지 받으면 후순위권리자나 그 밖의 채권자에 우선하여 변제받을 수 있으며, 주택의 점유와 주민등록은 임대차 기간 중 계속 유지하고 있어야 합니다.

② **등기사항증명서, 미납국세·지방세, 다가구주택 확정일자 현황** 등을 반드시 확인하여 선순위 권리자 및 금액을 확인하고 계약 체결여부를 결정하여야 보증금을 지킬 수 있습니다. 계약을 체결할 때 임대인은 납세증명서 및 확정일자 부여일, 차임 및 보증금 등 정보를 임차인에게 제시하여야 합니다.

※ 임차인은 임대인의 동의를 받아 미납국세·지방세는 관할 세무서에서, 확정일자 현황은 관할 주민센터·등기소에서 확인할 수 있습니다. 다만, 「국세징수법」 제109조 제2항 및 「지방세징수법」 제6조 제3항의 요건을 충족하는 임차인의 경우에는 임대차계약일부터 임대차기간 개시일까지 임대인의 동의 없이도 미납국세·지방세 열람이 가능합니다.

【임대차 신고의무 및 확정일자 부여 의제】

① 수도권 전역, 광역시, 세종시 및 도(道)의 시(市) 지역에서 보증금 6천만 원 또는 월차임 30만 원을 초과하여 주택임대차계약을 체결(금액의 변동이 있는 재계약·갱신계약 포함)한 경우, 임대인과 임차인은 계약체결일로부터 30일 이내에 시군구청에 해당 계약을 공동(계약서를 제출하는 경우 단독신고 가능)으로 신고하여야 합니다.

② 주택임대차계약서를 제출하고 임대차 신고의 접수를 완료한 경우, 임대차 신고필증상 접수완료일에 확정일자가 부여된 것으로 간주되므로, 별도로 확정일자 부여를 신청할 필요가 없습니다.

┌─ 〈 계약기간 중 꼭 확인하세요 〉 ─

【차임증액청구】

계약기간 중이나 임차인의 계약갱신요구권 행사로 인한 갱신 시 차임·보증금을 증액하는 경우에는 기존 차임·보증금의 5%를 초과하여 증액하지 못하고, 계약체결 또는 약정한 차임 등의 증액이 있은 후 1년 이내에는 하지 못합니다.

【묵시적 갱신 등】

① 임대인은 임대차기간이 끝나기 6개월부터 2개월* 전까지, 임차인은 2개월 전까지 각 상대방에게 계약을 종료하겠다거나 조건을 변경하여 재계약을 하겠다는 취지의 통지를 하지 않으면 종전 임대차와 동일한 조건으로 자동 갱신됩니다.

  ★ 기존 규정은 1개월이고, '20. 12. 10. 이후 최초로 체결되거나 갱신된 계약의 경우 2개월이 적용됩니다.

② 제1항에 따라 갱신된 임대차의 존속기간은 2년입니다. 이 경우, 임차인은 언제든지 계약을 해지할 수 있지만 임대인은 계약서 제7조의 사유 또는 임차인과의 합의가 있어야 계약을 해지할 수 있습니다.

【계약갱신요구 등】

① 임차인이 임대차기간이 만료되기 6개월 전부터 2개월* 전까지 사이에 계약갱신을 요구할 경우 임대인은 정당한 사유 없이 거절하지 못하고, 갱신거절 시 별지 2에 게재된 계약갱신 거절통지서 양식을 활용할 수 있습니다.

  ★ 기존 규정은 1개월이고, '20. 12. 10. 이후 최초로 체결되거나 갱신된 계약의 경우 2개월이 적용됩니다.

② 임차인은 계약갱신요구권을 1회에 한하여 행사할 수 있고, 이 경우 갱신되는 임대차의 존속기간은 2년, 나머지 조건은 전 임대차와 동일한 조건으로 다시 계약된 것으로 봅니다. 다만, 차임과 보증금의 증액은 청구 당시의 차임 또는 보증금 액수의 100분의 5를 초과하지 아니하는 범위에서만 가능합니다.

③ 묵시적 갱신이나 합의에 의한 재계약의 경우 임차인이 갱신요구권을 사용한 것으로 볼 수 없으므로, 임차인은 주택임대차보호법에 따라 임대기간 중 1회로 한정되어 인정되는 갱신요구권을 차후에 사용할 수 있습니다.

┌─ 〈 계약종료 시 꼭 확인하세요 〉 ─

【보증금액 증액시 확정일자 날인】

계약기간 중 보증금을 증액하거나, 재계약 또는 계약갱신 과정에서 보증금을 증액한 경우에는 증액된 보증금액에 대한 우선변제권을 확보하기 위하여 반드시 **다시 확정일자**를 받아야 합니다.

> 주택임대차 관련 분쟁은 전문가로 구성된 대한법률구조공단, 한국부동산원, 한국토지주택공사, 지방자치단체에 설치된 주택임대차분쟁조정위원회에서 신속하고 효율적으로 해결할 수 있습니다.

주택임대차계약서 확정일자의 효력

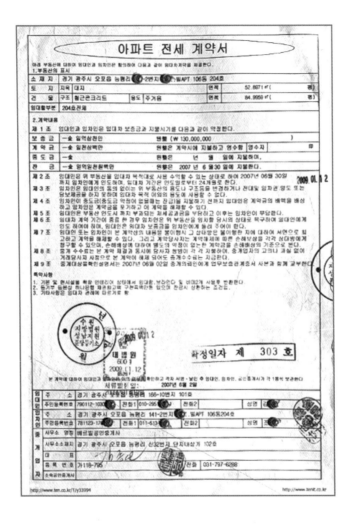

공인중개사는 임대차계약 후에 직접 등기소나 공증 변호사사무소에 확정일자를 미리 받아두었다가 잔금 시에 임차인에게 서비스하기도 한다.

임차인이 잔금 후에 전입신고 시에 주민센터에서 받기도 한다.

이럴 때는 "잔금 당일 전입신고를 하시고 확정일자를 받으십시오!" 하고 알려주는 것이 좋다.

그러나 행정관청에서는 이사 오기 전에는 전입신고도 확정일자도 안 받아준다.

그래서 자녀들의 학교 배정 등 일이 생길 수도 있기에 잔금일자에 이사해서 전입신고와 확정일자를 받을 수가 있도록 잔금날짜를 정하는 것이 바람직하다.

[당사자 확인 / 권리순위관계 확인 / 중개대상물 확인·설명서 확인]

① 신분증·등기사항증명서 등을 통해 당사자 본인이 맞는지, 적법한 임대·임차권한이 있는지 확인해야 하며, 보증금은 가급적 임대인 명의 계좌로 직접 송금합니다.

② 대리인과 계약체결 시 위임장·대리인 신분증을 확인하고, 임대인(또는 임차인)과 직접 통화하고 계약합니다.

③ 중개대상물 확인·설명서에 누락된 것은 없는지, 그 내용은 어떤지 꼼꼼히 확인하고 서명해야 합니다.

[대항력 및 우선변제권 확보]

① 임차인이 주택의 인도와 주민등록을 마친 때는 다음 날부터 제삼자에게 임차권을 주장할 수 있다. 계약서에 확정일자까지 받으면, 후순위 권리자나 그 밖의 채권자에 우선해 변제받을 수 있습니다.

- 임차인은 최대한 신속히 ① 주민등록과 ② 확정일자를 받아야 하고, 주택의 점유와 주민등록은 임대차 기간 중 계속 유지하고 있어야 합니다.

② 등기사항전부증명서, 미납국세, 다가구주택 확정일자 현황 등을 반드시 확인해서 선순위 담보권자가 있는지, 있다면 금액이 얼마인지를 확인하고 계약체결 여부를 결정해야 보증금을 지킬 수 있습니다.

계약갱신 거절통지서

별지2)

계약갱신 거절통지서

임 대 인	성 명		임 차 인	성 명	
	주 소			주 소	
	연 락 처			연 락 처	
임차목적물 주소					
임대차계약 기간					

임대인(_____)은 임차인(_____)로부터 ___년 ___월 ___일 주택임대차계약의 갱신을 요구받았으나, 아래와 같은 법률상 사유로 위 임차인에게 갱신요구를 거절한다는 의사를 통지합니다.

계약갱신거절 사유 (주택임대차보호법 제6조의3 제1항 각 호)

1. 임차인이 2기의 차임액에 해당하는 금액에 이르도록 차임을 연체한 사실이 있는 경우 □
2. 임차인이 거짓이나 그 밖의 부정한 방법으로 임차한 경우 □
3. 서로 합의하여 임대인이 임차인에게 상당한 보상을 제공한 경우 □
   (상당한 보상의 내용 :   )
4. 임차인이 임대인의 동의 없이 목적 주택의 전부 또는 일부를 전대(轉貸)한 경우 □
5. 임차인이 임차한 주택의 전부 또는 일부를 고의나 중대한 과실로 파손한 경우 □
6. 임차한 주택의 전부 또는 일부가 멸실되어 임대차의 목적을 달성하지 못할 경우 □
7. 주택의 전부 또는 대부분을 철거·재건축하기 위하여 점유를 회복할 필요가 있는 경우
   7-1. 임대차계약 체결 당시 공사시기 및 소요기간 등을 포함한 철거 또는 재건축 계획을 임차인에게 구체적으로 고지하고 그 계획에 따르는 경우 □
   7-2. 건물이 노후·훼손 또는 일부 멸실되는 등 안전사고의 우려가 있는 경우 □
   7-3. 다른 법령에 따라 철거 또는 재건축이 이루어지는 경우 □
8. 임대인 또는 임대인의 직계존비속이 목적 주택에 실제 거주하려는 경우 □
   (실거주자 성명: , 임대인과의 관계 : □ 본인 □ 직계존속 □ 직계비속)
9. 그 밖에 임차인이 임차인으로서의 의무를 현저히 위반하거나 임대차를 계속하기 어려운 중대한 사유가 있는 경우 □

★ 위 계약갱신거절 사유를 보충설명하기 위한 구체적 사정

_____

_____

※ 선택하신 사유를 소명할 수 있는 문서 등 별도의 자료가 있는 경우, 해당 자료들을 본 통지서에 첨부하여 임차인에게 전달해 주시기 바랍니다.

작성일자 : 년 월 일	임대인 : (서명 또는 날인)

★ 거절통지의 효력은 위 계약갱신 거절통지서를 작성 및 발송한 후, 임차인에게 통지가 도달한 때에 발생합니다.

계약갱신요구권 행사 여부 확인서

계약갱신요구권 행사 여부 확인서

임대인 매도인	성명		주민등록번호	
	주소			
목적물	○○시 ○○구 ○○길 ○○○번지 ○○호			
계약갱신요구권 행사 여부	기행사		임대차 기간	
	행사		현재 임대차 기간	
			갱신 후 임대차 기간	
	불행사			
	미결정			

※ 계약갱신요구권 행사는 임대차기간이 끝나기 개월 전부터 개월 전까지의 기간에 가능
    단   이후 최초로 체결되거나 갱신된 계약에 대한 계약갱신요구권 행사는 임대차
    기간이 끝나기 개월 전부터 개월 전까지의 기간에 가능

• 위 계약갱신 요구권 사유를 보충 설명하기 위한 구체적 시점

1. 물건 소재지 :

2. 계약 기간 종료일 : 20 년 월 일

• 선택하신 사유를 소명할 수 있는 문서 등 별도의 자료가 있는 경우 해당 자료를 본 통지   서에 첨부해 임차인에게 전달해주시기 바람.

작성일자 : 20 년 월 일	임차인 : (서명 또는 날인)

• 거절통지의 효력은 위 계약갱신 거절통지서를 작성 및 발송 후 임차인에게 통지가 도달한 때에 발생합니다.

주택 임대차 특약사항 모음

[특약사항 기본]

① 본 임대차계약은 양 당사자가 토지이용계획확인서, 등기사항전부증명서, 건축물관리대장, 토지대장, 지적도, 평면도 확인 및 물건 현 상태를 육안으로 확인하고 계약 서명, 날인한다.

② 등기사항전부증명서상 (   )은행 채권최고액 (   )만 원정이 있음을 확인하고 계약하며 임대인은 추가 융자를 하지 않기로 한다.

③ 현 임대차계약금(보증금 ○억 원, 기간 20 년 월 일 종료)은 매수자가 승계받기로 하고 잔금일 기준 정산한다.

④ 잔금일 기준 선수관리비는 매도자에게 반환하고 매도자는 현 임대차 기간의 수선충당 유지금은 현 임차인에게 반환하기로 한다.

⑤ 기본 시설물 외 설치한 붙박이장(점) 샹들리에, 도어록, 가스레인지, 비데는 사용 후 반환하기로 한다.

⑥ 본 계약은 양 당사자가 위 특약사항과 확인설명서를 읽고 듣고 계약 서명, 날인한다.

[추가 선택 특약사항]

⑦ 임차인은 반려동물을 반입하지 않기로 한다.

⑧ 임대인은 본 물건 등기사항전부증명서상 권리(압류, 가압류, 가등기, 가처분 등)를 중도금 또는 잔금 시까지 말소해주기로 한다.

⑨ 본 건물의 증축 확장 부분과 건축물관리대장상 두 칸이나 네 칸으로 분리, 주거시설을 설치해 임대차하고 있음을 임차인은 확인하고 계약 서명, 날인한다.

⑩ 본 소유권자와 통화 승낙하에 처 (   )와의 계약이며 대금은 소유권자(   )의 (   )은행   -   -) 계좌로 입금하고 20 년 월 일 소유권자가 추인하기로 한다.

⑪ 본 계약은 대리인 (   )이 위임장과 인감증명서 첨부하고 소유권자와 통화 승낙하에 계약하며 대금은 소유권자 (   ), (   )은행   -   -   ) 계좌로 입금하고 잔금일 소유권자는 직접 참석하에 동시 이행으로 잔금 정리하기로 한다.

⑫ 본 계약은 소유권자가 영주권자로 통화 승낙하에 해외거주사실확인서와 위임장을 첨부한 대리인 (   )와 계약하며 대금은 소유권자 (   )의 (   )은행   -   -   계좌로 입금한다.

⑬ 본 계약은 공동소유권자 물건으로 위임장을 첨부한 1/2 소유권자인 (   )와 계약하며 1/2 소유권자 (   )와 통화 승낙하에 계약하며 대금은 1/2씩 공동소유권자 계좌로 입금한다.

⑭ 본 임대차계약은 (   )신탁관리 회사의 신탁관리 물건으로 신탁관리 회사의 승낙하에 매매하며 신탁관리 계좌 (   )은행   -   -   - (   )신탁관리 회사)로 대금을 입금하기로 한다.

⑮ 본 계약의 계약금 (   )만 원 중 (   )만 원은 계약 시 지급하며 (   )만 원은 20 년

월   일 지급하기로 한다. 임차인이 미지급 시에는 기지급한 (   )만 원은 위약금으로 반환받지 않기로 하며 조건 없이 해약하기로 한다

⑯ 본 임대차계약은 기간 종료 시에는 보증금을 임차인의 채권자 (   ) 참석하에 반환하기로 한다.

⑰ 양 당사자는 잔금일(이사날짜)은 상호 협의가 가능 시에 날짜를 조정할 수 있다.

⑱ 본 물건에 인테리어 시설 등으로 유치권 주장이 있다면 임대인이 책임지고 잔금 시까지 정리해주기로 하며 미정리 시에는 대금에서 공제한다.

⑲ 본 물건의 등기사항전부증명서에 설정된 개인채무 권리자 (   )는 본 임대차계약 시에 소유권자와 동행 참석하에 말소 수임 법무사에 맡겨 정리하기로 위임하기로 한다.

⑳ 본 계약은 보증금 (   )만 원으로 계약하며 잔금 중 (   )만 원에 대해 월 (   )만 원 차임으로 지급하고 (   )개월 후 (   )만 원을 지급할 것을 양 당사자가 합의한다.

㉑ 입금계좌 : (   )은행   -   -   임대인 (   )

㉒ 본 물건은 현재 신축 중인 건축물로써 준공검사 후 입주하기로 한다.

㉓ 본 임대차계약은 매매계약의 매도인이 보증금 (   )만 원으로 20 년   월   일부터 20 년   월   일까지 잔금 시에 매도인과 매수인이 전세 계약하기로 한다.

신탁 부동산
거래사고
(부동산 법률상담사례 및 판례 2023-2)

사례 1

사건 개요

개업공인중개사가 임대차계약을 체결하면서 임대인의 설명만 믿고, 별도의 확인 없이 임차인에게 임대차계약을 중개했다. 그러나 이 사건 임차목적물에는 신탁계약이 체결되어 있었다. 임차인은 신탁관리 회사로부터 사전 동의 없이 임대차계약을 체결했다는 이유로 명도 소송을 당해 임대차보증금을 회수하지 못하게 된 사건이다.

재판부 판단

재판부는 개업공인중개사가 임차인에게 신탁원부를 제시하고, 신탁계약의 중개대상물 상태 및 입지와 권리관계 등에 관해 근거자료를 제시하면서 이를 성실하고 정확하게 설명할 주의 의무를 다하지 않았다고 판단했다. 또한 신탁관리 회사의 승낙 없이 임대차계약을 체결할 경우 신탁관리 회사에 대해 임대차계약의 효력이 미치지 않는다는 사정 및 신탁관리 회사의 동의 또는 승낙 여부에 관해 설명이 미흡했다고 봤다. 이에 따라 개업공인중개사의 중개업무상 책임을 인정했다.

유의사항

- 등기사항전부증명서를 통해 신탁번호 확인 후 등기소에서 신탁원부 발급
- 신탁등기가 있는 건물은 등기사항전부증명서와 신탁원부를 필히 발급받아 중개의 뢰인에게 신탁계약 내용과 법적 효과를 확인·설명서에 기재
- 신탁원부에 기재된 방식으로 계약이 체결되었는지 확인(신탁원부에 '신탁계약 체결 후 신규 임대차계약은 수탁자의 사전승낙을 조건으로 위탁자 명의로 체결하되, 임대차보증금은 수탁자에게 입금해야 한다'라고 명시되어 있는 경우 임대차보증금은 반드시 수탁자가 지정한 계좌로 입금)
- 위탁자와 임대차계약을 체결한 경우 수탁자(신탁관리 회사)의 동의(사전승낙) 여부를 수 탁자 명의의 서류로 반드시 확인

PART

2

단독주택
계약의 기술

부 동 산 계 약 의 기 술

단독주택 매매계약서 작성
(단독주택, 다가구주택 통매매 등)

단독주택(다가구주택) 매매계약서 쓰기 : 오래된 건물은 중개스킬이 필요하다.

오래된 건물은 임장 활동을 통해
물건 상태를 정확하게 검토해야 한다.

2000년 이전에는 단독주택의 가격 상승이 정말 어려운 시기가 있었다. 그러나 2001년부터 단독주택이 수익성 물건으로 탈바꿈하면서 가격이 많이 올랐고, 품귀현상이 일어났다. 구옥을 멸실하고 수익성 물건의 일종인 다세대주택, 다가구주택으로 신축하거나 리모델링을 거쳐서 임대수익을 올리는 것이 새로운 부동산 상품으로 인기가 높아졌다.

공인중개사 입장에서는 거래가 생겨 흥도 나지만, 오래된 건축물에는 하자가 있기 마련이고 불법건축물도 많다 보니 계약 시나 계약 후에 뜻하지 않은 여러 문제가 많이 발생하기도 한다. 계약 후에 가격이 폭등하거나 지역의 여러 변수(싱크홀이 나타나는 경우 등) 등 악재가 나타나 해약을 하겠다고 하는 경우가 있다. 해약이 불가능하다고 하면 계약서의 특약사항과 확인설명서 기재사항을 트집을 잡기도 한다. 그래서 오래된 건축물을 매매할 때는 하자에 대한 책임소재를 분명하게 명시하는 것이 좋다.

일례로 '본 건축물은 1980년 건축물로써 확인설명서 기록에 의하며 매도자의 희망가격이 이십오억 원이었으나, 잔금 이후의 하자는 매수인이 책임지는 조건으로 가격을 절충해서 이십삼억 원에 매매계약 서명·날인한다'라고 특약하는 것이 좋다.

오래된 단독주택이나 상가주택은 비가 내리는 날, 평면도를 열람해 임장 활동을 하

면 누수 등 하자를 정확히 발견할 수 있다. 또한 양도소득세, 취득세, 건물분 부가세 등
을 미리 확인해서 설명해야 계약 후에 세금 문제로부터 자유롭게 된다.

일반 주거 단지 구축 주택

1. 오래된 단독주택(구축건물) 매매 중개 시 검토사항
 ① 오래된 건축물 특약 : 건축물 년도에 따라 가격협상 특약
 ② 불법 위법 건축물 확인 특약
 ③ 옥탑 방 과 지하 대피소 등 주거시설 확인 특약
 ④ 옥상 방수부분 및 외벽 누수부분 창틀 누수부분 확인특약
 ⑤ 지하 누수 균열부분 확인 특약
 ⑥ 임대차 현황 사본
 ⑦ 진입도로(막다른 골목 확인) 특약
 ⑧ 임차인 퇴거 인도가능성 특약과 비용합의 특약

2.오래된 단독주택(구축 건물) 임대차 중개 시 검토사항
 ① 단독·다가구주택 임대차계약 시에 표준계약서 쓰기를 권장한다.
 ② 전기요금, 수도요금, 가스요금 등 기본관리비 등을 명확하게 파악, 합의 특약한다.
 ③ 주차장 사용에 관한 특약
 ④ 인터넷 사용료 부담 특약
 ⑤ 기간 종료 시 원상복구 문제 특약

단독주택 물건 매매계약서 현황 자료

최신 인테리어

소재지	도 시 구 동 번지 단독주택				
연면적	189㎡	대지면적	356㎡	방 4개	화장실 2개
전용면적	189㎡	개별공시가격	375,000원	난방 : 개별(O) 중앙( )	
용도지역	일반주거	용도구역	취락지역	주차 : 2대	관리실(x)
초등학교	능원	중학교	능원	고등학교	대진
노선버스(전철)	버스 45, 67, 99 / 서현역 / 차량 25분				
생활편의시설	학교, 은행, 백화점, 병원, 운동시설 등 편의시설 완비				

권리분석 자료	물건상태의 확인(임장 활동)
1. 토지이용계획확인서 2. 등기사항전부증명서(토지+건물) 3. 건축물관리대장(제 동 제 호) 4. 평면도 5. 지적도 6. 임대차가 있다면 계약서 사본	1. 기본 시설물 상태 확인 2. 교체 부착물 확인 　① 도어록 ② 붙박이장 ③ 에어컨(냉난방) 　④ 정수기 ⑤ 비데 3. 확장 부분 4. 방향 5. 도배 상태 6. 누수(결로현상, 곰팡이 등)

본 물건의 장점(미래가치)

1. 교통 편리, 분당 생활권 전철역 예정 지역
2. 자연환경 청정지역으로 서울주민 선호
3. 한창 개발이 진행되고 있는 지역
4. 등산로(골프장) 등 문화 예술가들이 선호하는 지역
5. 저렴한 관리비와 넉넉한 주차대수 실내 운동시설 완비

단독(다가구)주택 매매계약서

단독/다가구주택 매매계약서

매도인과 매수인 쌍방은 아래 표시 부동산에 관하여 다음 계약 내용과 같이 매매계약을 체결한다.

1. 부동산의 표시

소 재 지	서울시 ○○구 ○○동 ○○번지 단독주택					
토 지	지 목	대			면적	365㎡
건 물	구 조	철근콘크리트	용 도	주거	면적	189㎡

2. 계약내용

제1조(목적) 위 부동산의 매매에 대하여 매도인과 매수인은 합의에 의하여 매매대금을 다음과 같이 지불하기로 한다.

매매대금	금 이십오억원정	(₩2,500,000,000)	
계 약 금	금 이억오천만원정	(₩250,000,000)	은 계약 시에 지불하고 영수함. 영수자 (인)
중 도 금	금 일십억원정	(₩1,000,000,000)	은 20××년 ××월 ××일에 지불한다.
잔 금	금 일십이억오천만원정	(₩1,250,000,000)	은 20××년 ××월 ××일에 지불한다.

제2조(소유권 이전 등) 매도인은 매매대금의 잔금 수령과 동시에 매수인에게 소유권이전등기에 필요한 모든 서류를 교부하고 위 부동산을 인도하여야 한다.

제3조(제한물권 등의 소멸) 매도인은 위의 부동산에 설정된 저당권, 지상권, 임차권 등 소유권의 행사를 제한하는 사유가 있거나, 제세공과금 기타 부담금의 미납금 등이 있을 때에는 잔금 수수일까지 그 권리의 하자 및 부담 등을 제거하여 완전한 소유권을 매수인에게 이전한다. 다만, 승계하기로 합의하는 권리 및 금액은 그러하지 아니한다.

제4조(지방세 등) 위 부동산에 관하여 발생한 수익의 귀속과 제세공과금 등의 부담은 위 부동산의 인도일을 기준으로 하되, 지방세의 납부의무 및 납부책임은 지방세법의 규정에 의한다.

제5조(계약의 해제) 매수인이 매도인에게 중도금(중도금이 없을 때는 잔금)을 지불하기 전까지 매도인은 계약금의
   배액을 상환하고, 매수인은 계약금을 포기하고 본 계약을 해제할 수 있다.

제6조(채무불이행과 손해배상의 예정) 매도인 또는 매수인이 본 계약상의 내용에 대하여 불이행이 있을 경우 그 상대방은 불이행한 자에 대하여 서면으로 최고하고 계약을 해제할 수 있다. 그리고 계약 당사자는 계약 해제에 따른 손해배상을 각각 상대방에게 청구할 수 있으며, 손해배상에 대하여 별도의 약정이 없는 한 계약금을 손해배상의 기준으로 본다.

【특약사항】

1. 본 매매계약은 양 당사자가 토지이용계획확인서, 등기사항전부증명서, 토지대장, 건축물관리대장, 평면도 및 물건 현 상태를 세 차례 방문하여 육안으로 확인하고, 계약 서명, 날인한다.

2. 등기부등본상 채권최고액 금 6억 원은 잔금일 기준 승계하고 대금 정리를 하기로 한다.

3. 현 시설물 중 붙박이장, 에어컨은 매매대금에 포함하며, 정수기는 매도인이 정리하기로 한다(사진촬영 첨부).

4. 정원수, 원두막 및 현 경작물(채소 등)은 매매가격에 포함해 승계한다.

5. 관리비 등은 잔금일 기준 정산하기로 한다.

본 계약을 증명하기 위하여 계약 당사자가 이의 없음을 확인하고 각각 서명·날인 후 매도인, 매수인, 공인중개사는 매장마다 간인하여야 하며, 각 1통씩 보관한다.   (계약금 일부를 미리 입금했다면 입금한 날짜를 기재합니다)   년   월   일

매도인	주 소	[도로명 주소를 기재합니다]					
	주민등록번호	신분증 확인		전 화		성 명	인
	대 리 인	주 소		주민등록번호		성 명	
매수인	주 소	[도로명 주소를 기재합니다]					
	주민등록번호	신분증 확인		전 화		성 명	인
	대 리 인	주 소		주민등록번호		성 명	
공인중개사	사무소소재지			사무소소재지			
	사무소명칭			사무소명칭			
	대 표	서명·날인	인	서명·날인			인
	등 록 번 호		전화	등록번호		전 화	
	소속공인중개사	서명·날인	인	서명·날인			인

● 확인설명서는 주거용으로 한다.

단독주택 매매계약서 현황 자료

소재지	경기도 평택시 읍 리 번지 외 3필지		
지목	대지/나대지/전	현재현황	단층주택과 나대지(전)
용도지역/지구	계획관리	현재 단독 노부부 거주 /나대지(주차장) 텃밭(전)	
도로상태	3m 진입도로 사용(마을회관 인접)		
매매가	6억 원(가격 조절 가능)	일괄매매 원함.	
융자	2억 원(개인 융자)	주차장	나대지 / 169㎡
면적	대지 : 449㎡	나대지 : 169㎡	전 : 601㎡
사진			
현황사항	1. 단독주택으로 잘 지어진 집 2. 연접 나대지 와 전으로 활용도 높음. 3. 전용 35평(107.55㎡) 방 3개, 화장실 2개, 넓은 거실 남향) 4. 옆 나대지 건축 가능(51평 현 주차장으로 사용 중) 5. 전(182평 건축 가능 현 농작물 재배)		
민원사항 여부	1. 진입도로 3m(확장 가능 옆 지주 승낙됨) 2. 전원생활 최적 3. 인근 마을회관 4. 특별한 민원사항 없음.		

PART 2. 단독주택 계약의 기술 95

단독(다가구) 매매계약 특약사항 모음

[특약사항 기본]

① 본 단독주택(상가주택)매매계약은 양 당사자가 토지이용계획확인서, 등기사항전부증명서, 건축물 관리대장, 토지대장, 지적도, 평면도 확인 및 물건 현 상태를 육안으로 확인하고 계약 서명, 날인한다.

② 등기사항전부증명서상 (　　　)은행 채권최고액 (　　　)만 원은 중도금 시 은행에 동행해 상환 말소하기로 한다.

③ 현 임대차계약(보증금　만 원, 기간 20　년　월 일 종료)은 매수자가 승계받기로 하고 잔금일 기준 정산하기로 한다.

④ 기본 시설물 외 설치한 붙박이장(　　점), 샹들리에, 도어록, 가스레인지, 비데는 매매대금에 포함한다.

⑤ 본 물건에 1층, 2층은 건축물관리대장상 근린생활시설이나 주거시설을 설치해서 임대차하고 있음을 매수인이 확인하고 계약 서명, 날인한다.

⑥ 현 물건의 외부에 설치된 정원수, 조각품, 원두막, 경작물은 매매대금에 포함한다.

⑦ 본 매매계약은 잔금 이전 행정처분이나 과태료 부과 시 매도인이 책임지며 잔금 이후 행정처분이나 과태료 부과 시에는 매수인이 책임지기로 한다.

⑧ 본 계약은 양 당사자가 위 특약사항과 확인설명서를 읽고 듣고 계약 서명, 날인한다.

[추가 선택 특약사항]

⑨ 매도자는 잔금 시 현 임차의 퇴거를 책임지기로 하고 미이행 시에는 손해배상금으로 (　　　)만 원을 잔금에서 공제한다.

⑩ 매도자는 본 물건 등기사항전부증명서상 권리(압류, 가압류, 가등기, 가처분 등)를 중도금 시까지 정리해주기로 한다.

⑪ 본 건물의 증축 확장 부분과 건축물관리대장상 두 칸이나 네 칸으로 분리 주거시설을 설치해서 임대차하고 있음을 매수인은 확인하고 계약 서명, 날인한다.

⑫ 본 소유권자와 통화 승낙하에 처 (　　　)와의 계약이며 대금은 소유권자(　　　)의 (　　　)은행 － － 계좌로 입금하고 20　년　월 일 소유권자가 추인하기로 한다.

⑬ 본 계약은 대리인 (　　　)이 위임장과 인감증명서 첨부하고 소유권자와 통화 승낙하에 계약하며 대금은 소유권자 (　　　)의 (　　　)은행 － － 계좌로 입금하고 잔금일 소유권자는 직접 참석하에 동시 이행으로 잔금 정리하기로 한다.

⑭ 본 계약은 소유권자가 영주권자로 통화 승낙하에 해외거주사실확인서와 위임장을 첨부한 대리인 (　　　)와 계약하며 대금은 소유권자 (　　　)의 (　)은행 － － 계좌로 입금한다.

⑮ 본 계약은 공동소유권자 물건으로 위임장을 첨부한 1/2 소유권자인( )와 계약하며 1/2 소유권자 ( )와 통화 승낙하에 위임장을 첨부해 계약하며 대금은 1/2씩 공동소유권자 계좌로 입금한다.

⑯ 매수자는 중도금 지급일은 20 년 월 일 지급하며 중도금 지급날짜 전에 지급하지 않기로 한다.

⑰ 본 매매계약은 ( )신탁관리 회사의 신탁관리 물건으로 신탁관리 회사의 승낙하에 매매하며 신탁관리 계좌 ( )은행 - - 신탁관리 회사)로 대금을 입금하기로 한다.

⑱ 본 계약의 계약금 ( )만 원 중 ( )만 원 계약 시 지급하며 ( )만 원은 20 년 월 일 지급하기로 하고, 매수인이 미지급 시에는 기지급한 ( )만 원은 위약금으로 반환받지 않기로 하며 조건 없이 해약하기로 한다.

⑲ 본 매매계약은 매수인의 사정에 의해 중도금 시에 매수인이 지정하는 자에게 매도인은 잔금과 동시에 명의 이전해주기로 한다.

⑳ 양 당사자는 잔금일(이사날짜)은 상호 협의가 가능 시에 날짜를 조정할 수 있다.

㉑ 본 물건에 인테리어 시설 등으로 유치권 주장이 있다면 매도인이 책임지고 잔금 시까지 정리해주기로 하며 미정리 시에는 대금에서 공제한다.

㉒ 본 물건의 등기사항전부증명서에 설정된 개인채무 권리자 ( )는 본 매매계약 시에 소유권자와 동행 참석하에 말소 수임 법무사에 맡겨 정리하기로 위임하기로 한다.

㉓ 본 계약은 중도금 생략하고 등기사항전부증명서상 담보물권 등을 잔금일 기준 정산하기로 한다.

㉔ 본 물건은 현재 신축 중인 건축물로써 매도자가 보존등기 후 잔금과 동시 명의 이전하며 선 임대차 계약 및 융자금 ( )만 원은 잔금일 기준 매수자가 승계받기로 한다.

㉕ 본 물건의 진입로(번지)는 사도로서 향후에 도로사용에 지료청구권이 나올 수 있으며 매수자가 책임지기로 하고 매매가격에 반영했음을 매수자는 확인하고 계약 서명, 날인한다.

㉖ 본 물건의 옥탑의 주거시설과 확장 부분을 매수인이 확인하고 계약하며 원상복구나 강제 이행금이 나올 시에 매수인이 책임지기로 하고 가격에 반영하고 계약 서명, 날인한다.

㉗ 본 단독주택(상가주택)은 ( )년 건축물로써 현재의 하자(확인설명서 기록)와 잔금 이후의 하자는 매수인이 책임지기로 하고 매도자의 희망가격이 ( )만 원이었으나 가격을 절충해 ( )원에 매매계약 서명, 날인한다.

㉘ 본 매매물건 외 무허가 건축물 ( )제곱미터가 있으며 매매대금에 포함하기로 한다.

밤중에 천안까지
찾아 나서다

매도자가 지방에 거주하며 식당을 운영하고 있어 시간을 내기 어렵다고 한다. 더구나 마땅한 교통편도 없어 토지 계약을 내일로 미루자고 전화를 해왔다. 하지만 공인중개사는 매수자 고객에게 오랫동안 공을 들여왔고, 고객은 계약금을 준비해 이미 출발한 상태다. 이런 경우는 어떻게 해야 할까?

정답은 매수자의 계약금이 마련되었다면 밤중에라도 매도자를 찾아 지방으로 출발해야 한다는 것이다. 필자는 찾아 나서는 것을 좋아한다. 비록 오랜 시간이 걸리더라도, 또는 늦은 밤이라도 준비된 가방을 들고 출발부터 한다. 계약 성사는 두 번째고 최소한의 성의라도 보여야 한다고 생각하기 때문이다.

공들여 협상해놓았는데, 내일로 미루었다가 하룻밤 사이에 양 당사자의 마음이 바뀔지 누가 알 것인가? 계약을 미룬 다음 날 지방의 매도자가 사무소에 오다가 다른 사무소에라도 들른다면 상황이 바뀌어 계약 성사가 어려워질 수도 있다.

매수 고객은 어둠이 깔린 저녁 7시에 도착했고, 필자는 전후 사정을 이야기해 출발을 독촉했다.

"김 사장! 그럼 계약을 내일로 미루지."
"아닙니다. 왕복 4시간이 넘긴 하지만 괜찮으시다면 제 차로 가시지요. 이 물건은 지금 몇 군데 중개사무소에 나와 있는 상태고, 다른 중개사무소에서도 몇 사람이 검토하고 계약 성사 단계에 있다고 알고 있습니다."

"그래도 매수자 쪽으로 찾아가면 우리가 불리하잖아. 가격을 깎아야 할지도 모르는데…."

"아닙니다. 제 판단을 믿어보세요. 가격 문제는 이미 이야기해놓은 상태입니다. 더이상 깎는 것은 힘들 것 같습니다만 먼 곳까지 찾아가니 성의껏 절충해보도록 하겠습니다."

필자는 만약 내일 우리 중개사무소로 찾아오다가 다른 중개사무소에 들르기라도 하면 가격이 더 올라갈 가능성이 있으며, 잘못하면 좋은 물건을 놓치는 수가 있다고 설명하고 차에 올랐다.

2시간 넘게 걸려 저녁 늦게 천안에 도착하니 매도 의뢰자가 깜짝 놀란다. 듣자 하니 이미 몇 군데 중개사무소에서 전화를 받고 더 유리한 중개사무소를 저울질하며 계약을 내일로 미뤘다고 한다. 결국 필자의 예상이 맞았던 것이다. 매도자는 그래도 멀리까지 찾아온 성의를 봐서인지 순조롭게 계약을 성사시켰다.

준비한 서류를 토대로 계약서를 작성하는 중에도 몇 통의 전화가 걸려와, 필자는 숨을 죽이고 계약금 지불과 영수증 발급부터 서둘렀다. 계약을 완료시킨 후 매도자께서 하시는 말씀을 들으니, 역시나 싶다.

"사실 중개사무소 두 곳에서 내일 오겠다고 연락을 받았는데 김 사장이 먼저 오셨구려. 이렇게 먼 곳까지 오셨으니 계약을 안 할 수가 있어야지."

부동산 중개업에서 2등이란 존재하지 않는다. 계약 성사 단계에서 내일로 미룬다고 그냥 넘어가면 프로공인중개사가 아니다. 밤새 달려서라도 찾아가서 계약 성사(Closing)를 이루어야 한다. 좋은 일이든 나쁜 일이든, 협의하는 과정에서 직접 찾아온 손님을 무조건 배척하기란 쉽지 않다. 특히 먼 곳에서까지 찾아왔다면, 차 한잔이라도 내놓을 것이며, 공인중개사는 그 차 한잔에서 정답을 찾아야 한다. 방문 시 성의가 담긴 작은 선물을 하나 마련해가면 더욱 좋다. 필자는 매도 의뢰자가 음식점을 한다기에 사업 번창을 기원하는 행운의 열쇠 카드를 준비해갔더니 의뢰인이 무척 좋아했고, 가격도 조금은 절충할 수 있었다.

찾아 나서라! 그 물건이 진성 물건이고 양 당사자가 진성 손님 또는 고객이라면 달려가야 한다. 사무소로 찾아오기만 기다린다면 그 물건은 중간에 다른 낚싯줄에 꿰이고 만다.

단독주택(다가구)
임대차계약서 작성

단독주택/다가구 임대차계약서

☑ 전세   ☐ 월세

임대인과 임차인 쌍방은 아래 표시 부동산에 관하여 다음 계약 내용과 같이 임대차계약을 체결한다.

1.부동산의 표시

소 재 지	서울시 ○○구 ○○동 ○○번지 단독주택			
토 지	지 목	대	면 적	356㎡
건 물	구조·용도	콘크리트/주거	면 적	189㎡
임대할 부분				

2. 계약내용

제1조(목적) 위 부동산의 임대차에 한하여 임대인과 임차인은 합의에 의하여 임차보증금 및 차임을 다음과 같이 지불하기로 한다.

보 증 금	금 일십억원정(₩1,000,000,000)
계 약 금	금 일억원(₩100,000,000)정은 계약 시에 지불하고 영수함. 영수자(㉑)
중 도 금	금 없음.
잔 금	금 구억원(₩ 900,000,000)정은 20××년 ××월 ××일에 지불한다.
월 차 임	금 없음.

제2조(존속기간) 임대인은 위 부동산을 임대차 목적대로 사용·수익할 수 있는 상태로 20××년 ××월 ××일까지 임차인에게 인도하며, 임대차 기간은 인도일로부터 20××년 ××월 ××일까지로 한다.

제3조(용도변경 및 전대 등) 임차인은 임대인의 동의 없이 위 부동산의 용도나 구조를 변경하거나 전대·임차권 양도 또는 담보제공을 하지 못하며 임대차 목적 이외의 용도로 사용할 수 없다.

제4조(계약의 해지) 임차인이 계속하여 2회 이상 차임의 지급을 연체하거나 제3조를 위반하였을 때 임대인은 즉시 본 계약을 해지할 수 있다.

제5조(계약의 종료) 임대차계약이 종료된 경우에 임차인은 위 부동산을 원상으로 회복하여 임대인에게 반환한다. 이러한 경우 임대인은 보증금을 임차인에게 반환하고, 연체 임대료 또는 손해배상금이 있을 때는 이들을 제하고 그 잔액을 반환한다.

제6조(계약의 해제) 임차인이 임대인에게 중도금(중도금이 없을 때는 잔금)을 지불하기 전까지, 임대인은 계약금의 배액을 상환하고, 임차인은 계약금을 포기하고 이 계약을 해제할 수 있다.

제7조(채무불이행과 손해배상) 임대인 또는 임차인이 본 계약상의 내용에 대하여 불이행이 있을 경우 그 상대방은 불이행한 자에 대하여 서면으로 최고하고 계약을 해제할 수 있다. 그리고 계약 당사자는 계약해제에 따른 손해배상을 각각 상대방에 대하여 청구할 수 있다.

제8조(중개보수) 부동산 중개업자는 임대인과 임차인이 본 계약을 불이행함으로 인한 책임을 지지 않는다. 또한, 중개보수는 본 계약체결과 동시에 계약 당사자 쌍방이 각각 지불하며, 중개업자의 고의나 과실없이 본 계약이 무효·취소 또는 해약되어도 지급한다. 공동중개인 경우에 임대인과 임차인은 자신이 중개 의뢰한 중개업자에게 각각 중개보수를 지급한다(중개보수는 거래가액의 _____%로 한다).

제9조(중개대상물확인·설명서 교부 등) 중개업자는 중개대상물 확인·설명서를 작성하고 업무보증관계증서(공제증서 등) 사본을 첨부하여 _____ 년 _____ 월 _____ 일 거래 당사자 쌍방에게 교부한다.

특약사항

1. 본 임대차계약은 양 당사자가 토지이용계획확인서, 등기사항전부증명서(토지+건물), 건축물관리대장, 지적도, 평면도를 제시 및 확인, 물건 현 상태를 육안으로 확인하고 계약 서명. 날인한다.
2. ○○은행 채권최고액 6억 원이 있음을 확인하고 계약한다.
3. 현 시설물 중 붙박이장, 에어컨은 임차인이 사용 후 기간 종료 시 반환하기로 한다.
4. 정원수, 원두막 및 현 경작물(채소 등)은 임차인이 사용 후 반환하기로 한다.
5. 관리비 등은 잔금일 기준 정산하기로 한다.

본 계약을 증명하기 위하여 계약 당사자가 이의 없음을 확인하고 각각 서명·날인 후 임대인, 임차인 및 공인중개사는 매장마다 간인하여야 하며, 각 1통씩 보관한다.   (계약금 일부를 미리 입금했다면 입금한 날짜를 기재합니다)   년   월   일

임대인	주 소	[도로명 주소를 기재합니다]					인
	주민등록번호		신분증 확인	전 화		성 명	
	대 리 인	주 소		주민등록번호		성 명	
임차인	주 소	[도로명 주소를 기재합니다]					인
	주민등록번호		신분증 확인	전 화		성 명	
	대 리 인	주 소		주민등록번호		성 명	
공인중개사	사무소 소재지			사무소 소재지			
	사무소 명칭			사무소 명칭			
	대 표	서명·날인	인	서명·날인			인
	등록번호		전화	등록번호		전화	
	소속공인중개사	서명·날인	인	서명·날인			인

★ 확인설명서는 주거용으로 작성한다.

단독(다가구) 임대차계약 특약사항 모음

[특약사항 기본]

① 본 임대차계약은 양 당사자가 토지이용계획확인서, 등기사항전부증명서, 건축물관리대장, 토지대장, 지적도, 평면도 확인 및 물건 현 상태를 육안으로 확인하고 계약 서명, 날인한다.

② 등기사항전부증명서상 (　　　)은행 채권최고액 (　　　)만 원은 중도금 시 은행에 동행해서 상환 말소하기로 한다.

③ 등기사항전부증명서상 채권최고액 (　　　)만 원 있는 상태에서 계약하며 임대인은 추가 융자를 하지 않기로 한다.

④ 잔금일 기준 관리비 등을 정산한다.

⑤ 기본 시설물 외 설치한 붙박이장(2점), 샹들리에, 도어록, 가스레인지, 비데는 사용 후에 반환한다.

⑥ 본 계약은 양 당사자가 위 특약사항과 확인설명서를 읽고 듣고 계약 서명, 날인한다.

[추가 선택 특약사항]

⑦ 본 계약은 보증금(　　　)만 원으로 계약하며 잔금 (　　　)만 원에 대하여 월(　　　)만 원 차임으로 지급하고 (　　　)개월 후 (　　　)만 원을 지급할 것을 양 당사자가 합의한다.

　　입금계좌 : (　　　)은행　－　－　임대인 (　　　)

⑧ 임대인은 본 물건 등기사항전부증명서상 권리(압류, 가압류, 가등기, 가처분 등)를 중도금 시까지 정리해주기로 한다.

⑨ 본 건물의 증축 확장 부분과 건축물관리대장상 두 칸이나 네 칸으로 분리 주거시설 설치해 임대차하고 있음을 임차인이 확인하고 계약 서명, 날인한다.

⑩ 본 소유권자와 통화 승낙하에 처 (　　　)와의 계약이며 대금은 소유권자(　　　)의 (　　　)은행　－　－　계좌로 입금하고 20　년　월　일 소유권자가 추인하기로 한다.

⑪ 본 계약은 대리인 (　　　)이 위임장과 인감증명서 첨부하고 소유권자와 통화 승낙하에 계약하며 대금은 소유권자 (　　　)의 (　　　)은행　－　－　계좌로 입금하고 잔금일 소유권자는 직접 참석하에 동시 이행으로 잔금 정리하기로 한다.

⑭ 본 계약은 소유권자가 영주권자로 통화 승낙하에 해외거주사실확인서와 위임장을 첨부한 대리인 (　　　)와 계약하며 대금은 소유권자 (　　　)의 (　　　)은행　－　－　계좌로 입금한다.

⑮ 본 계약은 공동소유권자 물건으로 위임장을 첨부한 1/2 소유권자인 (　　　)와 계약하며 1/2 소유권자 (　　　)와 통화 승낙하에 계약하며 대금은 1/2씩 공동소유권자 계좌로 입금한다.

⑯ 본 임대차계약은 (　　　)신탁관리 회사의 신탁관리 물건으로 신탁관리 회사의 승낙하에 매매하며 신탁관리 계좌 (　　　)은행　－　－　신탁관리 회사)로 대금을 입금하기로 한다.

⑰ 본 계약의 계약금 (　　　)만 원 중 (　　　)만 원 계약 시 지급하며 (　　　)만 원은 20　년

월 일 지급하기로 하고, 매수인이 미지급 시에는 기지급한 (   )만 원은 위약금으로 반환받지 않기로 하며 조건 없이 해약하기로 한다.

⑱ 본 임대차계약은 임차인의 사정에 의해 잔금 시에 임차인이 지정하는 자에게 임대인은 잔금과 동시 임차인이 지정하는 자에게 계약서 작성하기로 한다.

⑲ 양 당사자는 잔금일(이사날짜)은 상호 협의가 가능 시에 날짜를 조정할 수 있다.

⑳ 본 물건에 인테리어 시설 등으로 유치권 주장이 있다면 임대인이 책임지고 잔금 시까지 정리해주기로 하며 미정리 시에는 대금에서 공제한다.

㉑ 본 물건의 등기사항전부증명서에 설정된 개인채무 권리자 (   )는 본 임대차계약 시에 임대인과 동행 참석하에 말소 수임 법무사에 맡겨 정리하기로 위임하기로 한다.

㉒ 본 계약은 중도금 생략하고 등기사항전부증명서상 담보물권 등을 잔금일 기준 정산하기로 한다.

㉓ 본 물건은 현재 신축 중인 건축물로써 임대인이 보존등기 후 선 임대차계약이며, 융자금 (   )만 원 있음을 확인하고 계약 서명, 날인한다.

㉔ 본 물건의 진입로(번지)는 사도로서 향후에 도로사용에 지료청구권이 나올 수 있으며 임대인이 책임지기로 한다.

㉕ 본 물건의 옥탑의 주거시설과 확장 부분을 매수인이 확인하고 계약하며 원상복구나 강제 이행금이 나올 시에 매수인이 책임지기로 하고 가격에 반영하고 계약 서명, 날인한다.

㉖ 본 단독주택(상가주택)은 (   )년 건축물로써 현재의 하자(확인설명서 기록)와 잔금 이후의 하자는 임대인이 책임지기로 한다.

㉗ 본 임대차 물건 외 무허가 건축물 (   )제곱미터가 있으며 임대차보증금에 포함하기로 한다.

계약하기 위해 온다면
모시러 가야 한다

어제 저녁 해질 무렵, 필자가 잘 아는 부부 공인중개사사무소를 방문했다. 평소 같으면 5년 차 부부 공인중개사들은 필자를 반가이 맞아주었는데, 어째서인지 냉랭한 분위기가 감돌았다. 직감적으로 부부싸움이 있었나 싶었다. 음료수 한 병을 마시며 기다리고 있는데….

남편 공인중개사 : "그래! 당신이 버스 번호를 잘 알려주었어야지!"
부인 공인중개사 : "아니! 내가 잘 알려주었는데 손님이 중간에 내릴 줄 어떻게 알아요!"

뭔가 심상찮은 문제가 있었나 보다. 필자는 눈치가 9단이라 남편 공인중개사의 팔을 잡아끌며 "제가 조용히 상의할 것이 있는데 나갑시다" 하며, 부인 공인중개사에게는 눈인사를 하고 사무소를 나왔다.

필자 : "선배님, 복날은 지나갔지만 저기 삼계탕에 막걸리 한잔 어때요? 제가 쏠게요."
우리는 그렇게 해서 삼계탕을 시켜놓고 막걸리잔부터 한잔 들이키며 자초지종을 물었다.
필자 : "오늘 무슨 일이 있었습니까?"
남편 공인중개사 : "아니, 오늘 빌라 전세 1억 2,000만 원짜리 중개보수 양타 84만 원을 놓쳤지 뭡니까?"
필자 : "어휴, 계약이란 그럴 수도 있지요. 더 좋은 계약이 있으리라는 징조일 겁니다."
이렇게 말하고 위로했다.

내용인즉슨 이랬다.

3일 전, 성남 구시가지에 사시는 예순을 넘긴 부부가 연립 전세를 얻기 위해 왔기에 몇 개를 보여주었다. 몸이 불편한 노부부는 1층을 원했으나 1층에 마땅한 물건이 없어 그중 2층을 보여주었는데 마음에 들어 했던 모양이다. 다음 날 그 어르신 부부와 며느리가 와서 또 2층 물건을 보고 좋다고 점지하며 기존 살고 있는 전세금 중 계약금을 반환받으면 바로 계약하겠다고 했다. 바로 오늘 오전 전화가 와서 기존 전셋집으로부터 계약금 1,000만 원을 반환받아 오후 1시에 계약하러 온다고 해서 2층 임대인과도 약속하고 기다렸단다. 부인 공인중개사는 그 나이 드신 어르신께 전에 타고 오신 일반 버스 17번, 17-1번, 119번 중에 아무거나 타고 오시다가 우리 사무소에 내리면 된다고 당부했단다. 그런데 약속한 시각이 한 시간이 지나도, 두 시간이 지나도 오지 않고, 핸드폰도 불통이고 임대인도 지쳐 귀가한 후, 3시간이 흐른 후에야 통화가 되었다. 어르신은 "미안합니다. 다른 물건 1층을 계약하고 이제 막 왔습니다"라고 했다.

아! 도대체 어떻게 된 일인지 자세히 물어보니, 그 어르신 손님 부부가 하필 성남에서 분당으로 빙빙 돌아오는 17번 버스를 탔고, 다른 버스는 중개사무소까지 약 30분 소요되지만, 하필 그 어르신 부부가 탄 17번 버스는 시간이 배로 소요되다 보니, 날씨도 무덥고 멀미도 나서 중간에 내렸단다. 내리고 보니 빌라도 여러 채 보여 어느 중개사무소를 들렀고, 그 중개사무소 공인중개사가 가만 놔둘 리 만무했다. 마침 1층 전세 물건을 하나 보고 그만 계약을 하고 말았단다.

필자 : "선배님, 저도 그런 경우가 한두 번인 줄 아십니까? 더 큰 계약 건이 기다리고 있다고 생각하시고 잊어버리세요."

막걸리 두 병을 주거니 받거니 들이키고 나서….

필자 : "선배님, 우리만 삼계탕을 먹으면 좀 그렇고, 한 마리를 포장시켰고 제가 계산을 했으니 가시다가 슈퍼에 들려 캔 맥주 두 개만 사서 사모님의 마음을 풀어주시고, 짠 건배하세요. 다음에 큰 건수를 올리시면 그때 저에게 꽃등심을 사주세요."

그런데 우리는 여기서 위와 같은 상황에 미리 대비하는 것이 좋을 것이다.

① 나이 드신 어르신이 계약금을 가져온다고 하면, 비록 먼 거리가 아니더라도(약 10㎞) 승용차로 모시러 가야 한다.

② 혹시 그 어르신 손님이 다른 사무소에도 알아봤을 수도 있으며, 중간에 오다가 더 좋은 물건이 없을까 알아보다가 다른 사무소에서 전화를 받는다면 그곳으로 갈 수 있다.

③ 기존 전세 계약금을 반환해준 그 사무소에서도 그 어르신이 가고자 하는 지역을 안다면 공동중개를 하기 위해 알아보고 있을 수도 있다.

그렇다면 우리는 어떻게 해야 할까? 정답은 모시러 가야 한다.

상가주택
계약의 기술

부 동 산 계 약 의 기 술

1

상가주택
매매계약서 작성

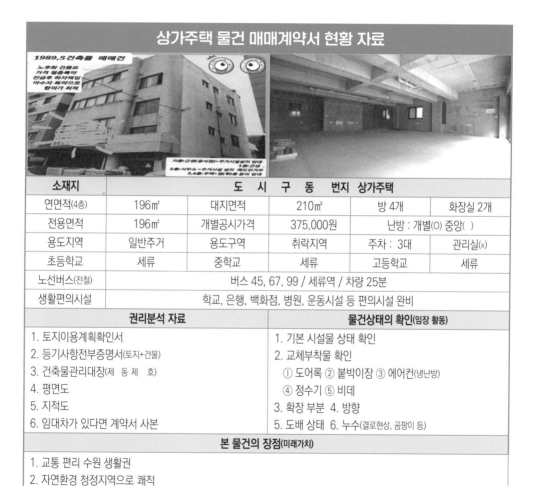

상가주택 물건 매매계약서 현황 자료

소재지			도 시 구 동 번지 상가주택			
연면적(4층)	196㎡	대지면적	210㎡	방 4개		화장실 2개
전용면적	196㎡	개별공시가격	375,000원	난방 : 개별(O) 중앙( )		
용도지역	일반주거	용도구역	취락지역	주차 : 3대		관리실(x)
초등학교	세류	중학교	세류	고등학교		세류
노선버스(전철)	버스 45, 67, 99 / 세류역 / 차량 25분					
생활편의시설	학교, 은행, 백화점, 병원, 운동시설 등 편의시설 완비					

권리분석 자료	물건상태의 확인(임장 활동)
1. 토지이용계획확인서	1. 기본 시설물 상태 확인
2. 등기사항전부증명서(토지+건물)	2. 교체부착물 확인
3. 건축물관리대장(제 동 제 호)	① 도어록 ② 붙박이장 ③ 에어컨(냉난방)
4. 평면도	④ 정수기 ⑤ 비데
5. 지적도	3. 확장 부분 4. 방향
6. 임대차가 있다면 계약서 사본	5. 도배 상태 6. 누수(결로현상, 곰팡이 등)

본 물건의 장점(미래가치)
1. 교통 편리 수원 생활권
2. 자연환경 청정지역으로 쾌적
3. 한창 개발이 진행되고 있는 지역
4. 튼튼한 골격으로 내구 연수 연장 가능
5. 리모델링으로 수익 상향 가능

상가주택 물건 매매계약서 현황 자료

1. 물건 개요

소재지	서울 **구 **동 ***-**번지		
대지	94 제곱미터	건물명	갈매기
연면적	222.20	냉,난방	개별
보증금	2억7천만원	용도지역	일반주거
월임대료	330만원(부가세별도)	주차대수	도로변 자유
관리비	평당/1,000원	교통	사가정역3분
층수	지하1층 지상3층 옥탑	외벽	콘크리트조 외즙
준공연도	1980년	도로사항	6m 도로
융자	**은행 채권최고액일억2천만원	주용도	근생 주택
승강기:무	지하 수도세2만원 .옥탑2만원	옥탑	임대(주거)=불법

2. 매매 희망가격

매매가격 하한선(절충가능성)		실 인수금액	만원
매매희망가격	이십삼억원	보증금인계시	만원
절충가격	이십이억원	보증금+융자승계시	만원
최종매매예정가능가격	이십억오천만원	보증금+융자승계시	만원

주: 매수자 개별융자 검토

- 상가주택 브리핑 장면 -

우리 공인중개사사무소는 고급 중개를 위해 위와 같이 물건 현황에 각종 공부를 열람하여 권리분석을 하고 현장 임장 활동을 거쳐서 브리핑 현황자료를 만든다. 대형 PDP를 설치해 화면에 띄워놓고 손님, 고객의 시선을 고정시키고 마음을 움직이게끔 브리핑해야 한다.

계약서 작성 역시 대리작성을 해놓았다가 읽어보며 그 자리에서 수정한다면 수정을 여러 번 거치며 프린트를 할 필요가 없다.

이와 같이 대형 PDP를 설치하고 고급 중개로 영업하는 곳이 여러 곳으로 늘어나고 있는 추세다.

3. 임대차 현황

층 별	업 종	보증금/ 월차임	계 약 기 간	관 리 비
지층	운동시설	1,000/ 60	201*.11.20.~201*.11.19	29평X1,000원
1층	갈매기	5,000/ 200	201*.09.20.~201*.09.19	29평X2,000원
2층	주택	5,000/ 50	201*.05.05.~201*.05.04	26평X 500원
3층	주택	15,000	201*.11.25.~201*.11.24	26평X 500원
옥탑	임차	1,000/ 20	201*.10.20.~201*.10.19	5평X 500원
계		27,000/ 330	전기. 도시개스=사용자부담/ 수도 배분부담	

1. 부가세별도 10% 추가 부담함.(1층. 지층만) 2. 전기. 개스비 사용자 부담 수도세 배분부담
3. 관리비는 1층 음식점/평당1,000 원.   주택/평당 500원 부과함
4. 매도 희망가격: 12억원정   융자: 반드시 승계 받고자 하면 해당은행 문의.
5. 건물입지분석

입지성	사가정역 인근으로 먹자골목에 위치하며 비교적 교통이 편리함. 향후 재개발지역으로 지가 상승요인있음. 일반주거지역임.
상권성	일반상권 먹자골목으로 음식점이 호황을 누리는 지역으로 비교적 임대료가 높은편임. 우량 임차인 입주로 월 임대료 정상 입금되고 있음. 다만 주차장이 골목에 자유주차를 하여야 하는 불편함있음.
건물현황	1980년도 건물이나 비교적 소유권자가 입주하여 관리를 함으로서 깨끗하고 전체적으로 건물에 대한 하자는 없어 보임.

5.매매시   ① 양도소득세 검토.= 상가부분과 주택부분 정확하게 검토.=건축물관리대장.
　　　　　　② 건물 분 부가세 검토요함 : 포괄양도. 양수 특약.
　　　　　　③ 불법/위법 건축물 확인 특약: **** 년 건축물로서 하자 책인=가격절충 특약.

위와 같이 계약 시에 현 임대차 현황을 소유권자에게 자료 요청해서 확인을 하고 자료로 만들어 제시하면서 물건 브리핑을 해야 손님, 고객으로부터 신뢰를 얻을 것이다. 만약 구두로만 브리핑을 하고 계약 후에 임대차 현황이 바뀌면 매수자는 사실과 다르다며 해약을 요구할 수도 있다.
또한 요즘은 신용사회로 매수자 본인의 주거래은행으로 담보권을 설정하고자 하는 경우가 많으니 미리 대출승계 또는 대환대출을 점검해야 한다.
임대차 자료 현황을 브리핑 시에 관리비에 대한 사항도 잘 알려주어야 나중에 관리비 문제로 다툼의 소지를 줄일 수 있다.

상가주택 매매계약서

매도인과 매수인 쌍방은 아래 표시 부동산에 관하여 다음 계약 내용과 같이 매매계약을 체결한다.

1. 부동산의 표시

소 재 지	서울시 ○○구 ○○동 ○○번지 상가주택				
토 지	지 목	대		면 적	94㎡
건 물	구 조	철근콘크리트	용 도 근생주택	면 적	222.2㎡

2. 계약 내용

제1조(목적) 위 부동산의 매매에 대하여 매도인과 매수인은 합의에 의하여 매매대금을 다음과 같이 지불하기로 한다.

매매대금	금 일십이억원정	(₩1,200,000,000)	
계 약 금	금 일억이천만원정	(₩120,000,000)	은 계약 시에 지불하고 영수함. 영수자 (인)
중 도 금	금 오억원정	(₩500,000,000)	20××년 ××월 ××일에 지불한다.
잔 금	금 오억팔천만원정	(₩580,000,000)	20××년 ××월 ××일에 지불한다.
융 자 금	금 농협 채권최고액 이억사천만원정은 승계(특약사항에 별도 명시)한다.		

제2조(소유권 이전 등) 매도인은 매매대금의 잔금 수령과 동시에 매수인에게 소유권이전등기에 필요한 모든 서류를 교부하고 위 부동산을 인도하여야 한다.

제3조(제한물권 등의 소멸) 매도인은 위의 부동산에 설정된 저당권, 지상권, 임차권 등 소유권의 행사를 제한하는 사유가 있거나, 제세공과금 기타 부담금의 미납금 등이 있을 때에는 잔금 수수일까지 그 권리의 하자 및 부담 등을 제거하여 완전한 소유권을 매수인에게 이전한다. 다만, 승계하기로 합의하는 권리 및 금액은 그러하지 아니하다.

제4조(지방세 등) 위 부동산에 관하여 발생한 수익의 귀속과 제세공과금 등의 부담은 위 부동산의 인도일을 기준으로 하되, 지방세의 납부의무 및 납부책임은 지방세법의 규정에 의한다.

제5조(계약의 해제) 매수인이 매도인에게 중도금(중도금이 없을 때는 잔금)을 지불하기 전까지 매도인은 계약금의 배액을 상환하고, 매수인은 계약금을 포기하고 본 계약을 해제할 수 있다.

제6조(채무불이행과 손해배상의 예정) 매도인 또는 매수인이 본 계약상의 내용에 대하여 불이행이 있을 경우 그 상대방은 불이행한 자에 대하여 서면으로 최고하고 계약을 해제할 수 있다. 그리고 계약 당사자는 계약 해제에 따른 손해배상을 각각 상대방에게 청구할 수 있으며, 손해배상에 대하여 별도의 약정이 없는 한 계약금을 손해배상의 기준으로 본다.

【특약사항】

1. 본 단독주택(상가주택)매매 계약은 양 당사자가 토지이용계획확인서, 등기사항전부증명서, 건축물관리대장, 토지대장, 지적도, 평면도 확인 및 물건 현 상태를 육안으로 확인하고 계약 서명, 날인한다.

2. 농협 채권최고액 2억 4,000만 원은 매수자가 승계받기로 하고 잔금일 기준 정산한다.

3. 본 건축물은 1985년 건축물로 현재 하자(확인설명서 기록) 외 잔금 후의 하자는 매수인이 책임지기로 하고 매도인의 희망 가격이 13억 원이었으나 가격을 절충해 12억 원에 매매계약 서명, 날인한다.

4. 현 임대차 현황은 매수인이 승계받기로 하고 정산하기로 한다.

5. 본 계약은 양 당사자가 위 특약사항과 확인설명서를 읽고 듣고 계약 서명. 날인한다.

본 계약을 증명하기 위하여 계약 당사자가 이의 없음을 확인하고 각각 서명·날인 후 매도인, 매수인, 공인중개사는 매장마다 간인하여야 하며, 각 1통씩 보관한다.   (계약금 일부를 미리 입금했다면 입금한 날짜를 기재합니다)   년   월   일

매 도 인	주 소	[도로명 주소를 기재합니다]					
	주민등록번호	신분증 확인		전 화		성 명	인
	대 리 인	주소		주민등록번호		성 명	
매 수 인	주 소	[도로명 주소를 기재합니다]					
	주민등록번호	신분증 확인		전 화		성 명	인
	대 리 인	주소		주민등록번호		성 명	
공 인 중 개 사	사무소소재지			사무소소재지			
	사 무 소 명 칭			사무소명칭			
	대 표	서명·날인	인	서명·날인			인
	등 록 번 호		전화	등록번호		전화	
	소속공인중개사	서명·날인	인	서명·날인			인

● 확인설명서는 주거용으로 한다.

일반건축물 관리대장(갑)

□ 건축물관리대장의 기재 및 관리 등에 관한 규칙 [별지 제1호서식]

문서 확인번호 1356-89723-016553-1000273

고유번호 1111-2222 2-0222	민원24시 20121023-99999-99993		명칭	특이사항
대지위치 서울 **구 **동		지번 601-24	도로명 주소 서울시 **구 **로45길17	
대지면적 66.3㎡	연면적 222.2㎡	지역 일반주거지역	주차장정비지구	구역 학교정화구역
건축면적 53.8㎡	용적율선정 연면적 166.4㎡	구조 철근콘크리트 연화조	주용도: 근린생활 및 주택(2가구)	
건폐율 62.34%	용적율 192.81%	높이 9.75m	지붕: 슬라브	부속건물 0동 0㎡

일반건축물 관리대장 (갑)   장번호: 1-1

구분	총별	건축물현황			소유자현황		소유권지분	변동일자 변동원인
		구조	용도	면적	성명 주민등록번호	주소	/	
주1	지층	철근 콘크리트조	근린생활시설 (소매점)	55.8㎡	김 일동	서울 중랑구 면목동 678		2012.07.12
주1	1층	철근 콘크리트조	근린생활시설 (소매점)	53.8㎡	520301-1167889			소유자 등록
주1	2층	연화조	주택(1가구)	53.08㎡				
주1	3층	연화조	주택(1가구)	53.08㎡	이 등(초)본은 건축물대장의 원본 내용과 틀림없음을 증명 합니다.			
주1	옥탑1층	연화조	연면적포함	6.44㎡				
		~~이하여백~~						

발급일자 : 2012년 11월 26일

담당자: 건축과 전화:02-2780-2789

서울특별시 **구청장 [직인]

* 표시 항목은 총괄표제부가 있는 경우에는 기재하지 아니합니다.

주: 상가주택은 양도 소득세를 잘 검토하여야 합니다.   (공부상과 실제 사용용도 검토)

예날 상가주택은 건축물관리대장상 주거면적보다 근린생활시설 즉 상가면적을 더 많이 건축하였다. 소득세법에 의하면 상가주택이 건축물관리대장에 상가면적보다 주거 면적이 더 크면 그 전체를 주택으로 분류하고 주택면적보다 상가면적이 더 크면 주거면적은 주택 상가면적은 상가로 분류한다.

그렇다면 주택으로 분류되면 양도소득세가 비 과세 요건이 된다면 비과세가 가능 하나 그렇지 않은 경우에는 상가 부분에 양도 소득세가 부과된다. 그래서 현재 건축하는 상가주택은 상가면적보다 주거면적을 더 많이 설계를 한다.

건축물 현황도 열람 또는 발급 위임장

신청내용	건물의 위치		발급통수 ( )통
	소재지 :		

위임하는 사람 (소유자)	성명 : (법인명)	생년월일 (법인 등록번호)	
	주소 :	전화번호	

위임받은 사람(신청인)	성명	생년월일	
	주소		

건축물대장의 기재 및 관리 등에 관한 규칙 제11조 제3항 및 공공기관의 정보공개에 관한 법률 제 9조 제1항의 규정에 의하여 건축물도면 발급을 위임합니다.

20 년 월 일

위임하는 사람(소유자) :   (인)

첨부 : 신청인 신분증

유의 사항

- 위임장 하단의 (인)부분은 소유자의 도장만 유효합니다.
  (사인 및 서명 불가)
- 다른사람의 서명 또는 인장의 도용 등으로 허위의 위임장을 작성하여 신청하는 경우에는 형법 제231조 내지 제 237조의 2 규정에 의하여 사문서 위·변조죄로 5년 이하의 징역 또는 일천만 원 이하의 벌금형을 받게 됩니다.

> 중개업 현장에서 물건접수 시에 소유권자에게 건축물 도면(평면도)를 요구할 수가 있다.
> 그러나 현장에서는 소유권자의 동의를 얻어 위임장(주소, 성명, 생년월일)을 작성, 막도장을 찍어서 행정관청에 제시 열람을 받을 수가 있다.

단독(상가주택) 매매 특약사항 모음

[특약사항 기본]

① 본 단독주택(상가주택) 매매계약은 양 당사자가 토지이용계획확인서, 등기사항전부증명서, 건축물관리대장, 토지대장, 지적도, 평면도 확인 및 물건 현 상태를 육안으로 확인하고 계약 서명, 날인한다.

② 등기사항전부증명서상 (   )은행 채권최고액 (   )만 원정은 중도금 시 은행에 동행해 상환 말소하기로 한다.

③ 현 임대차계약(보증금 (   )만 원, 기간 20 년 월 일 종료)은 매수자가 승계받기로 하고 잔금일 기준 정산하기로 한다.

④ 기본 시설물 외 설치한 붙박이장(2점), 샹들리에, 도어록, 가스레인지, 비데는 매매대금에 포함한다.

⑤ 본 물건에 1층, 2층은 건축물관리대장상 근린생활시설이나 주거시설을 설치해 임대차하고 있음을 매수인이 확인하고 계약 서명, 날인한다.

⑥ 현 물건의 외부에 설치된 정원수, 조각품, 원두막, 경작물은 매매대금에 포함한다.

⑦ 본 매매계약은 잔금 이전 행정처분이나 과태료 부과 시 매도인이 책임지며 잔금 이후 행정처분이나 과태료 부과 시에는 매수인이 책임지기로 한다.

⑧ 본 계약은 양 당사자가 위 특약사항과 확인설명서를 읽고 듣고 계약 서명, 날인한다.

[추가 선택 특약사항]

⑨ 매도자는 잔금 시 현 임차의 퇴거를 책임지기로 하고 미이행 시에는 손해배상금으로(   )만 원을 잔금에서 공제한다.

⑩ 매도자는 본 물건 등기사항전부증명서상 권리(압류, 가압류, 가등기, 가처분 등)를 중도금 시까지 정리해주기로 한다.

⑪ 본 건물의 증축 확장 부분과 건축물관리대장상 두 칸이나 네 칸으로 분리 주거시설 설치해 임대차하고 있음을 매수인은 확인하고 계약 서명, 날인한다.

⑫ 본 소유권자와 통화 승낙하에 처 (   )와의 계약이며 대금은 소유권자 (   )의 (   ) 은행 - - - 계좌로 입금하고 20 년 월 일 소유권자가 추인하기로 한다.

⑬ 본 계약은 대리인 (   )이 위임장과 인감증명서 첨부하고 소유권자와 통화 승낙하에 계약하며 대금은 소유권자 (   )의 (   )은행 - - - 계좌로 입금하고 잔금일 소유권자는 직접 참석하에 동시 이행으로 잔금 정리하기로 한다.

⑭ 본 계약은 소유권자가 영주권자로 통화 승낙하에 해외거주사실확인서와 위임장을 첨부한 대리인 (   )와 계약하며 대금은 소유권자 (   )의 (   )은행 - - - 계좌로 입

금한다.

⑮ 본 계약은 공동소유권자 물건으로 위임장을 첨부한 1/2 소유권자인 (　　　)와 계약하며 1/2 소유권자 (　　　)와 통화 승낙하에 계약하며 대금은 1/2씩 공동소유권자 계좌로 입금한다.

⑯ 매수자는 중도금 지급일은 20　년　월　일 지급하며 중도금 지급날짜 전에 지급하지 않기로 한다.

⑰ 본 매매계약은 (　　　)신탁관리 회사의 신탁관리 물건으로 신탁관리 회사의 승낙하에 매매하며 신탁관리 계좌 (　　　)은행　－　－　(　　　)신탁관리 회사로 대금을 입금하기로 한다.

⑱ 본 계약의 계약금 (　　　)만 원 중 (　　　)만 원 계약 시 지급하며 (　　　)만 원은 20　년　월　일 지급하기로 하고, 매수인이 미지급 시에는 기지급한 (　　　)만 원은 위약금으로 반환받지 않기로 하며 조건 없이 해약하기로 한다.

⑲ 본 매매계약은 매수인의 사정에 의해 중도금 시에 매수인이 지정하는 자에게 매도인은 잔금과 동시 명의 이전해주기로 한다.

⑳ 양 당사자는 잔금일(이사날짜)은 상호 협의가 가능 시에 날짜를 조정할 수 있다.

㉑ 본 물건에 인테리어 시설 등으로 유치권 주장이 있다면 매도인이 책임지고 잔금 시까지 정리해주기로 하며 미정리 시에는 대금에서 공제한다.

㉒ 본 물건의 등기사항전부증명서에 설정된 개인채무 권리자 (　　　)는 본 매매계약 시에 소유권자와 동행 참석하에 말소서 수임 법무사에 맡겨 정리하기로 위임하기로 한다.

㉓ 본 계약은 중도금 생략하고 등기사항전부증명서상 담보물권 등을 잔금일 기준 정산하기로 한다.

㉔ 본 물건은 현재 신축중인 건축물로써 매도자가 보존등기 후 잔금과 동시 명의 이전하며 선 임대차 계약 및 융자금 (　　　)만 원은 잔금일 기준 매수자가 승계받기로 한다.

㉕ 본 물건의 진입로(　　　번지)는 사도로서 향후에 도로사용에 지료청구권이 나올 수 있으며 매수자가 책임지기로 하고 매매가격에 반영했음을 매수자는 확인하고 계약 서명, 날인한다.

㉖ 본 물건의 옥탑의 주거시설과 확장 부분을 매수인이 확인하고 계약하며 원상복구나 강제 이행금이 나올 시에 매수인이 책임지기로 하고 가격에 반영하고 계약 서명, 날인한다.

㉗ 본 단독주택(상가주택)은 (　　　)년 건축물로써 현재의 하자(확인설명서 기록)와 잔금 이후의 하자는 매수인이 책임지기로 하고 매도자의 희망가격이 (　　　)만 원이었으나 가격을 절충해 (　　　)원에 매매계약 서명, 날인한다.

㉘ 본 매매물건 외 무허가 건축물 (　　　)제곱미터가 있으며 매매대금에 포함하기로 한다.

계약을 해지할 때
계약금 일부를 지불해야 하나요?

임대차계약이 종료될 즈음, 계약금 일부 반환이 문제가 되어 공인중개사에게 상담을 의뢰하는 고객들이 많다. 따라서 공인중개사는 계약 시 법적인 절차와 의무사항에 관해 임대인과 임차인에게 정확하게 고지하고 분쟁을 예방해야 한다. 전세계약이 만기가 되어 연장하지 않고 계약을 해지하기로 한 경우, 임대인은 임차인에게 통상적으로 전세보증금의 10% 정도를 미리 반환해준다. 하지만 이는 '주택임대차보호법'에 명시된 의무는 아니다. 법적인 근거가 없는데도 미리 지불하는 이유는 임차인이 이사하려면 매매나 임대차를 통해 다시 주택을 구해야 하기 때문이다. 통상적으로 계약 후 잔금 지급까지 1~2개월이 걸리는 만큼 임차인의 계약에 지장이 생기지 않도록 배려하기 위해서다. 나가는 임차인의 계약이 수월해야 임대인도 문제없이 새로운 임차인을 맞을 수 있기 때문이다.

요약하자면 전세계약 만료 시 보증금 일부를 미리 지급하는 것은 법에 규정된 의무가 아니다. 그러나 이전 임차인이 나가고 새 임차인이 들어오는 데 문제가 생기지 않도록 하기 위한 관행이라고 보면 된다. 임대인과 임차인은 동반자 관계다. 하지만 임대인의 상황은 무시하고 보증금 일부 지급을 무리하게 요구하는 임차인도 있고, 여유자금이 있는데도 법률상 의무가 아니라는 이유로 지급을 거부하는 임대인도 있다. 부동산 임대 시장에서는 계약을 해지하거나 번복하는 상황이 없도록 공인중개사들이 보증금 일부 지급을 유도하고 있다. 계약에 책임감을 느끼게 하기 위한 하나의 방편으로 사용되고 있는 것이다.

금전적인 여유가 있다면 비록 법률상 의무가 아니더라도 임대인은 임차인의 편의를 봐서 보증금 10%를 미리 지급해주도록 한다. 임차인은 이주할 주택을 마련하는 데 문제가 없다면 굳이 받지 않아도 되도록 공인중개사가 상황을 잘 이끌어가야 한다. 또한 보증금 반환 시에는 반환영수증에 이사 날짜, 퇴거 날짜를 표기하고 서명·날인을 받아두는 것을 잊지 말도록 하자.

2

상가주택
임대차계약서 작성

상가주택 임대차계약서

☐ 전세   ☑ 월세

임대인과 임차인 쌍방은 아래 표시 부동산에 관하여 다음 계약 내용과 같이 임대차계약을 체결한다.

1.부동산의 표시

소 재 지	서울시 ○○구 ○○동 ○○번지 상가주택 3층 301호			
토 지	지 목	대	면 적	94㎡
건 물	구조·용도	콘크리트	면 적	22.2㎡
임대할 부분	3층 301호(출입구 쪽)		면 적	60㎡

2. 계약내용

제1조(목적) 위 부동산의 임대차에 한하여 임대인과 임차인은 합의에 의하여 임차보증금 및 차임을 다음과 같이 지불하기로 한다.

보 증 금	금 일천만원정(₩ 10,000,000)
계 약 금	금 일백만원(₩ 1,000,000)정은 계약 시에 지불하고 영수함. 영수자 (⑩)
중 도 금	금 없음.
잔 금	금 구백만원(₩ 9,000,000)정은 20××년 ××월 ××일에 지불한다.
월 차 임	금 팔십만원(₩ 800,000)정은 선불로 매월 20일에 지불한다.

제2조(존속기간) 임대인은 위 부동산을 임대차 목적대로 사용·수익할 수 있는 상태로 20××년 ××월 ××일까지 임차인에게 인도하며, 임대차 기간은 인도일로부터 20××년 ××월 ××일까지로 한다.

제3조(용도변경 및 전대 등) 임차인은 임대인의 동의 없이 위 부동산의 용도나 구조를 변경하거나 전대·임차권 양도 또는 담보제공을 하지 못하며 임대차 목적 이외의 용도로 사용할 수 없다.

제4조(계약의 해지) 임차인이 계속하여 2회 이상 차임의 지급을 연체하거나 제3조를 위반하였을 때 임대인은 즉시 본 계약을 해지할 수 있다.

제5조(계약의 종료) 임대차계약이 종료된 경우에 임차인은 위 부동산을 원상으로 회복하여 임대인에게 반환한다. 이러한 경우 임대인은 보증금을 임차인에게 반환하고, 연체 임대료 또는 손해배상금이 있을 때는 이들을 제하고 그 잔액을 반환한다.

제6조(계약의 해제) 임차인이 임대인에게 중도금(중도금이 없을 때는 잔금)을 지불하기 전까지, 임대인은 계약금의 배액을 상환하고, 임차인은 계약금을 포기하고 이 계약을 해제할 수 있다.

제7조(채무불이행과 손해배상) 임대인 또는 임차인이 본 계약상의 내용에 대하여 불이행이 있을 경우 그 상대방은 불이행한 자에 대하여 서면으로 최고하고 계약을 해제할 수 있다. 그리고 계약 당사자는 계약해제에 따른 손해배상을 각각 상대방에 대하여 청구할 수 있다.

제8조(중개보수) 부동산 중개업자는 임대인과 임차인이 본 계약을 불이행함으로 인한 책임을 지지 않는다. 또한, 중개보수는 본 계약체결과 동시에 계약 당사자 쌍방이 각각 지불하며, 중개업자의 고의나 과실없이 본 계약이 무효·취소 또는 해약되어도 지급한다. 공동중개인 경우에 임대인과 임차인은 자신이 중개 의뢰한 중개업자에게 각각 중개보수를 지급한다(중개보수는 거래가액의 _____%로 한다).

제9조(중개대상물확인·설명서 교부 등) 중개업자는 중개대상물 확인·설명서를 작성하고 업무보증관계증서(공제증서 등) 사본을 첨부하여 _____ 년 월 일 거래 당사자 쌍방에게 교부한다.

특약사항	1. 본 상가주택 임대차계약은 양 당사자가 토지이용계획확인서, 등기사항전부증명서(토지+건물), 건축물관리대장, 지적도, 평면도를 제시 및 확인하고, 계약 서명, 날인한다.
	2. 계약 당시 권리관계를 잔금일 익일까지 유지하고 위반 시 본 계약은 무효로 한다.
	3. 기본관리비 2만 원을 매달 20일 지불하기로 하며, 주차는 자유주차로 한다.
	4. 임대인은 도배, 장판을 입주일까지 해주기로 한다.
	5. 보증금 및 월차임은 <00은행 / 임대인 / 계좌번호> 로 입금한다.
	6. 본 계약은 양 당사자가 위 특약사항과 확인설명서를 읽고, 듣고 계약 서명, 날인한다.

본 계약을 증명하기 위하여 계약 당사자가 이의 없음을 확인하고 각각 서명·날인 후 임대인, 임차인 및 공인중개사는 매장마다 간인하여야 하며, 각 1통씩 보관한다.　　(계약금 일부를 미리 입금했다면 입금한 날짜를 기재합니다)　　년　　월　　일

임대인	주　　소	[도로명 주소를 기재합니다]					
	주민등록번호		신분증 확인	전　화		성　명	㊞
	대 리 인	주　소			주민등록번호	성　명	
임차인	주　　소	[도로명 주소를 기재합니다]					
	주민등록번호		신분증 확인	전　화		성　명	㊞
	대 리 인	주　소			주민등록번호	성　명	
공인중개사	사무소 소재지			사무소소재지			
	사 무 소 명 칭			사무소명칭			
	대　　표	서명·날인	㊞	서명·날인			㊞
	등 록 번 호		전화	등록번호		전 화	
	소속공인중개사	서명·날인	㊞	서명·날인			㊞

* 확인설명서는 주거용으로 작성한다.

단독(상가)주택 임대차계약서 특약사항 모음

[특약사항 기본]

① 본 단독주택 임대차계약은 양 당사자가 토지이용계획확인서, 등기사항전부증명서, 건축물관리대장, 토지대장, 지적도, 평면도 확인 및 물건 현 상태를 육안으로 확인하고 계약 서명, 날인한다.

② 등기사항전부증명서상 (　　　)은행 채권최고액 (　　　)만 원은 중도금 시 은행에 동행해 상환 말소하기로 한다.

③ 등기사항전부증명서상 채권최고액 (　　　)원 있는 상태에서 계약하며 임대인은 추가 융자를 하지 않기로 한다.

④ 잔금일 기준 관리 등을 정산한다.

⑤ 기본 시설물 외 설치한 붙박이장(2점), 샹들리에, 도어록, 가스레인지, 비데는 사용 후에 반환한다.

⑥ 본 계약은 양 당사자가 위 특약사항과 확인설명서를 읽고 듣고 계약 서명, 날인한다.

[추가 선택 특약사항]

⑦ 본 계약은 보증금 ○억 원으로 계약하며 잔금 중 ○천만 원에 대해서 월 25만 원 차임으로 지급하고, 6개월 후 ○천만 원을 지급할 것을 양 당사자가 합의한다(입금계좌 : (　　　)은행　 － 　－

－　임대인 (　　　　).

⑧ 임대인은 본 물건 등기사항전부증명서상 권리(압류, 가압류, 가등기, 가처분 등)를 중도금 시까지 정리해주기로 한다.

⑨ 본 건물의 증축 확장 부분과 건축물관리대장상 두 칸이나 네 칸으로 분리 주거시설 설치해 임대차하고 있음을 매수인은 확인하고 계약 서명, 날인한다.

⑩ 본 소유권자와 통화 승낙하에 처 (　　　　)와의 계약이며 대금은 소유권자 (　　　　)의 (　　　　)은행 －　－　－　) 계좌로 입금하고 20 　년　 월　 일 소유권자가 추인하기로 한다.

⑪ 본 계약은 대리인 (　　　　)이 위임장과 인감증명서 첨부하고 소유권자와 통화 승낙하에 계약하며 대금은 소유권자 (　　　　)의 (　　　　)은행 －　－　－　 계좌로 입금하고 잔금일 소유권자는 직접 참석하에 동시 이행으로 잔금 정리하기로 한다.

⑫ 본 계약은 소유권자가 영주권자로 통화 승낙하에 해외거주사실확인서와 위임장을 첨부한 대리인 (　　　　)와 계약하며 대금은 소유권자 (　　　　)의 (　　　　)은행 －　－　－　 계좌로 입금한다.

⑬ 본 계약은 공동소유권자 물건으로 위임장을 첨부한 1/2 소유권자인 (　　　　)와 계약하며 1/2 소유권자 (　　　　)와 통화 승낙하에 계약하며 대금은 1/2씩 공동소유권자 계좌로 입금한다.

⑭ 본 임대차계약은 (　　　　)신탁회사의 신탁관리 물건으로 신탁관리 회사의 승낙하에 매매하며 신탁관리 계좌 (　　　　)은행 －　－　－　 (　　　　)신탁관리 회사)로 대금을 입금하기로 한다.

⑮ 본 계약의 계약금 (　　　　)만 원 중 (　　　　)만 원 계약 시 지급하며 (　　　　)만 원은 20 　년　 월　 일 지급하기로 하고, 매수인이 미지급 시에는 기지급한 (　　　　)만 원은 위약금으로 반환받지 않기로 하며 조건 없이 해약하기로 한다.

⑯ 본 임대차계약은 임차인의 사정에 의하여 중도금 시에 임차인이 지정하는 자에게 임대인은 잔금과 동시에 임차인을 변경해주기로 한다.

⑰ 양 당사자는 잔금일(이사날짜)은 상호 협의가 가능 시에 날짜를 조정할 수 있다.

⑱ 본 물건에 인테리어 시설 등으로 유치권 주장이 있다면 임대인이 책임지고 잔금 시까지 정리해주기로 하며 미정리 시에는 대금에서 공제한다.

⑲ 본 물건의 등기사항전부증명서에 설정된 개인채무 권리자 (　　　　)는 본 임대차계약 시에 소유권자와 동행 참석하에 말소 수임 법무사에 맡겨 정리하기로 위임하기로 한다.

⑳ 본 계약은 잔금 시에 등기사항전부증명서상 담보물권 등을 잔금일 기준 정산하기로 한다.

㉑ 본 물건은 현재 신축 중인 건축물로써 임대인이 보존등기 후 또는 사용승인일, 가사용승인일에 잔금과 동시에 이사하기로 한다.

㉒ 본 임대차계약은 (　　　　)지구 재개발지역 내의 물건임을 확인하고 재개발추진으로 이사 시에는 임대인에게 이사비용 등 일체의 비용을 요구하지 않기로 한다.

부동산 중개의 꽃, 전세손님을 매매계약으로 성사

젊은 부부가 1억 원 정도의 빌라 전세를 얻고자 방문했다. 맞벌이 부부였고, 아기 계획도 있어서 깨끗한 집을 원했다. 어떤 집을 먼저 보여줄까 고민 끝에, 덜 깨끗한 집을 먼저 보여주기로 했다. 이후에 깨끗한 집을 보여주었을 때 만족도가 높아지기 때문이다. 하지만 두 곳을 보여줘도 마음에 들어 하지 않아, 얼른 생각을 바꾸고 지인이 건축하는 신축 빌라를 매수하도록 권했다. 융자를 조금 안더라도 신축 빌라를 사도록 2시간가량 설득했다. 결국 부부의 마음을 움직여 1억 6,500만 원에 계약을 체결했다.

"손님! 전세를 살면 계속 전세만 살게 됩니다. 이참에 융자를 좀 받더라도 아예 신축 빌라를 사세요. 전세 물건도 없을뿐더러, 헌 집은 도배도 해야 하고 장판도 깔아야 해서 비용도 만만찮게 들어갑니다. 그런데 이 물건은 신축 빌라라 깨끗하고 이삿날도 자유로워요. 매입할 때는 부인 명의로 사주시고요."

내친김에 한마디를 덧붙였다.

"오늘같이 비 오는 날에 내 집을 마련하면 부자가 된답니다. 그리고 저쪽을 한번 보세요. 앞산이 볼록볼록 배가 부르지 않습니까? 풍수지리학적으로 아기를 잉태할 자리입니다."

이제는 부인이 더 적극적이다. 자기 집이 생기니 말이다. 남편이 허허 웃으며 한마디 한다.

"아니, 저는 어떻게 하라고요."

"여보! 내가 팔고 도망갈까 봐 걱정돼요?"

한바탕 웃음이 지나간 후, 결과는 계약 성공이었다. '부동산 계약의 꽃'을 피운 셈이다.

부동산 중개업은 그때그때 방문하는 손님의 입장에 따라 물건 권유도 달라야 한다. 가령 전망을 중시하는 손님이라면 전망이 좋은 집을 보여줘야 한다. 깨끗한 집을 원할 때는 어느 정도 비교가 가능하도록 임장 활동을 하자.

수익성 물건
계약의 기술

부 동 산 계 약 의 기 술

1

수익성 물건
매매계약서 작성

수익성 부동산 매매 시 검토사항

수익성 부동산은 보통 상가나 오피스텔처럼 다달이 월세 수입이 발생하는 부동산이다. 최근에는 상가 투자도 하나의 흐름으로 자리 잡고 있지만, 불과 얼마 전까지만 해도 상가 투자는 어느 정도 부동산 투자 경력이 있는 사람들이 전문적으로 다루는 분야로 생각되었다.

반면, 오피스텔이나 원(투)룸은 주택 형태이기 때문에 일반인들이 쉽게 접근해 수익을 낼 수 있다. 원(투)룸 오피스텔 매매 시에는 수익률을 잘 고려해야 하는데, 매수인이 수익률 부분에 대한 검토사항 고지를 받지 않거나 잘못된 정보에 의해 매입하는 경우 계약 파기는 물론 손해배상까지 요구할 수 있다. 그렇기 때문에 공인중개사 역시 매도인의 말만 믿을 것이 아니라 객관적인 자료로 수익률을 계산하고 고지해야 매수인이 믿을 것이다.

수익성 부동산은 임차인을 잘못 만나면 두고두고 골치를 썩이는 경우가 된다. 따라서 임차인을 구할 때부터 임차료 지급이 가능한지 확인을 거쳐서 계약하는 것이 좋다. 임차인의 연락처를 이중으로 기록해두는 것도 좋다. 특히 기본 관리비와 주차 공동사용 관리비 등도 특약으로 명시해야 한다.

수익성 부동산 매매 시 고려사항

① 분양권 알선 시 건물분 부가세환급(계약일로부터 20일 이내 임대사업자 신고)

② 기존 건물 매매 시 부가세(포괄 양도양수 특약)

③ 수익률 계산

④ 융자 부분 승계 가능성

⑤ 공유/합유 물건 매매(임대차 관리 시) 확인

⑥ 관리비(기본관리비 사용자 부담 관리비, 주차대수)

⑦ 건축허가서(설계도면, 평면도)확인

⑧ 토지/건축물 소유권자 다른 경우와 토지 지분등기 확인)

⑨ 도시형 주택 매매 시 토지별도 등기 부분 말소등기

⑩ 건물 전속관리 시도

⑪ 임대인 국세 등 조회

수익성 물건의 종류

오피스

사람들이 일을 하는 장소나 방인 사무실, 사무소로 사용되는 공간을 말한다.

오피스텔

오피스와 호텔의 합성어로 낮에는 업무를 주로 하되 저녁에는 개별실에 일부 숙식을 할 수 있는 공간을 만들어 호텔 분위기가 나게 설계한 형태의 건축물을 말한다. 오피스텔은 주 용도가 업무시설이나 주거공간이 50% 이상이고 화장실과 주방시설을 갖췄다. 주택임대사업자 등록을 하면 1가구 2주택으로 보지 않는다.

아파텔

아파트와 오피스텔을 합쳐 만든 신조어로, 주거용 오피스텔의 별칭이다. 아파텔은 주로 전용면적 60~85㎡로 구성된다. 방 2~3개, 거실과 주방 등을 갖춰 아파트의 모습과 흡사하다. 비교적 규모가 크고 아파트와 비슷한 설계가 적용되어 주거 편의성이 우수하다. 다만 아파텔은 오피스텔의 일종이므로 오피스텔 취득세인 분양가의 4.6%(취득세 4%, 지방교육세 0.4%, 농어촌특별세 0.2%)가 적용된다.

분양형 호텔

최근 성행하는 분양형 호텔은 말 그대로 일반 투자자들이 호텔의 각 객실을 분양받아서 운영대행사에 운영 일체를 맡기고 투자 수익을 배분받는 것을 말한다. 호텔 객실에 대한 소유권을 갖지만 후일 리모델링 비용, 관리비 등은 소유권자가 부담해야 한다.

레지던스

숙박용 호텔과 주거용 오피스텔이 합쳐진 개념으로, 호텔식 서비스가 제공되는 주거시설을 가리킨다. 서비스드 레지던스(Serviced Residence)의 약칭으로, 호텔식 서비스가 제공되는 오피스텔 개념의 주거시설을 말한다. 객실 안에 거실과 세탁실, 주방 등의 편의시설을 갖추고 이용객들이 사용하며, 일정한 기간 쉴 수 있는 환경을 제공한다.

비즈니스호텔

비즈니스 수요가 많은 도심에 있는 호텔로 식당 등의 부대시설을 최소화하고 객실 위주로 영업을 한다. 특급 호텔보다 가격을 30% 정도 저렴하게 낮춘 게 특징으로 비즈니스로 지방 출장자들의 숙박지로 이용된다.

리빙텔

호텔 수준의 각종 서비스를 받으면서 주거생활을 영위할 수 있는 호텔 같은 집을 말한다. 주거(Living)와 호텔(Hotel)의 합성어다.

유스호스텔

청소년이 자연과 친숙해지고 건전한 야외활동을 하도록 운영되는 비영리적인 숙박시설이다. 호스텔 안에서 활동은 모두 셀프서비스이며, 같은 날 같은 호스텔에 유숙하게 된 자(者)는 페어런츠(Parents)로 불리는 관리자를 중심으로 미팅이나 레크레이션을 통해 우애를 다지게 된다. 숙박가격 역시나 비영리법인이 운영하므로 저렴한 편이다.

쉐어하우스

입주민들이 공동으로 사용할 수 있는 취사·휴식 등 생활공간이 마련된 공동주택. 공동생활공간이 마련되어 주거공간을 보다 효율적으로 쓸 수 있다.

장기간 이용자도 많다. 다수가 한 집에서 살면서 지극히 개인적인 공간인 침실은 각자 따로 사용하지만, 거실, 화장실, 욕실 등은 공유하는 생활공간이다.

고시원

'다중이용업소의 안전관리에 관한 특별법 시행령'에 따른 고시원의 정의는 '구획된 실(室) 안에 학습자가 공부할 수 있는 시설을 갖추고 숙박 또는 숙식을 제공하는 형태의 영업'하는 곳이다. 학원가와 가까운 곳에서 저렴하게 기초적인 수준의 의식주만 해결할 수 있는 주거공간 겸 학습공간이다. 세탁 조리 등은 공동으로 사용한다.

도시형주택

직장인들의 직주근접 생활을 돕고 늘어나는 1~2인 가구와 서민 주거 안정을 위해 만들어진 공간이다. 이들이 필요한 곳에 신속하고 저렴하게 주택을 공급할 수 있도록 각종 주택건설 기준과 부대시설 등 설치 기준을 완화해 주로 역세권 가까운 곳에 공급되는 주거 형태다.

수익성 물건(오피스, 오피스텔) 브리핑 현황

출처 : 저자 제공(이하 동일)

오피스텔 분양권 매매계약서

본 오피스텔 분양권 매매계약을 체결함에 있어 다음과 같은 조건으로 계약을 체결한다.

1. 분양권의 표시

소 재 지	○○시 ○○구 ○○동 ○○번지 오피스텔 ○○동 ○○호				
평 형	57㎡	옵 션	풀옵션	전용 면적	39.2㎡(대지권 : 21㎡)

2. 총매매금액(분양금액 + 권리금액)

매매대금	금 일억삼천오백만원정(₩135,000,000)

3. 분양금액과 중도금 등 납부내역

분양금액	금 일억이천오백만원정 (₩125,000,000)
납부한 금액	금 육천오백만원정 (₩65,000,000)
납부할 금액	금 육천만원정 (₩60,000,000)

4. 주택분양권 매매(양도)금액 지불

정산지불금	금 일억삼천오백만원정 (₩135,000,000)			
융 자 금	금 삼천만원정은 승계(특약사항에 별도 명시)한다.			
계 약 금	금 일천만원정은 계약 시에 지불하고 영수함.		영수자 (	인)
중 도 금	금 원정은 년 월 일에 지불하며			
잔 금	금 일억이천오백만원정은 20××년 ××월 ××일에 지불한다.			

(1) 매도인은 위 오피스텔 분양권 매매잔금 지불과 동시에 분양계약서, 당첨권, 전매동의서 영수증 등을 매수인에게 교부하고 인감증명 등 기타 필요한 서류를 제공하여야 한다.

(2) 매수인이 매도인에게 중도금(중도금이 없으면 잔금)을 지불하기 전까지는 매도인은 계약금액의 배액을 상환하고 매수인은 계약금을 포기하고 이 계약을 해제할 수 있다. 본 계약서에 기재되지 않은 사항은 민법상 계약에 관한 규정과 일반 관례에 따른다. **(3)** 지정된 납기일에 중도금을 납부하지 않음으로써 발생한 이자 등은 잔금일을 기준으로 그 이전 것은 매도인이, 그 이후 것은 매수인이 부담하되, 잔금 지불의 이행이 지체되는 경우 지체 동안의 이자 부담은 지체의 책임이 있는 계약 당사자가 부담하기로 한다.

(4) 중개보수는 본 계약 체결과 동시에 매도인과 매수인 쌍방이 각각 매매대금의 (   )%를 지불해야 하며, 공인중개사의 고의나 과실 없이 계약 당사자 간의 사정으로 본 계약이 해제될 경우에도 중개보수를 지불한다.

【특약사항】

1. 본 오피스텔 분양권 매매계약은 분양계약 원본 제시 확인 및 시행사를 방문해 조감도와 평면도를 확인하고 계약 서명, 날인한다.
2. 프리미엄은 일천만 원으로 정하고 집단대출 융자금 삼천만 원은 매수자가 승계받기로 하며 잔금일 기준으로 정산한다.
3. 매수자는 임대사업자 등록을 하기로 하고 포괄 승계하기로 한다.
4. 잔금일 양 당사자는 명의 이전 관련 서류를 준비하며 시행사에 동행해 잔금 처리와 명의 변경을 하기로 한다.
5. 본 계약은 양 당사자가 위 특약사항을 읽고, 듣고 계약 서명, 날인한다.

본 계약을 증명하기 위하여 계약 당사자가 이의 없음을 확인하고 각각 서명·날인 후 매도인, 매수인, 공인중개사는 매장마다 간인하여야 하며, 각 1통씩 보관한다.   (계약금 일부를 미리 입금했다면 입금한 날짜를 기재합니다)   년   월   일

매도인	주 소	[도로명 주소를 기재합니다]					
	주민등록번호		신분증 확인	전 화		성 명	인
	대 리 인	주 소		주민등록번호		성 명	
매수인	주 소	[도로명 주소를 기재합니다]					
	주민등록번호		신분증 확인	전 화		성 명	인
	대 리 인	주 소		주민등록번호		성 명	
공인중개사	사무소 소재지			사무소소재지			
	사무소 명칭			사무소명칭			
	대 표	서명·날인	인	서명·날인			인
	등 록 번 호		전화	등록번호		전 화	
	소속공인중개사	서명·날인	인	서명·날인			인

● 확인설명서는 주거용으로 한다.

[특약사항 기본]

① 본 오피스텔 매매계약은 양 당사자가 토지이용계획확인서, 등기사항전부증명서, 건축물관리대장, 토지대장, 지적도, 평면도 확인 및 물건 현 상태를 육안으로 확인하고 계약 서명, 날인한다.

② 등기사항전부증명서상 (   )은행 채권최고액 (   )만 원은 중도금 시 은행에 동행해 상환 말소하기로 한다.

③ 현 임대차계약금(보증금 ○억 원, 기간 20 년 월 일 종료)은 매수자가 승계받기로 하고 잔금일 기준으로 정산한다.

④ 잔금일 기준 선수관리비는 매도자에게 반환하고 매도자는 현 임대차 기간의 수선충당 유지금은 현 임차인에게 반환하기로 한다.

⑤ 본 물건의 1층, 2층은 건축물관리대장상 근린생활시설이나 주거시설을 설치해서 임대차하고 있음을 매수인이 확인하고 계약 서명, 날인한다.

⑥ 현 물건의 외부에 설치된 정원수, 조각품, 원두막, 경작물은 매매대금에 포함한다.

⑦ 본 매매계약은 잔금 이전 행정처분이나 과태료 부과 시 매도인이 책임지며 잔금 이후 행정처분이나 과태료 부과 시는 매수인이 책임지기로 한다.

⑧ 본 계약은 양 당사자가 위 특약사항과 확인설명서를 읽고 듣고 계약 서명, 날인한다.

[추가 선택 특약사항]

⑨ 매도자는 잔금 시 현 임차의 퇴거를 책임지기로 하고 미이행 시에는 손해배상금으로 (   )만 원을 잔금에서 공제한다.

⑩ 매도자는 본 물건 등기사항전부증명서상 권리(압류, 가압류, 가등기, 가처분 등)를 중도금 시까지 정리해주기로 한다.

⑪ 본 건물의 증축 확장 부분과 건축물관리대장상 두 칸이나 네 칸으로 분리 주거시설 설치해 임대차하고 있음을 매수인은 확인하고 계약 서명, 날인한다.

⑫ 본 소유권자와 통화 승낙하에 처 (   )와의 계약이며 대금은 소유권자 (   )의 (   ) 은행   -   -   ) 계좌로 입금하고 20 년 월 일 소유권자가 추인하기로 한다.

⑬ 본 계약은 대리인 (   )이 위임장과 인감증명서 첨부하고 소유권자와 통화 승낙하에 계약하며 대금은 소유권자 (   )의 (   )은행   -   -   계좌로 입금하고 잔금일 소유권자는 직접 참석하에 동시 이행으로 잔금 정리하기로 한다.

⑭ 본 계약은 소유권자가 영주권자로 통화 승낙하에 해외거주사실확인서와 위임장을 첨부한 대리인 (   )와 계약하며 대금은 소유권자 (   )의 (   )은행   -   -   계좌로 입금한다.

⑮ 본 계약은 공동소유권자 물건으로 위임장을 첨부한 1/2 소유권자인 (   )와 계약하며 1/2 소유권자 (   )와 통화 승낙하에 계약하며 대금은 1/2씩 공동소유권자 계좌로 입금한다.

⑯ 매수자는 중도금 지급일은 20 년 월 일 지급하며 중도금 지급날짜 전에 지급하지 않기로 한다.

⑰ 본 매매계약은 (   )신탁관리 회사의 신탁관리 물건으로 신탁관리 회사의 승낙하에 매매하며 신탁관리 계좌 (   )은행 - - (   )신탁관리 회사로 대금을 입금하기로 한다.

⑱ 본 계약의 계약금 (   )만 원 중 (   )만 원 계약 시 지급하며 (   )만 원은 20   년 월 일 지급하기로 하고, 매수인이 미지급 시에는 기지급한 (   )만 원은 위약금으로 반환받지 않기로 하며 조건 없이 해약하기로 한다.

⑲ 본 매매계약은 매수인의 사정에 의해 중도금 시에 매수인이 지정하는 자에게 매도인은 잔금과 동시에 명의 이전해주기로 한다.

⑳ 양 당사자는 잔금일(이사날짜)은 상호 협의가 가능 시에 날짜를 조정할 수 있다.

㉑ 본 물건에 인테리어 시설 등으로 유치권 주장이 있다면 매도인이 책임지고 잔금 시까지 정리해주기로 하며 미정리 시에는 대금에서 공제한다.

㉒ 본 물건의 등기사항전부증명서에 설정된 개인채무 권리자 (   )는 본 매매계약 시에 소유권자와 동행 참석하에 말소서 수임 법무사에 맡겨 정리하기로 위임하기로 한다.

㉓ 본 계약은 중도금 생략하고 등기사항전부증명서상 담보물권 등을 잔금일 기준 정산하기로 한다.

㉔ 본 물건은 현재 신축 중인 건축물로써 매도자가 보존등기 후 잔금과 동시 명의 이전하며 선 임대차 계약 및 융자금 (   )만 원은 잔금일 기준 매수자가 승계받기로 한다.

㉕ 본 물건의 진입로(번지)는 사도로써 향후에 도로사용에 지료청구권이 나올 수 있으며 매수자가 책임지기로 하고 매매가격에 반영했음을 매수자는 확인하고 계약 서명, 날인한다.

㉖ 본 물건의 옥탑의 주거시설과 확장 부분을 매수인이 확인하고 계약하며 원상복구나 강제 이행금이 나올 시에 매수인이 책임지기로 하고 가격에 반영하고 계약 서명, 날인한다.

㉗ 본 오피스(텔) (   )년 건축물로써 현재의 하자(확인설명서 기록)와 잔금 이후의 하자는 매수인이 책임지기로 하고 매도자의 희망가격이 (   )만 원이었으나 가격을 절충해 (   )원에 매매 계약 서명, 날인한다.

㉘ 본 오피스(텔)매매물건 외 무허가 건축물 (   )제곱미터가 있으며 매매대금에 포함하기로 한다.

도시가스 보일러가
문제를 일으키다

같은 아파트 물건에서 시설물 문제가 여러 번 발생해 애를 먹었던 사례를 소개한다. 해당 물건은 임대차 중이었는데, 새 임차인을 맞이해 기존 임차인을 내보내는 과정에서 기존 임차인이 자기가 단 도어록을 분리해서 가져가겠다고 했다. 그때는 가까스로 합의점을 찾아 10만 원으로 보상했는데, 이번에는 보일러가 고장이라고 한다.

이번에는 임대가 아닌 매수였다. 전세를 낀 매매였고, 매수자는 전세 기간 만료일인 3개월 후에 입주하기로 했다. 그런데 아직 그 아파트에서 살던 현 임차인에게서 연락이 왔다. 잔금 이후 지난주까지만 해도 멀쩡하던 도시가스 보일러의 온수 순환기 센서가 고장이 났다고 한다. 물건에 대한 잔금 지급이 끝났고, 등기 이전이 된 지 불과 15일 만이었다. 불과 7일 전에 소유권 이전 완료된 등기권리증을 찾아갔는데 보일러가 고장이라니! 난감하기 이를 데가 없었다. 현 임차인은 빨리 고쳐달라고 하는데, 매수인은 그것도 모르고 물건을 계약해줬냐고 핀잔을 줬다. 소개해준 필자더러 알아서 하란다. 비록 잔금을 치른 지 보름밖에 안 되었지만, 소유권 이전 후부터는 매수자의 물건으로 임차인이 사용·수익할 수 있도록 고쳐드려야 한다고 아무리 설명을 해도 들은 척도 안 했다.

수리비용은 14만 5,000원. 결국 임차인을 배려해서 필자가 지불하고 영수증을 받아두었다. 현 임차인도 전세를 얻어줘야 하는 고객이기 때문이다.

겨울이 다가오면 매매든 전세든 임장 활동 시에 보일러 상태를 꼭 물어보고, 잔금 시에 가동 상태를 확인하는 것이 문제 발생의 소지를 줄일 수가 있다. 거주자에게 물어보지 않는다면 후일 거주자가 예전에도 자주 자기 비용으로 고쳤다며 문제를 제기하는 경우도 생길 수 있다.

임대차계약 기간에 보일러, 도어록, 창문, 방충망, 싱크대, 변기, 하수구 등에 하자가 생겼을 때는 임대인에게 연락해서 A/S 동의를 받고 기술자(업자)에게 수리비를 보내주도록 한다.

공인중개사 입장에서는 뭐니 뭐니 해도 임장 활동을 할 때와 잔금을 지급할 때 위 사항을 미리 확인해두는 일이 가장 중요하다. '이 정도야' 하고 넘겨버리는 세밀한 것들이 나중에 화를 불러올 수 있음을 잊지 말자.

2

수익성 물건
임대차계약서 작성

오피스텔 물건 매매계약서 현황 자료

소재지	세종자치시 나성동 번지 오피스텔 제 710호				
오피스텔	37.23㎡ 29.29평	대지면적	456분의 29	방 1.5 룸	화장실:1개
건축면적	148㎡ 44평	개별공시가격	원	난방 : 개별(○) 중앙( )	
용도지역	일반주거	용도구역	일반상업지역	주차 : 세대별 1 대	관리실(○)
나성초등학교		나성중학교	나성고등학교		위해시설 X
노선버스(전철)	오송역 30분 / 서울행 좌석 수원·용인·광주행 일반버스				
최근 매매가	1억 5,000만 원		최근 임대가	1,000만 원/65만 원	
융자 : 국민은행	2,000만 원		붙박이 설치	도어록 교체 설치	
남동향	전면 6m 도로 접		준공 : 2019년	풀옵션	

권리분석 자료	물건상태의 확인(임장 활동)

1. 토지이용계획확인서
2. 등기사항전부증명서(토지 +건물)
3. 건축물관리대장(제 동 제 호)
4. 평면도
5. 지적도
6. 임대차가 있다면 계약서 사본
	1. 기본 시설물 상태 확인
	2. 교체 부착물 확인
	  ① 도어록 ② 붙박이장 ③ 에어컨(냉난방)
	  ④ 정수기 ⑤ 비데
	3. 확장 부분
	4. 방향
	5. 도배 상태
	6. 누수(결로현상, 곰팡이 등)

본 물건의 장점(미래가치)
1. 세종시 국세청 근접, 세종시 공무원 선호지역 2. 주변 상업지역 / 한누리대교 2분 / 산책로 / 생활환경 쾌적

오피스텔 임대차계약서

☐ 전세 ☑ 월세

임대인과 임차인 쌍방은 아래 표시 부동산에 관하여 다음 계약 내용과 같이 임대차계약을 체결한다.

1. 부동산의 표시

소 재 지	○○시 ○○구 ○○동 ○○번지 오피스텔 ○동 ○호			
토 지	지 목	대	면 적	156㎡
건 물	구조·용도	콘크리트/주거용	면 적	57㎡
임대할 부분	○동 ○호 전체			

2. 계약 내용

제1조(목적) 위 부동산의 임대차에 한하여 임대인과 임차인은 합의에 의하여 임차보증금 및 차임을 다음과 같이 지불하기로 한다.

보 증 금	금 일천만원정(₩10,000,000)
계 약 금	금 일백만원(₩1,000,000)정은 계약 시에 지불하고 영수함. 영수자(㊞)
중 도 금	금 없음.
잔 금	금 구백만원(₩ 9,000,000)정은 20××년 ××월 ××일에 지불한다.
월 차 임	금 오십오만원(₩ 550,000)정은 선불로 매월 30일에 지불한다.

제2조(존속기간) 임대인은 위 부동산을 임대차 목적대로 사용·수익할 수 있는 상태로 20××년 ××월 ××일까지 임차인에게 인도하며, 임대차 기간은 인도일로부터 20××년 ××월 ××일까지로 한다.

제3조(용도변경 및 전대 등) 임차인은 임대인의 동의 없이 위 부동산의 용도나 구조를 변경하거나 전대·임차권 양도 또는 담보제공을 하지 못하며 임대차 목적 이외의 용도로 사용할 수 없다.

제4조(계약의 해지) 임차인이 계속하여 2회 이상 차임의 지급을 연체하거나 제3조를 위반하였을 때 임대인은 즉시 본 계약을 해지할 수 있다.

제5조(계약의 종료) 임대차계약이 종료된 경우에 임차인은 위 부동산을 원상으로 회복하여 임대인에게 반환한다. 이러한 경우 임대인은 보증금을 임차인에게 반환하고, 연체 임대료 또는 손해배상금이 있을 때는 이들을 제하고 그 잔액을 반환한다.

제6조(계약의 해제) 임차인이 임대인에게 중도금(중도금이 없을 때는 잔금)을 지불하기 전까지, 임대인은 계약금의 배액을 상환하고, 임차인은 계약금을 포기하고 이 계약을 해제할 수 있다.

제7조(채무불이행과 손해배상) 임대인 또는 임차인이 본 계약상의 내용에 대하여 불이행이 있을 경우 그 상대방은 불이행한 자에 대하여 서면으로 최고하고 계약을 해제할 수 있다. 그리고 계약 당사자는 계약해제에 따른 손해배상을 각각 상대방에 대하여 청구할 수 있다.

제8조(중개보수) 부동산 중개업자는 임대인과 임차인이 본 계약을 불이행함으로 인한 책임을 지지 않는다. 또한, 중개보수는 본 계약체결과 동시에 계약 당사자 쌍방이 각각 지불하며, 중개업자의 고의나 과실없이 본 계약이 무효·취소 또는 해약되어도 지급한다. 공동중개인 경우에 임대인과 임차인은 자신이 중개 의뢰한 중개업자에게 각각 중개보수를 지급한다(중개보수는 거래가액의 _____%로 한다).

제9조(중개대상물확인·설명서 교부 등) 중개업자는 중개대상물 확인·설명서를 작성하고 업무보증관계증서(공제증서 등) 사본을 첨부하여 ___ 년 ___ 월 ___ 일 거래 당사자 쌍방에게 교부한다.

특약사항
1. 본 임대차계약은 양 당사자가 분양계약서 원본 및 물건의 현 상태를 육안으로 확인하고 계약 서명, 날인한다.
2. 집단대출 채권최고액 3,600만 원이 있음을 확인하고 계약한다.
3. 차임은 55만 원으로 정하고 매월 30일에 선불로 지급하기로 한다.
4. 풀옵션으로 입주 청소를 해주기로 하며 퇴실 시에는 청소비용 5만 원을 공제한다.
5. 관리비, 주차 등은 관리소의 규약을 따르며 관리비 등은 잔금일 기준 정산한다.
6. 본 계약은 양 당사자가 위 특약사항과 확인설명서를 읽고, 듣고 계약 서명, 날인한다.

본 계약을 증명하기 위하여 계약 당사자가 이의 없음을 확인하고 각각 서명·날인 후 임대인, 임차인 및 공인중개사는 매장마다 간인하여야 하며, 각 1통씩 보관한다.
(계약금 일부를 미리 입금했다면 입금한 날짜를 기재합니다) 년   월   일

임대인	주 소	[도로명 주소를 기재합니다]						
	주민등록번호		신분증 확인		전 화		성 명	㊞
	대 리 인	주 소			주민등록번호		성 명	
임차인	주 소	[도로명 주소를 기재합니다]						
	주민등록번호		신분증 확인		전 화		성 명	㊞
	대 리 인	주 소			주민등록번호		성 명	
공인중개사	사무소 소재지				사무소소재지			
	사무소 명칭				사무소명칭			
	대 표	서명·날인		㊞	서명·날인			㊞
	등 록 번 호		전화		등록번호		전 화	
	소속공인중개사	서명·날인		㊞	서명·날인			㊞

* 확인설명서는 주거용으로 작성한다.

수익형 부동산의 임대차 중개 시에는 구조 도면을 제시한다

수익형 부동산을 임대차 중개할 때는 구조 도면을 제시해야 한다. 또한 사용자 부담의 관리비, 수도, 전기, 가스와 내용물의 옵션 상태를 잘 설명하고 특약으로 명시해야 한다. 각 물건별로 시설도 천차만별이고, 특히 불법 쪼개기 가구 수가 있을 수 있으므로 현 상태를 임차인에게 확인·설명하고 계약서에 이러한 사항을 특약하도록 한다.

주택임대사업자 등록을 원하는 매수인에게는 면세사업자인 주택임대사업자 등록절차를 안내해주는 것이 좋다. 주택임대사업자등록에는 주택임대차 표준계약서를 요구하기 때문에, 매수인에게 이 부분도 고지해주어야 한다.

초보공인중개사의 문의 내용으로 투룸을 계약했는데 금액이 적다 보니 확인·설명서도 작성하지 않았고 계약서만 썼다고 한다. 그런데 임차인이 이사 후 얼마 있다가 매트리스가 없다고 항의해온 것이었다. 옆집에 가서 보니 매트리스가 있는데 자신의 방만 매트리스가 없다는 이야기였다. 기본 시설물로 배정이 되었는데 임대인은 이 사실을 모르고 있었다. 임차인이 이를 임대인에게 전달했음에도 매트리스를 해줄 의지가 전혀 없었다. 그러자 임차인은 확인·설명서 미발행을 빌미로 고발하겠다고 으름장을 놓았다. 확인·설명서 미발행은 영업정지 처분을 받을 수 있는 중대 사안으로 공인중개사 역시 좌불안석이었다.

필자는 이 상황에서 조정이 안 되면 공인중개사가 사비로라도 매트리스를 장만해주라고 권할 수밖에 없었다. 사달은 이미 벌어졌고 이 경우 가장 좋은 방법으로 상황을 정리해야 한다. 초보공인중개사는 최초에 확인을 제대로 못 한 것과 확인·설명서를 발행하지 않은 두 가지 과실이 초래한 결과로부터 귀중한 경험을 했을 것이다.

원룸의 경우 기본 관리비와 주차비에 대한 문의도 끊이지 않는다. 강남의 역삼역 인근에는 기본 관리비가 7~10만 원에 달하는 곳도 많다. 전기요금, 가스요금은 사용자 부담으로 하고 수도요금은 공동으로 해서 기본 관리비 10만 원에 포함시키는 곳도 많다. 주차비도 상상 외로 비싼 곳들이 많다. 임차인 입장에서는 적지 않은 돈이기 때문에 임대차계약 시 고지하지 않으면 이후에 반복적으로 고객 불만에 시달리게 된다.

잔금 이전에 입주 불허 고지하기

원룸과 오피스텔 잔금 납부 시에는 공인중개사가 반드시 임대인과 동행해서 이삿짐이 내려오는 상태에서 물건의 파손이 없는지 확인하는 것이 좋다. 떠나고 난 후에 하자 부분을 아무리 이야기해도 답을 찾기 어렵다. 가능하면 잔금 정리를 하고 이삿짐을 올리도록 미리 시간을 당부해야 한다. 잔금 전에 이삿짐부터 올리고 보면 나중에 잔금 정리가 안 되어 공인중개사만 곤란해지는 경우가 생긴다. 공인중개사는 절대로 "내가 책임지겠습니다"라는 말을 하면 안 된다.

한 초보공인중개사가 잔금 전에 열쇠를 달라는 임차인에게 열쇠를 주어 곤욕을 치른 이야기를 전해주었다. "중개보수를 20만 원 더 드리겠습니다"라는 말에 마음이 흔들린 공인중개사는 자신이 책임지겠다며 임대인에게 열쇠를 받아 임차인을 들였다. 그런데 임차인은 짐을 들이고 감감무소식으로 연락이 없었다. 그렇게 몇 달이 흘러 임대료가 밀리고 결국 보증금까지 까먹은 상황이 됐다. 그런데도 임차인은 짐을 뺄 생각도 없이 뻔뻔한 태도를 보였다. 나중에는 "200만 원만 주면 어디 가서 방을 좀 구할 수 있겠는데요"라며 이사비용을 요구했다.

법대로 임차료를 내지 않는 임차인을 내보내기 위해서는 임대물 반환 소송을 해야 하고 시간도 몇 개월이나 걸린다. 이를 알고 있는 임차인은 몇 개월을 그냥 살고 돈까지 받아서 나가려고 하는 것이었다. 이러한 악덕 임차인에게 속지 않기 위해서는 공인중개사가 원칙대로 중개하는 것 외에 다른 방법이 없다.

임차인의 대위계약서 요청

대위계약은 제삼자가 다른 사람의 법률적 지위를 대신해 그 권리를 행사하는 것을 말한다. 예를 들면 과거 필자가 학원을 운영하는 학원 원장이 강사에게 전세를 얻어주는데 보증금은 원장이 내고 임차인은 강사의 이름으로 계약한 사례다. 보증금 2,000만 원 단위에 월세는 30만 원 단위로 보증금과 임차료를 원장이 내고 선생님이 입주하는 상황이었다. 학원 원장은 보증금을 걱정하며 월세 계약을 자신의 명의로 해줄 것을 요구했다. 이때 임차인을 학원 원장의 이름으로 해주어도 될까? 정답은 실제 거주를 하는 사람을 임차인으로 해야 한다는 것이다.

'주택임대차보호법'에 의하면 주민등록 이전(전입신고)을 하고 확정일자를 받은 상태의 세입자를 보호해주게 되어 있다. 일례로 경매에서 대항력 있는 임차인은 낙찰자에게 계약 기간에 거주할 권리와 계약 기간 만료 후 보증금 전액을 보호받을 권리를 갖는다. '주택임대차보호법' 제3조에서는, 등기가 없는 경우에도 임차인이 주택의 인도와 주민등록을 마친 다음 날부터 제삼자에 대해 자기의 임차권을 주장할 수 있는 대항력이 생긴다고 명시하고 있다. 다만, 경매에서 대항력 요건은 말소기준등기보다 기산일이 빠른 경우에만 한하기 때문에 등기사항전부증명서에서 선순위 외 근저당의 존재 여부를 잘 확인해야 한다.

어쨌든 임대차계약을 통해 '주택임대차보호법'의 보호를 받기 위해서는 당사자 전입신고를 하고 거주하고 있어야 한다. 따라서 계약서의 임차인은 실제 거주자로 하는 것이 옳다. 다만, 돈을 지불하는 사람이 다른 경우에는 특약으로 '본 계약이 종료됐을 시, 보증금은 학원 원장 (   )에게 반환한다'라는 내용을 넣으면 된다.

반려동물이
문제로다

주택임대차계약을 할 때는 임차인에게 반려동물이 있는지, 임대인은 반려동물을 허용할 것인지 등을 미리 알아두면 좋다. 기껏 임대차계약을 해놓았는데, 반려동물 반입으로 임대인과 임차인 간에 다툼이 벌어지는 경우도 자주 발생하기 때문이다. 필자도 경험한 사례로, 이 문제 때문에 계속 거래하던 다가구주택 임대인과 거래가 끊기고 말았다.

사연은 이러하다. 다가구주택 임대차계약을 많이 중개해준 여성 단골손님이 있었다. 이분은 동물을 싫어해서, 개 짖는 소리에도 민감하고 냄새도 질색한다. 임대물건을 의뢰할 때 아예 반려동물은 안 된다고 못을 박을 정도다. 그런데 중개사무소 실장이 이 사항을 고려하지 않고 어느 임차인과 계약을 했다. 필자는 잔금을 치를 때가 되어서야 임차인에게 반려견 한 마리가 있다는 사실을 알게 되었다.

부랴부랴 임차인에게 연락했다. 임대인이 반려동물을 싫어하니 친구나 지인의 집에 반려견을 맡겼다가 이사하고 며칠 후에 데려가는 것이 어떠냐고 제안했다. 임차인은 결국 응해 주었다. 그런데 일주일 후 임차인이 반려견을 들여오자마자 임대인이 그 사실을 알고 화를 내며 따진 것이다. 그런데 순진한 임차인 아가씨가 '부동산 중개사무소에서 이사하고 일주일 후에 데리고 들어가라고 했습니다'라고 이실직고하는 바람에 고자질 아닌 고자질이 되고 말았다.

임대인은 당장 필자의 중개사무소에 찾아와서 노발대발하며 화를 참지 못한다. 어쩌겠는가. 그저 숨죽이고 죄송합니다, 하고 반복할 수밖에. 그러나 수습은 하지 못했고, 이후로 그 건물의 임대 의뢰는 받을 수 없었다. 나중에 임차인 아가씨도 중도에 다른 집으로 옮겨 주었다.

반려동물로 인한 법정 다툼도 심심치 않게 일어나기 때문에, 공인중개사는 임대인의 성향을 미리 파악해서 계약할 때 신중히 처리해야 한다.

전원주택
계약의 기술

부 동 산 계 약 의 기 술

전원주택(지)
매매계약서 작성

필자는 공인중개사로서 토지 거래 중개영업을 하면서 전원주택과 별장에 관심을 둔다. 의뢰인의 물건을 현장에서 꼼꼼히 분석해 컨설팅 자료를 작성하고 매수 의뢰인에게 제시하고 있다. 이 과정에서 양측의 입장을 고려해 적정 가격을 절충하고 거래를 성사시키고 있다. 매수자에게는 전원생활에 대한 희망의 메시지를 전하고 있다.

여기에서는 수도권 출퇴근이 가능한 지역의 한 필지에 대한 컨설팅 자료와 거래 사례를 소개하고자 한다. 전원주택지는 다양성이 많아 최적의 주인을 찾기가 쉽지 않으며, 가격 산정도 매우 어려운 분야다.

전원주택 매매계약서 쓰기 : 진입 도로와 주변 환경을 점검하라

정원과 환경 등 기본사항을 확인하라

기존 전원주택을 매매할 때 수목과 담장 등 정원의 소유권에 관한 사항을 특약으로 명확히 기재해야 한다. 15년 전, 용인의 한 전원주택을 7억 5,000만 원에서 절충해서 7억 원에 매매한 적이 있다. 당시 조각상, 정원수, 그리고 원두막이 매매가에 포함된다고 생각해 특약으로 기록하지 않았는데, 잔금을 치르고 확인해보니 원두막이 사라져 있었다. 매도인은 매매가에 포함되지 않았다고 주장했고, 매수인은 원두막이 없어졌다고 항의했다. 결국 감가상각을 고려해 250여만 원을 부담해 새로 하나 사주게 되었다. 이런 일을 방지하려면 정원과 그 밖의 품목도 세세히 특약으로 기록해야 한다.

환경 역시 있는 그대로 체크해야 한다. 전원주택 매입 후 "주변 묘지 때문에 잠을 이루지 못하겠다"라고 항의하는 매수인을 만난 적이 있다. 몇 번씩 임장을 갔을 때는 "산수가 좋다"라고 했는데 이사 후 묘지가 더 크게 눈에 들어온 모양이었다. 요즘은 확인·설명서에 혐오시설을 표기하는 부분도 있다. 보통 전기시설이나 고물상 등을 체크했는데, 전원주택의 경우 반경 1km 이내의 혐오시설은 물론, 묘지도 있다면 표기해두는 것이 좋다.

전원주택 매매계약서 쓰기

전원주택은 아파트처럼 동일 부동산이 다수 있는 상품이 아니다. 따라서 개별적으로 확인해야 할 것들이 많다. 교통과 학군, 용적률과 건폐율 등 정보를 공부와 임장 활동을 참고해 세세히 기록해야 한다.

사진을 포함한 물건 현 상태의 현황을 작성해 매수인에게 브리핑하고 출력해주면 이후에 매수인이 이사한 후 적응하는 데 큰 도움이 된다. 물건 현황은 관련 공부 등을 출력해 놓고 이를 바탕으로 계약서에 작성해 넣는다. 특약사항으로는 전원주택 외 부가 인수 품목과 전기와 수도 등 시설 미완 사항도 기록해야 한다.

전원주택지 매매계약서 쓰기 : 진입도로와 건축 가능 여부를 확인하라

전원주택지에 전원주택을 짓는 과정은
① 도로문제 검토 → ② 용도지역 검토 → ③ 계약서작성 → ④ 개발계획 착수 → ⑤ 건축 설계 → ⑥ 전원주택 완성 → ⑦ 보존등기로 진행된다.
전원주택지 매매에서는 위와 같이 7단계의 절차를 검토해야 한다.

전원주택(지) 매매계약서 현황 자료

⊗ 위 45-5번지는 주거하고 있는 전원주택
⊗ 아래 45-6번지 필지에 대하여
   매수의뢰인 부부와 현장안내

토목공사 완료 분할된 45-6번지 필지
즉시 건축가능

45-6번지(임) 택지로 개발된 필지(현재경작)

토지이용계획 확인서

소재지	도 시 군 면 리 번 지				
매매 희망금액	1억 5,000만 원	대지	5166㎡	입지 분석	
융자	채권최고 6,000만 원	연건평		입지성	본 전원주택지는 서울 출퇴근 1시간 이내 교통 편리(강남역 35km) 전형적인 전원주택단지로 각광받는 서울 외곽 남양주시 지역임.
교통	덕소역 15분(차량)	층수	2층 가능		
도로	6m(일반도로)	난방	개별 가스		
초등	덕소초	전기	심야 전기		
중학	덕소중	음용수	지하수	지역 생활	자연녹지지역으로 수려한 자연환경 근거리에 자연취락지역 마을 있음.
고등	남양고	용도지역	자연 녹지		
건폐율	20%	용도지구	취락 지구	건물 현황	본인 취향에 맞는 즉시 건축 가능
용적율	80%				
매매절충 가격	1억 원			기대 이익	인근 10km 이내까지 아파트 개발 도시지역 내 주택지로 지가상승

본 필지의 석축 축대 높이는 약 1.5m이며, 아래 필지와 위 필지의 진입로는 복토가 가능하다. 본 필지 입구의 전후좌우 토지 지형을 고려할 때, 향후 전원주택단지로 형성될 가능성이 있다. 전체 약 20세대의 마을이 형성될 것으로 전망된다. 인접 토지 등에는 야채 경작이 가능한 토지가 많다.

현장임장 활동

진입도로를 검토(현황도로 사도임)

매수인 직접 현장 확인

(주) 공인중개사는 현장 임장 활동을 통해 물건 상태를 확인해야 한다.

물건의 권리분석을 위해 열람해야하는 공적서류

① 토지이용계획확인서 : 그 토지의 공법의 적용현황을 한눈에 파악이 가능하다.
   즉, 개발가능한지 건폐율, 용적률 등 제한사항을 파악해야 한다.
② 등기사항전부증명서(건물+토지) : 그 토지의 소유권자와 소유권 이외의 담보권을 확인한다.
③ 토지대장 : 그 목적물의 토지 면적을 정확히 파악한다. 등기사항전부증명서의 면적과 토지대장상의 면적이 상이한 경우에 그 사유를 밝힌다.
④ 건축물관리대장 : 건축물이 있다면 그 건축물의 상세내역을 파악하며, 불법건축물이 있다면 그 내용을 파악하며 사유를 밝힌다.
⑤ 토지 형질변경의 허가서류를 파악하며, 개발 부담금 납부 및 농지 전용부담금 납부 내역을 확인한다.
⑥ 진입도로(연접된 토지 등기사항전부증명서) : 진입도로가 사도인지를 확인하고, 사도이며 현황도로라면 건축이 가능한지, 차후에 사도에 지료청구가 있는지 책임소재를 정확하게 파악해야 한다.
⑦ 경계좌표등록부 : 구획정리가 완료된 토지에는 경계좌표등록부도 확인한다.

추가 검토사항

① 인접 거주 주민과 대화를 통해 지역의 민원사항 문제점이 있는지 검토
② 교통여건과 생활편의시설(학교, 시장, 병원, 주민자치센터, 금융기관) 등 파악
③ 교외의 전원주택생활 여건상 위해시설 등과 묘지가 다수 있음을 인지시키고 계약서에 특약하며
　전기, 가스, 음용수에 관한 합의 특약도 한다.

㈜ 건축이 가능한지는 각종 서류를 열람하고 증빙서류를 준비해, 행정관청을 자주 방문해 모르는 사항은 직접 물
어봐야 한다.

가격협상

1. 인접 필지 비교사례가격 확인	건축해 2년 전 입주한 45-5번 필지 3.3㎡당 100만 원 거래했다고 거주 주민 확인 현재 3.3㎡당 130만 원 원함.
2. 연접 필지 감정가격 확인	본 필지에 연접한 45-7번지 필지가 경매 진행 2013년 11월 낙찰 매각됨. 감정가격 3.3㎡당 100만 원 낙찰가격 3.3㎡당 80만 원
3. 매도인의 희망가격	3.3㎡당 / 100만 원 원함.= 1억 5,000만 원에 매도 희망 [가격 절충] ① 진입도로 타인 현황도로 ② 도로사용 승낙서 없음, 지료청구 여지 있음. ③ 도로에서 1.5m 낮음 = 복토 비용 소요 ④ 음용수(지하수 투공 비용소요)
4. 매수인의 희망가격	3.3㎡ 당 / 70 만원 원함. = 1억 원에 매수 희망 [조건] 위 ① ② ③ ④ 사항 전부 매수인 본인 책임조건으로 가격 절충 요함.
5. 최종 합의가격	매도자가 위 사항을 수용해 사업상 처분해야 할 입장이라 1억 500만 원에 승낙함. 주 : 매도자가 8년 전 분양받았으며 공시지가가 1억 1,300만 원이라 양도소득세 없음.

전원주택지 매매계약서

매도인과 매수인 쌍방은 아래 표시 부동산에 관하여 다음 계약 내용과 같이 매매계약을 체결한다.

1. 부동산의 표시

소재지	○○도 ○○면 ○○리 ○○번지		
토 지	지 목 잡종지	면 적	745㎡

2. 계약 내용

제1조(목적) 위 부동산의 매매에 대하여 매도인과 매수인은 합의에 의하여 매매대금을 다음과 같이 지불하기로 한다.

매매대금	금 이억이천만원정 (₩220,000,000)	
계 약 금	금 이천만원정 (₩20,000,000)	은 계약 시에 지불하고 영수함. 영수자 (㊞)
중 도 금	금 팔천만원정 (₩80,000,000)	20××년 ××월 ××일에 지불한다.
잔 금	금 일억일천만원정 (₩110,000,000)	20××년 ××월 ××일에 지불한다.
융 자 금	금 농협 채권최고액 육천만원정은 승계(특약사항에 별도 명시)한다.	

제2조(소유권 이전 등) 매도인은 매매대금의 잔금 수령과 동시에 매수인에게 소유권이전등기에 필요한 모든 서류를 교부하고 위 부동산을 인도하여야 한다.

제3조(제한물권 등의 소멸) 매도인은 위의 부동산에 설정된 저당권, 지상권, 임차권 등 소유권의 행사를 제한하는 사유가 있거나, 제세공과금 기타 부담금의 미납금 등이 있을 때에는 잔금 수수일까지 그 권리의 하자 및 부담 등을 제거하여 완전한 소유권을 매수인에게 이전한다. 다만, 승계하기로 합의하는 권리 및 금액은 그러하지 아니하다.

제4조(지방세 등) 위 부동산에 관하여 발생한 수익의 귀속과 제세공과금 등의 부담은 위 부동산의 인도일을 기준으로 하되, 지방세의 납부의무 및 납부책임은 지방세법의 규정에 의한다.

제5조(계약의 해제) 매수인이 매도인에게 중도금(중도금이 없을 때는 잔금)을 지불하기 전까지 매도인은 계약금의 배액을 상환하고, 매수인은 계약금을 포기하고 본 계약을 해제할 수 있다.

제6조(채무불이행과 손해배상의 예정) 매도인 또는 매수인이 본 계약상의 내용에 대하여 불이행이 있을 경우 그 상대방은 불이행한 자에 대하여 서면으로 최고하고 계약을 해제할 수 있다. 그리고 계약 당사자는 계약 해제에 따른 손해배상을 각각 상대방에게 청구할 수 있으며, 손해배상에 대하여 별도의 약정이 없는 한 계약금을 손해배상의 기준으로 본다.

【특약사항】

1. 본 토지 매매계약은 양 당사자가 토지이용계획확인서, 등기사항전부증명서, 건축물관리대장, 토지대장, 지적도 확인 및 토지경계현황을 밟아보고 계약 서명, 날인한다.
2. 농협 채권최고액 6,000만 원은 매수자가 승계받기로 하고 잔금일 기준 정산한다.
3. 본 토지에 건축 시 진입로(○○번지)는 행정관청에 매수자가 확인하고 진입로 지분(30㎡)은 별도 500만 원에 계약한다.
4. 현 토지 위 정착물(컨테이너 2점)과 경작물(배추, 무)은 매도자가 잔금 시까지 정리해주기로 하며 미정리 시는 매매대금에 포함하기로 매도인은 확인하고 계약 서명, 날인한다.
5. 본 계약은 매수인이 토지거래허가 및 농지자격취득이 불가 시에는 계약금을 반환하고 조건 없이 해약하기로 한다.
6. 본 계약은 양 당사자가 위 특약사항과 확인설명서를 읽고 듣고 계약 서명, 날인한다.

첨부: 토지이용계획확인서, 등기사항전부증명서, 건축물관리대장, 토지대장, 지적도

본 계약을 증명하기 위하여 계약 당사자가 이의 없음을 확인하고 각각 서명·날인 후 매도인, 매수인, 공인중개사는 매장마다 간인하여야 하며, 각 1통씩 보관한다.　　　　(계약금 일부를 미리 입금했다면 입금한 날짜를 기재합니다)　　년　月　일

매도인	주　소	[도로명 주소를 기재합니다]					
	주민등록번호		신분증 확인	전 화		성 명	㊞
	대 리 인	주소		주민등록번호		성 명	
매수인	주　소	[도로명 주소를 기재합니다]					
	주민등록번호		신분증 확인	전 화		성 명	㊞
	대 리 인	주소		주민등록번호		성 명	
공인중개사	사무소소재지			사무소소재지			
	사무소명칭			사무소명칭			
	대 표	서명·날인	㊞	서명·날인			㊞
	등록번호		전화	등록번호		전 화	
	소속공인중개사	서명·날인	㊞	서명·날인			㊞

● 확인설명서는 주거용으로 한다.

전원주택(지) 중개 시 검토사항

① 진입도로 정확히 검토 : 인접필지, 도로 전부 등기사항전부증명서를 발행해 확인한다. 기존 도로를 확인하고 사도 여부와 사용료(지료) 등도 확인한다. 개발지라면 지분권자 동의서 등이 필요 여부를 체크한다.

② 무허가 건축물(점유권 유치권) 확인, 적치물(컨테이너 등)

③ 현 경작물 처리 확인(농작물 10cm 이상은 현 소유주 사용수익, 특약에 명확히 해둘 것)

④ 비선호시설(묘지, 쓰레기매립지, 고압선, 계사, 우사 등) 확인

　　* 급매물은 이유를 계약서 뒷면에 기록 매수자, 임차인 서명을 받을 것

　　* 고압선 선하지역 구분 : 비오는 날에는 라디오 잡음이 있음.

⑤ 성토 토지(5년간 기록) 확인, 건축 문제 확인(지반 연약 여부)

⑥ 도시계획 또는 도로 확장계획 확인(완충지역 여부)

⑦ 일조권 확인(북향이 유리한 조건)

⑧ 비닐하우스(음식점, 농작물) 임대차인 경우 기간 종료 후 철거 이행각서 공증 또는 제소 전 화해조서

⑨ 경계측량을 소유자에게 권유해 측량 후에 계약 처리

　　• 계약 시 등기사항전부증명서와 토지대장 일치 여부

　　• 경계확정측량 도면 첨부

　　• 특약사항에 상이 면적 가감기록으로 대금 정산(중도금 시까지 경계측량 확인)

　　• 등기사항전부증명서(토지대장) 필지 일괄계약이 좋음.

　　• 법면도 면적에 포함

⑩ 토지 임대차계약이 있다면 첨부

⑪ 토지 형질변경이 있다면 서류와 농지전용허가 비용 영수증(농어촌공사 납부)

⑫ 토목공사 준공 완료한 필지 거래함이 좋으며 토목공사 진행중인 토지라면 준공과 동시에 잔금 처리함이 좋다. 전원주택지 진입도로(예시 현장중개실무 사례 참조)

⑬ 토지거래허가 및 농지자격 취득 매수자 불가능 시에 계약금 반환하고 조건 없이 해약

⑭ 주말농장 취득 시 유의점과 관리

주의 : 임장 활동 시에 가능하면 SUV차량으로 안내

　　　　• 도로상태 확인(요역지와 승역지)

- 출퇴근 시 교통체증 확인 안내
- 거리개념과 시간개념을 고려

전원주택(지) 물건 현황

개발주택지의 함정

1. 급매물이 싼 것은 이유가 있다.
2. 진입도로 지분에도 함정이 있다.
3. 가능한 진입도로를 찾아보자.

1. 토지이용계획확인서 2. 지적도 3. 토지대장 4. 건축물관리대장
5. 등기사항전부증명서 6. 건축물도면 7. 토지형질변경서류

물건(토지) 컨설팅 현황 자료

1. 물건 개요

소재지	도 시 구 면 리 번지		
잡종지	745㎡	건물명	적재물 : 컨테이너 2점 있음.
연면석	㎡	현토지	배추 경작 중(약 20cm)
융자금	농협 채권최고액 6,000만 원	교통	전대역 6km 마을 버스정류소
층수	2층 가능	도로사항	6m 일반도로
건폐율	40%	진입도로	4m(지분등기 사용승낙 힘듦)
용적율	80%	주용도	단독주택지
개발부담금	650만 원 납입/환급 받음.	기타	건축허가 2년 경과로 취소 상태

2. 매매 희망가격

주의 : 매수자 융자 개별 검토 * 최초 분양가 3억 원이었음.

매매가격 하한선(절충 가능성)		실 인수금액 :		만 원
매매희망가	2억 5,000만 원	보증금인계 시		만 원
절충가격	2억 1,000만 원	보증금 + 융자승계 시		만 원
최종예정가능가격	억 원	보증금 + 융자승계 시	억	만 원

3. 입지분석

입지성	본 대상지는 용인 에버랜드 후문에 위치한 전원주택단지 용지로 쾌적성을 유지함. 분당 47번 국도 확장으로 20분 거리에 위치함.	향후 도로확장 및 전원단지로 전망 양호 전대역 10분(차량)
지역생활	본 대상지는 자연녹지지역임.	마을입구 취락지역임.
건물현황	2005년 형질 변경, 단독주택 허가 득했으나 미건축으로 건축허가 취소상태임.	현재 자연녹지지역으로 전원주택 건축 최적이나 진입도로 문제 있음.

전원주택(지) 매매계약서 특약사항 모음

[특약사항 기본]

① 본 매매계약은 양 당사자가 토지이용계획확인서, 등기사항전부증명서, 건축물관리대장, 토지대장, 지적도, 평면도 확인 및 물건 현 상태를 육안으로 확인하고 계약 서명, 날인한다.

② 등기사항전부증명서상 (   )은행 채권최고액 (   )만 원은 중도금 시 은행에 동행해 상환 말소하기로 한다.

③ 현 임대차계약금(보증금 ○억 원, 기간 20   년   월   일 종료)은 매수자가 승계받기로 하고 잔금일 기준으로 정산한다.

④ 조경물 및 원두막(사진 첨부)은 매매대금에 포함하기로 한다.

⑤ 기본 시설물 외 설치한 붙박이장(2점), 샹들리에, 도어록, 가스레인지, 비데는 매매대금에 포함한다.

⑥ 본 계약은 양 당사자가 위 특약사항과 확인설명서를 읽고 듣고 계약 서명, 날인한다.

[추가 선택 특약사항]

⑦ 매도자는 잔금 시 현 임차인의 퇴거를 책임지기로 하고 미이행 시에는 손해배상금으로 (   )만 원을 잔금에서 공제한다.

⑧ 매도자는 본 물건 등기사항전부증명서상 권리(압류, 가압류, 가등기, 가처분 등)를 중도금 시까지 정리해주기로 한다.

⑨ 본 건물의 증축 확장 부분과 건축물관리대장상 두 칸이나 네 칸으로 분리 주거시설 설치해 임대차 하고 있음을 매수인은 확인하고 계약 서명, 날인한다.

⑩ 본 소유권자와 통화 승낙하에 처 (   )와의 계약이며 대금은 소유권자 (   )의 (   ) 은행   -   -   계좌로 입금하고 20   년   월   일 소유권자가 추인하기로 한다.

⑪ 본 계약은 (   )은행   -   -   계좌로 입금하며 잔금일 소유권자는 직접 참석하에 동시 이행으로 잔금 정리한다.

⑫ 본 계약은 소유권자가 영주권자로 통화 승낙하에 해외거주사실확인서와 위임장을 첨부한 대리인 (   )와 계약하며 대금은 소유권자 (   )의 (   )은행   -   -   계좌로 입금한다.

⑬ 본 계약은 공동소유권자 물건으로 위임장을 첨부한 1/2 소유권자인 (   )와 계약하며 1/2 소 유권자 (   )와 통화 승낙하에 계약하며 대금은 1/2씩 공동소유권자 계좌로 입금한다.

⑭ 매수자는 중도금 지급일은 20   년   월   일 지급하며 중도금 지급날짜 전에 지급하지 않기로 한다.

⑮ 본 매매계약은 (   )신탁관리 회사의 신탁관리 물건으로 신탁관리 회사의 승낙하에 매매하며 신탁관리 계좌 (   )은행   -   -   (   )신탁관리 회사로 대금을 입금하기로 한다.

⑯ 본 계약의 계약금 (   )만 원 중 (   )만 원 계약 시 지급하며 (   )만 원은 20   년 월   일 지급하기로 하고, 매수인이 미지급 시에는 기지급한 (   )만 원은 위약금으로 반환받 지 않기로 하며 조건 없이 해약하기로 한다.

⑰ 본 매매계약은 매수인의 사정에 의해 중도금 시에 매수인이 지정하는 자에게 매도인은 잔금과 동 시에 명의 이전해주기로 한다.

⑱ 양 당사자는 잔금일(이사날짜)은 상호 협의가 가능 시에 날짜를 조정할 수 있다.

축대가
무너졌어요

　어느 지역에서 개발 중인 전원주택지의 축대가 무너져내렸다는 소식을 들었다. 과거에도 그 근처를 지나다니며 '축대를 저렇게 높이 쌓는데 왜 기초공사를 부실하게 할까?' 의아하게 여겼던 곳이다. 개발업자는 이미 부도가 나서 몇 년째 공사가 중단된 상태이고, 경매가 진행 중이라는 소문만 무성하다.

개발되고 있는 전원주택단지

　필자가 공동 중개한 전원주택지에서도 비슷한 일이 있었다. 잔금까지 치르고 계약을 마쳤는데, 2년 후 축대가 무너지고 말았다. 다행히 매수자는 해당 토지에 집을 짓지 않아서 큰 피해는 없었지만, 대신 하자담보책임 내용증명을 보내왔다. 공인중개사가 이러한 사항을 자세히 설명하지 않았다며, 축대를 새로 쌓기 위한 비용 550만 원을 청구한 것이다. 당시 필자는 계약서에 '석축과 토지 상태를 밟아보고 확인한 후 계약 서명·날인한다'라는 특약을 넣은 바 있다. 그래도 매수자는 아우성이었다.

전원주택개발업자는 이미 사업에서 손을 뗀 상태라, 결국 당시에 전원주택지 개발·분양에서 맺은 인연을 통해 인부를 동원해 축대를 원상회복해주었다. 매수자는 몇 년간 집을 짓지 않았고 미국 교환교수로 가는 바람에 필자가 좋은 가격으로 매도를 해주었다. 이에 공인중개사는 임장 활동 시에 토지 경계 상태를 직접 밟아보고 특히 축대 조성 부분은 더욱 그 상태를 확인해야 한다.

전원주택 임대차계약서 작성

전원주택 임대차계약서

전원주택 임대차계약서

☑ 전세   ☐ 월세

임대인과 임차인 쌍방은 아래 표시 부동산에 관하여 다음 계약 내용과 같이 임대차계약을 체결한다.

1. 부동산의 표시

소 재 지	○○도 ○○시 ○○읍 ○○번지			
토 지	지 목	대	면 적	516㎡
건 물	구조·용도	콘크리트/주거용	면 적	216㎡
임대할 부분	주택 및 정자 전체			

2. 계약내용

제1조(목적) 위 부동산의 임대차에 한하여 임대인과 임차인은 합의에 의하여 임차보증금 및 차임을 다음과 같이 지불하기로 한다.

보 증 금	금 이억원정(₩200,000,000)
계 약 금	금 이천만원(₩20,000,000)정은 계약 시에 지불하고 영수함. 영수자 (⑩)
중 도 금	금 원정은 년 월 일에 지불하며
잔 금	금 일억팔천원(₩180,000,000)정은 20××년 ××월 ××일에 지불한다.
월 차 임	없음.

제2조(존속기간) 임대인은 위 부동산을 임대차 목적대로 사용·수익할 수 있는 상태로 20××년 ××월 ××일까지 임차인에게 인도하며, 임대차 기간은 인도일로부터 20××년 ××월 ××일까지로 한다.

제3조(용도변경 및 전대 등) 임차인은 임대인의 동의 없이 위 부동산의 용도나 구조를 변경하거나 전대·임차권 양도 또는 담보제공을 하지 못하며 임대차 목적 이외의 용도로 사용할 수 없다.

제4조(계약의 해지) 임차인이 계속하여 2회 이상 차임의 지급을 연체하거나 제3조를 위반하였을 때 임대인은 즉시 본 계약을 해지할 수 있다.

제5조(계약의 종료) 임대차계약이 종료된 경우에 임차인은 위 부동산을 원상으로 회복하여 임대인에게 반환한다. 이러한 경우 임대인은 보증금을 임차인에게 반환하고, 연체 임대료 또는 손해배상금이 있을 때는 이들을 제하고 그 잔액을 반환한다.

제6조(계약의 해제) 임차인이 임대인에게 중도금(중도금이 없을 때는 잔금)을 지불하기 전까지, 임대인은 계약금의 배액을 상환하고, 임차인은 계약금을 포기하고 이 계약을 해제할 수 있다.

제7조(채무불이행과 손해배상) 임대인 또는 임차인이 본 계약상의 내용에 대하여 불이행이 있을 경우 그 상대방은 불이행한 자에 대하여 서면으로 최고하고 계약을 해제할 수 있다. 그리고 계약 당사자는 계약해제에 따른 손해배상을 각각 상대방에 대하여 청구할 수 있다.

제8조(중개보수) 부동산 중개업자는 임대인과 임차인이 본 계약을 불이행함으로 인한 책임을 지지 않는다. 또한, 중개보수는 본 계약체결과 동시에 계약 당사자 쌍방이 각각 지불하며, 중개업자의 고의나 과실없이 본 계약이 무효·취소 또는 해약되어도 지급한다. 공동중개인 경우에 임대인과 임차인은 자신이 중개 의뢰한 중개업자에게 각각 중개보수를 지급한다(중개보수는 거래가액의 _____%로 한다).

제9조(중개대상물확인·설명서 교부 등) 중개업자는 중개대상물 확인·설명서를 작성하고 업무보증관계증서(공제증서 등) 사본을 첨부하여 _____년 _____월 _____일 거래 당사자 쌍방에게 교부한다.

특약사항

1. 본 임대차계약은 양 당사자가 등기사항전부증명서, 건축물관리대장, 토지대장, 평면도를 제시 및 확인하고, 물건 현 상태를 육안으로 확인하고 토지경계상태를 밟아본 후 계약 서명, 날인한다.
2. 융자금이 없으며, 잔금 시까지 추가 융자하지 않기로 한다.
3. 정자 및 텃밭은 임차인이 사용하고 기간 종료 시 반환하기로 한다.
4. 전기는 심야전기, 난방은 LPG 사용, 음용수는 지하수 상태임을 확인하고 계약한다.
5. 본 계약은 양 당사자가 위 특약사항과 확인설명서를 읽고, 듣고 계약 서명, 날인한다.

첨부 : 등기사항전부증명서(토지+건물), 건축물관리대장, 평면도

본 계약을 증명하기 위하여 계약 당사자가 이의 없음을 확인하고 각각 서명·날인 후 임대인, 임차인 및 공인중개사는 매장마다 간인하여야 하며, 각 1통씩 보관한다. (계약금 일부를 미리 입금했다면 입금한 날짜를 기재합니다)   년   월   일

임대인	주 소	[도로명 주소를 기재합니다]						인
	주민등록번호	신분증 확인		전 화		성 명		
	대 리 인	주 소		주민등록번호		성 명		
임차인	주 소	[도로명 주소를 기재합니다]						인
	주민등록번호	신분증 확인		전 화		성 명		
	대 리 인	주 소		주민등록번호		성 명		
공인중개사	사무소 소재지			사무소소재지				
	사무소 명칭			사무소명칭				
	대 표	서명·날인	인	서명·날인				인
	등 록 번 호		전화	등록번호		전 화		
	소속공인중개사	서명·날인	인	서명·날인				인

* 확인설명서는 주거용으로 작성한다.

실장님,
어디 계시나요?

어느 날 중년의 여성 손님이 중개사무소를 찾아왔다.

"사장님! 실장님 연락처를 좀 알려주세요!"

실장은 1년 전에 그만두었는데…. 고개를 갸웃하고 말이 없자 손님이 다시 독촉했다.

"작년에 저를 보신 적이 있잖아요? 그때 사장님이랑 같이 다른 중개사무소에 가서 계약하기로 했었는데, 진입도로 때문에 계약서에 도장을 안 찍고 잔금을 나중에 치르자고 말씀하셔서 전원주택지 계약을 못 했었어요."

손님이 들고 온 계약서를 살펴보니 기억이 났다. 같은 단지 아파트에 살며 부동산 중개사무소에서 다년간 일을 하신 남자분이 있었다. 지금 사는 아파트도 필자가 중개해준 인연이 있는데, 이분이 중개사무소 일을 구하고 있다기에 토지 담당 실장 일을 맡겼었다. 출퇴근도 자유롭게 하는 등 아주 '프리'한 조건의 계약이었다. 대신 중개계약 거래를 정확하게 시행하는 것을 원칙으로 하고, 성과급도 넉넉하게 주기로 했다. 실장은 계약 몇 건을 성공적으로 체결하는 등 잘 적응하고 있는 듯했다.
그러던 중, 방문한 여성 손님과 다른 중개사무소와 공동중개로 이 손님의 계약을 진행하게 되었다. 그런데 공동중개 사무소에 가서 중개 등록 도장을 찍으려고 보니, 진입도로 문제가 해결되지 않은 상태였다. 6개월 안에 개인 진입도로를 매입해 도로 사용 승낙서를 해주거나 아니면 그 토지를 사서 지분으로 분할 등기하겠다는 구두 약정만 있었다.

안 그래도 어려운 진입도로 문제에 구두 약정만 있다니, 고민할 필요가 있었다. 결국 필자는 잔금 일부를 도로가 정리된 후에 지급하라는 특약을 제시했고, 계약은 깨지고 말았다. 상대편 공인중개사는 걱정하지 말라, 자기가 책임지겠다고 호언장담했지만, 진입도로 때문에 여러 번 어려움을 겪은 필자로서는 다시 협의하라고 권유한 후 돌아올 수밖에 없었다. 이 사건 이후 실장은 의기소침해져 중개사무소와 겉돌기 시작했고, 결국 1년을 채운 뒤 헤어졌다.

그런데 이 여성 손님은 당시 상대편 사무소와 개업공인중개사인 필자 몰래 그 남자 실장의 책임진다는 말만 믿고 계약을 진행했다는 것이다. 도장을 찍고 진입도로 문제가 해결되기를 기다렸으나 차일피일 미루기를 10개월, 참다못해 찾아가 보니 그 중개사무소는 문을 닫았다고 한다. 그래서 필자의 중개사무소로 찾아와 당시 실장의 연락처를 물은 것이다.

개인 신상이라 함부로 알려줄 수 없다, 혹시 연락이 닿으면 손님 연락처를 알려드리겠다고 달래어 돌려보냈는데, 2주 후 손님이 다시 찾아왔다.

"집을 지으려면 진입도로 문제를 어떻게 해결해야 할까요?"
"계약을 진행한 분들과 연락이 닿지 않으신다면, 도로 진입 부분의 토지 소유자를 만나 사정을 알리고 일정한 지료를 내시는 조건으로 도로사용승낙서를 받으시는 것이 좋습니다. 아니면 진입도로로 쓸 토지를 매수하셔야 합니다."

결국 그 단지를 분양받은 사람들끼리 협의를 거쳐 일정한 금액을 각출해 진입로 부분 토지 소유자에게 지불하고 매입해 지분별 등기를 했다.

필자도 과거 전원주택 개발·분양 당시에 일부 토지(전)를 텃밭(약 20평)으로 포함해 매각했는데 특약으로 '매수인이 농지자격취득증명서(농취증)를 준비할 시 소유권 이전해주기로 한다'라고 합의했었다. 매수자가 서울에 거주하고 자녀 교육 등으로 농취증을 받지 못했으나 1년 후쯤 내용증명에 20평 부분 소유권 이전이 안 되니 손해배상 청구의 소를 변호사를 통해 제기했다. 필자는 1년 넘게 법원에 출석했고 결국 승소했다. 그러나 그동안의 정신적인 피로와 시간 낭비가 오히려 실익이 없다는 사실을 알았다. 만약 공인중개사가 이러한 소를 제기 받았다면 차라리 조정 판결로 합의를 빨리 끝내는 것이 바람직하다.

상가(건물)
계약의 기술

상가(건물)
매매계약서 작성

상가(건물) 현황 자료

소재지	도 시 구 동 번지 [ ] 빌딩.

관련 공부 열람 권리분석과 임장 활동

1. 토지이용계획확인서 2. 등기사항전부증명서(토지+건물) 3. 토지대장 4. 건축물관리대장 5. 지적도
6. 하자담보확인서 7. 물건 체크리스트 8. 식품접객 행정처분 확인서 및 각종 행정처분 내용
9. 영업자 지위승계확인서 10. 소유자(점유자)확인서 11. 공과금 정산내역서 12. 건물 배치도 및 건축 도면

상가와 건물을 위주로 거래하는 법인이나 공인중개사사무소는 물건에 대한 컨설팅 현황 자료를 만들어 고객에게 제시하고 브리핑한다. 그리고 전속컨설팅용역계약서를 체결해 중개 시 용역보수를 받는다. 용역보수는 부동산 중개업 중개보수의 규정에 포함되지 않는다. 법인은 용역의 대가를 받으며 부가세 신고를 하는 반면, 일반 개업공인중개사사무소는 일회성이 아닌 연속적으로 컨설팅 용역보수를 받을 경우를 대비해 부동산 컨설팅 사업자 등록을 하기도 한다.

또한 매수자가 상가에 대출을 받을 때 RTI(Rent To Interest), 즉 임대업이자상환비율에 따라 대출한도가 책정된다. RTI는 부동산 연간 임대소득을 해당 부동산 대출에서 발생하는 연간 이자비용으로 나눈 값으로 산정된다. 다시 말해서 임대소득이 많을수록, 이자비용이 적을수록 RTI가 높아진다. 상가와 오피스텔 등 비주택 임대업 대출은 RTI 1.5배 이상이어야 대출이 가능하다.

상가(건물) 매매 / 임대차 시 검토사항

매매 시

① 건축물관리대장상 용도 확인, 용도지역 확인, 면적 확인
② 불법, 위법 건축물 유무 확인, 계약서 특약 확인, 설명서
③ 인허가 등록 신고 업종 가능 여부(임차인 책임조항) / 승계 여부 확인
④ 직통계단(피난계단) 여부 확인(업종 면적에 따라)
⑤ 학교보건법상 정화구역 확인 및 청소년대상학원 입점 여부 확인
⑥ 정화조(건축물대장)용량 확인
⑦ 하수도 원인자부담금 발생 여부 확인
⑧ 소방시설/방염필증 구비 여부 확인
⑨ 다중시설 행정처분 확인(행정관청, 소방서, 경찰서)
⑩ 주차장 면적 적정 여부 확인
⑪ 전기용량(원인자 부담 / 임차인 부담) 확인
⑫ 사업 부동산(임대사업) 포괄 승계 여부 확인
⑬ 원인자 부담금, 수익자 부담금, 사용자 부담금 특약
⑭ 사업 부동산 포괄 양도양수 가능성

임대차 시

① 위 매매계약 시 해당사항 검토, 인허가 등록 신고사항 검토
② 임대인(소유권자) 승낙 여부, 현 임차인의 의사와 충돌
③ 용도변경 가능 여부(용도지역별 건축물 용도 제한)
　 각 시설군 용도변경 열람(1종, 2종 근생)
④ 위법 건축물 포함 시 등록 여부
⑤ 직통계단(학원 등 면적기준) 다중이용시설 해당 관청 확인
⑥ 하수처리구역(원인자 부담금)
⑦ 학교정화구역(절대정화구역 : 출입문 50m, 상대정화구역 : 담장 경계선 200m 이내)
⑧ 부가가치세(사치성, 카바레 등 중과업종), 건물주 재산세 중과

⑨ 사업용도 포괄 승계 가능성
⑩ 동일업종 입점 시 고려(관리규약, 관리규정, 상가번영회 등)

공인중개사 유의사항

① 사업 포괄(임대사업) 양도양수 계약 여부
   (건물분 부가세 매도인/매수인부담요건 등)
   신규분양 매수인 : 20일 이내 임대사업 신고
   기존건물 매수인 : 20일 이내 사업 부동산 일반 임대사업 신고
② 건물이 부가세 환급대상인지 아닌지(자가사업, 법인) 확인
③ 권리금 계약 시 동일업종 동일영업 ( )km 이내 하지 않기로 하는 특약

전속 매도 의뢰 컨설팅 용역계약서

본 전속 컨설팅 용역계약서는 아래 표시된 부동산 물건에 대하여 전속 컨설팅 용역계약을 체결하며, 상호 신뢰와 신의 성실에 의무를 다하기로 한다.

1. 부동산 컨설팅 의뢰인'갑' (   )는 수임자'을 (   )에게 다음과 같이 전속 컨설팅 용역을 의뢰한다.
2. 의뢰 부동산 중개사무소 : 서울   구   로   길 (-   번지   빌딩)
    ◑ 지목 : 대 면적 : 221.1㎡   ◑ 건물 연면적 : 373.72㎡ 부속시설 일체
3. 물건 용역 컨설팅 자료 만들기 및 매도 희망가격 : (   )억 원에 대한 컨설팅 자료용역에 대해 물건의 제반 공부열람 및 권리분석 컨설팅자료를 '갑'에게 제공한다.
4. 의뢰기간 : 본 계약체결일로부터 20 년   월 일까지 매도 컨설팅 용역 기간으로 정하고 계약 기간 만료 전에 '갑'이 '을'의 의사와 무관하게 위 물건이 용역계약 처리되었을 시에도 아래 약정한 전속 컨설팅 용역비 (   )만 원을 '을'에게[계약 시 : (   )만 원, 중도금 시 : (   )만 원, 잔금 시 (   )만 원을 지급하기로 하고 용역비 영수증을 발행한다.
5. 매도계약서에 의한 중개보수는 0.09%로 계산, 부가세를 포함해 (   )만 원을 개업공인중개사 (   )에게 지급하고 중개보수 영수증 발행하기로 한다.
6. '갑'은 위 물건에 대해 제반 서류(건물배치도, 임대차 현황 등)을 '을'에게 제공하며, '을'은 매주 (   )요일마다 진행사항을 '갑'에게 보고한다.
7. '갑'은 광고비 (   )만 원을 '을'에게 제공해 그 비용은 '을'이 성실하게 광고에 응하며 그 비용은 소멸하는 것으로 '갑'은 반환받지 않기로 한다.
8. '을'은 '갑'의 개인정보의 비밀유지 의무를 다한다.

20 년 월 일

■ 컨설팅 용역의뢰인
        주소 : 서울 구 로 길(동 - 번지)
        주민등록증번호 :   -   성명: (인)
        연락처 :   -   -

■ 컨설팅 용역수임인
        주소 : 서울 구 로 길 (동 - 번지)
        주민등록증번호 :   -   성 명: (인)
        연락처 :   -   -

■ 첨부 : 1. 건물배치도, 임대차 현황
        2.'갑'의 전속컨설팅 용역계약 위임용 인감증명서

우리나라의 중개업 보수는 순가중개를 허용하지 않는다. 그래서 토지, 공장, 창고, 상가, 건물 등을 중개할 때는 중개보수 외에 컨설팅 용역보수를 받는다. 그런데 위와 같이 용역계약서를 작성하지 않으면 가격 절충이나 계약 후 여러 변수로 인해 용역보수를 제대로 받지 못하는 경우가 허다하다.

따라서 위와 같이 컨설팅 용역보수 계약서를 작성하고 서로 이행하는 것이 좋다.

비주거용 하자담보 확인서

■ 소재지 : 서울 구 로 길 (동 – 번지 빌딩)

구분	확 인 내 용	있음	없음	현재 진행상태	참 고
1	매매 부동산에 대하여 소송 또는 경매 진행사항이 없는가?		*		
2	매매 부동산에 등기사항전부증명서에 권리를 주장하는 사람은 없는가? (유치권, 국세, 당해세 등)		*		
3	본 물건에 지반침하 또는 붕괴위험은 없는가? 중대한 누수문제는 없는가?	*		지하누수. 곰팡이	방수견적 요
4	불법 건축물로 인하여 행정처분 또는 처리명령/벌과금은 없는가?	*		1층 우측 주방확장	옥탑확장 : 유

민법 제 584조 매도인의 하자담보 책임규정에 의하여 계약일 현재 위와 같이 확인함.

토지, 상가, 공장, 창고, 음식점, 사무실, 기타 물건 체크리스트

순위	확인사항	현 상태	참 고 사 항	비고
1	진입도로 상태 : 1. 정상(∨) 2. 사도( )			
2	토지 지반 상태 : 1. 정상(∨) 2.성토( )			
3	담장경계 상태 : 1. 확실(∨) 2. 불확실( )			
4	주차장 상태 : 1. 유(∨) 2.무( )		1대 주차(음식점)	
5	건물 보존 상태 : 1. 신축( ) 2. 노후(∨)		1986년 건축	
6	화장실 상태: 1. 유(∨) 2. 간이화장실( )	층별	자체 관리	
7	음용수 : 1.수도(∨) 2.지하수( )	공동	공공사용분배	
8	전기 : 1. 전력(∨) 2.심야전기( )	3kw	개별계량기	
9	산업폐기물, 쓰레기 문제 : 1.유( ) 2.무(∨)			매도인 처리
10	비선호시설 : 1.유( ) 2.무(∨)		가스 : 개별사용	

주: 1. 창고용도의 건물에서 작업인원을 두고 물품을 제작(제조)은 법률적 제제를 받습니다.
　　　이는 임대인의 불이익에 해당될 수 있습니다.
　　2. 유흥주점, 무도장 등 계약 시에는 재산세 가산으로 분류될 수 있습니다.
　　3. 전기승압, 하수시설 증설 등의 문제를 특약사항으로 정해야 합니다.
　　4. 영업권은 승계(불승계)를 잘 선택해야 합니다.
　　5. 공장 매매, 임대차는 그 설치 기준 넘버를 확인해서 사전에 조율해야 합니다.

위와 같이 물건의 현 상태를 육안으로 확인하고 계약을 체결하며, 매매가격에 반영하여 계약서를 작성한다. 현장 임장 활동 시에는 소유권자로부터 하자담보 문제를 질문하고, 다음과 같이 물건의 현 상태를 체크리스트에 기록해 브리핑 시 설명하고 계약서 특약과 확인설명서 작성에 활용한다.

점유 임차인 현황 확인서

■ 부동산의 표시 : 서울 구 로 길 (동 - 빌딩)

매도인(임대인)은 매매 목적 부동산 물건에 대한 계약체결일 현재의 점유자 및 임대인 현황에 대하여 아래와 같이 고지하며 사실과 달라 매수인(인차인)이 계약 체결하면서 일어나는 손해에 대하여 배상책임을 지기로 확인합니다.

호수	임차인/점유자	보증금/월세	임차기간	연락처	계약서사본 첨부 여부	참고
1층	일반음식점	1억 원/ 660만 원	1년		사본 첨부	
2층	사무실	3,000만 원 / 660만 원	1년		사본 첨부	
3층	사무실					
4층	사무실	1,000만 원 / 120만 원	1년			
보증금 합계		1억 4,000만 원	차임 합계		1,440만 원(부가세 포함)	

위와 같이 매도인(임대인)이 확인합니다.

20 년 월 일

매도인 : (인) 연락처 :

[메모] 위 사항은 매도인이 제출한 임대차 사본 첨부

물건 현장 탐방을 통해 현 임대차 현황 자료를 만들어 매수하거나 임차하고자 하는 자에게 제시하고 확인·설명해야 한다. 왜냐하면 막상 계약서를 작성하고 중도금이나 잔금 시가 되면 엉뚱하게 보증금이나 차임이 적혀 있는 계약서를 제시하는 경우가 있기 때문이다. 권리금을 주고 들어가는 후임 임차인 역시 나중에 보니 그 건물에 보증금이 많이 있을 경우, 기간 종료 후 보증금 반환을 받을 때 문제가 발생한다. 영업 중도에 권리금을 받으며 새로운 임차인을 물색할 시에 건물 전체에 과다한 보증금으로 들어오기를 꺼리는 경우도 생긴다.

그렇다면 이를 중개하는 공인중개사는 위와 같이 점유 임차인의 내역을 만들어 제시하고, 계약서에 특약을 명시한다면 문제가 발생하지 않을 것이다.

물건 컨설팅 현황 자료

1. 물건 개요

소재지	서울 구 동 - 빌딩(근린생활시설)		
대지	221.1㎡	건물명	( )빌딩
건물연면적	373.72㎡	냉난방	도시가스 개별
보증금	1억 4,000만 원	용도지역	도시지역/제3종 일반주거
월임대료	1,440만 원	주차대수	1대
관리비	평당/1,000원	지역/지구	과밀억제권역 / 수도권정비지구
층수	지하 1층, 지상 4층, 옥탑	외벽	콘크리트조
준공연도	1986년	개별공시지가	11,100,000원
융자	채권최고액 30억 원	주용도	근린생활/상업
확장 부분 1층 약 25㎡	1층 99㎡	옥탑	13.17㎡ 연면적 제외

1층 : 보증금 1억 원, 차임 660만 원(부가세 포함), 전기/가스요금 개별부담

1층 : 수도/공동관리비 월 10만 원 책정 고정된 금액

2, 3, 4층 : 수도 공동관리비 5만 원 책정

2. 매매 희망가격(연필로 기재 수시 변동 참조)

매매가격 하한선(절충 가능성)		실인수금액 : 절충	
매매희망가격	40억 원	보증금 인계 시	38억 6,000만 원정
절충가격		보증금+융자승계 시	융자 12억 원 승계 시 26억 6,000만 원정
최종매매예정가능가격	계약가격	보증금+융자승계 시	합의 가격

주의 : 매수자 개별융자 검토, 개별 신용사회

3. 입지분석

입지	강남역 북쪽 국기원 산 아래 풍수지리학적으로 명당자리임.	양호한 지역
상권	강남역 50m근 접거리의 학원가에 위치함.	
건물 현황	2007년도 건축물로써 리모델링으로 전환하면 수익 극대화 가능	리모델링 대상 건물

위와 같이 물건의 현황 자료를 만들어 고객에게 브리핑하면서 그 물건의 장점을 잘 부각시키고, 장래의 가치에 공감을 얻을 수 있어야 계약이 이루어진다. 비록 오래된 건물일지라도, 위치의 장점과 리모델링 후의 미래가치를 함께 설명해야 한다.

상가 업종별 분류

1. 자유업종	판매업종점, 문구점, 의류점, 화장품점, 휴대폰, 편의점, 슈퍼마켓, 꽃집, 액세서리	완제품을 판매하는 업종
2. 신고업종	일반음식점, 휴게음식점, 일정 규모 당구장, 스크린골프장, 일정 규모 체육도장, 미용실 등	식품접객업
3. 등록업종	약국, 독서실, 노래연습실, PC방, 학원, 안경점, 공인중개사 사무소, 일정 규모 의원 등	유통 관련 업종
4. 허가업종	단란주점, 유흥주점, 성인오락실, 유료 직업소개소, 신용정보업 등	허가를 득해야 하는 업종

* 신고·등록·허가업종은 해당 법률 요건에 맞아야 하며, 불법/위법 건축물 부분이 있다면 원인 해소 가능성 등을 꼼꼼하게 따져 봐야 한다.
* 자유업종인 판매업 등은 비교적 일정 요건이 없다.
* 건축물관리대장상 업종 면적 제한 규정이 있으니 면밀히 검토해야 한다.

신고·등록·허가 사항 내용

신고업종	특정한 사실, 법률관계에 대해 행정관청에서 단순한 자료 파악에 그침.	일반제품 판매 휴게음식점(주류 판매금지)
등록업종	일정한 법률 요건에 증명이 행정관청에 필수 제출 요건에 맞아야 등록이 가능함.	등록요건에 맞는 업종
허가업종	법률적인 규제를 받는 영업업종으로 공익을 해칠 우려가 있는 경우를 검토해 허가함.	허가를 득해야 할 업종

상가 가치 분석 및 시세 파악 방법

구분	파악 방법	참고
1. 거래사례 비교법	일반적인 시세파악 방법으로 일정한 구역 또는 지역에 실제 거래된 물건에 비교해서 거래금액을 산정하는 방법으로 건물의 위치 내용연수 임대차 현황 등을 참작해 가격을 산정함. 소유권자의 의중이 많이 반영되기도 함.	주변 물건이 거래 또는 경매 처리 물건 비교 파악
2. 수익분석 환원법	순수한 수익률을 비교해 산정하는 방식으로 실제 현황파악이 힘들기도 함.	자본투자와 융자 금액을 적용
3. 원가법	주변 현 토지가격과 건물 신축가격을 혼합하고 일정한 이익을 더해서 산정하는 방식으로 실존 건물은 감가상각을 적용하기도 함.	신축,분양된 상가 적용
4. 감정평가 방식	공인된 감정평가기관에 의뢰해 가격을 산정하는 방식	공정성 확보

건물의 연 감가상각률(비교 분석 적용)

구분	내용연수	연 감가상각률	참고
철근 콘크리트조 건물	50년	1.6%	
철근콘크리리트조,석조, 목조 건물	40년	2%	
연와조(기와), 시멘트벽돌조, 황토조	30년	3%	
시멘트블록조, 경량철골조, 흑벽돌조	20년	4.5%	

주의 : 물건 보류 관리상태에 따라서 적용 범위 세분화 필요

부동산(상가) 매매계약서

매도인과 매수인 쌍방은 아래 표시 부동산에 관하여 다음 계약 내용과 같이 매매계약을 체결한다.

1. 부동산의 표시

소 재 지	○○도 ○○시 ○○구 ○○동 ○○번지 ○○빌딩					
토 지	지 목	대			면적	427㎡
건 물	구 조	철근콘크리트	용 도	근린생활	면적	654.5㎡

2. 계약 내용

제1조(목적) 위 부동산의 매매에 대하여 매도인과 매수인은 합의에 의하여 매매대금을 다음과 같이 지불하기로 한다.

매매대금	금 삼십일억원정(₩3,100,000,000)		
계 약 금	금 삼억원정(₩300,000,000)은 계약 시에 지불하고 영수함.	영수자(	본인 서명 ㊞)
중 도 금	금 원정은 20 년 월 일에 지불하며,		
잔 금	금 일십팔억원정(₩1,800,000,000)은 20××년 ××월 ××일에 지불한다.		
융 자 금	금 ○○은행 채권최고액 육억원정(₩600,000,000)은 승계(특약사항에 별도 명시)한다.		

제2조(소유권 이전 등) 매도인은 매매대금의 잔금 수령과 동시에 매수인에게 소유권이전등기에 필요한 모든 서류를 교부하고 위 부동산을 인도하여야 한다.

제3조(제한물권 등의 소멸) 매도인은 위의 부동산에 설정된 저당권, 지상권, 임차권 등 소유권의 행사를 제한하는 사유가 있거나, 제세공과금 기타 부담금의 미납금 등이 있을 때에는 잔금 수수일까지 그 권리의 하자 및 부담 등을 제거하여 완전한 소유권을 매수인에게 이전한다. 다만, 승계하기로 합의하는 권리 및 금액은 그러하지 아니하다.

제4조(지방세 등) 위 부동산에 관하여 발생한 수익의 귀속과 제세공과금 등의 부담은 위 부동산의 인도일을 기준으로 하되, 지방세의 납부의무 및 납부책임은 지방세법의 규정에 의한다.

제5조(계약의 해제) 매수인이 매도인에게 중도금(중도금이 없을 때는 잔금)을 지불하기 전까지 매도인은 계약금의 배액을 상환하고, 매수인은 계약금을 포기하고 본 계약을 해제할 수 있다.

제6조(채무불이행과 손해배상의 예정) 매도인 또는 매수인이 본 계약상의 내용에 대하여 불이행이 있을 경우 그 상대방은 불이행한 자에 대하여 서면으로 최고하고 계약을 해제할 수 있다. 그리고 계약 당사자는 계약 해제에 따른 손해배상을 각각 상대방에게 청구할 수 있으며, 손해배상에 대하여 별도의 약정이 없는 한 계약금을 손해배상의 기준으로 본다.

【특약사항】

1. 본 상가 매매계약은 양 당사자가 토지이용계획확인서, 등기사항전부증명서, 건축물관리대장, 토지대장, 지적도, 평면도 제시 확인 및 물건 현 상태를 매수인이 3차례 방문해서 육안으로 확인하고 계약 서명, 날인한다.

2. ○○은행 채권최고액 6억 원은 매수자가 승계받기로 하고 잔금일 기준 정산한다.

3. 본 건축물은 ○○년 건축물로 매도인의 희망가격이 35억 원이었으나 현재의 하자와 잔금 이후의 하자 부분은 매수인이 책임지기로 하고 가격을 절충해서 31억 원에 합의 계약 서명. 날인한다.

4. 본 계약은 현 임대차 현황을 매수인이 승계받기로 하고 양 당사자가 포괄 양도양수 계약하기로 한다.

5. 본 계약은 양 당사자가 위 특약사항과 확인설명서를 읽고 듣고 계약 서명. 날인한다.

본 계약을 증명하기 위하여 계약 당사자가 이의 없음을 확인하고 각각 서명·날인 후 매도인, 매수인, 공인중개사는 매장마다 간인하여야 하며, 각 1통씩 보관한다.

(계약금 일부를 미리 입금했다면 입금한 날짜를 기재합니다)　　　　　년　　　월　　　일

매도인	주 소	[도로명 주소를 기재합니다]					
	주민등록번호	신분증 확인		전 화		성 명	㊞
	대 리 인	주 소			주민등록번호	성 명	
매수인	주 소	[도로명 주소를 기재합니다]					
	주민등록번호	신분증 확인		전 화		성 명	㊞
	대 리 인	주 소			주민등록번호	성 명	
공인중개사	사무소소재지			사무소소재지			
	사무소명칭			사무소명칭			
	대 표	서명·날인	㊞	서명·날인			㊞
	등 록 번 호		전화	등록번호		전 화	
	소속공인중개사	서명·날인	㊞	서명·날인			㊞

■ 공인중개사법 시행규칙 [별지 제20호의2서식] <개정 2021. 12. 31.>

(4쪽 중 제1쪽)

중개대상물 확인·설명서[II] (비주거용 건축물)

([ ]업무용 [ ]상업용 [ ]공업용[ ]매매·교환 [ ]임대 [ ]그 밖의 경우)

확인·설명 자료	확인·설명 근거자료 등	[ ]등기권리증 [ ]등기사항증명서 [ ]토지대장 [ ]건축물대장 [ ]지적도 [ ]임야도 [ ]토지이용계획확인서 [ ]그 밖의 자료( )
	대상물건의 상태에 관한 자료요구 사항	

유의사항	
개업공인중개사의 확인·설명 의무	개업공인중개사는 중개대상물에 관한 권리를 취득하려는 중개의뢰인에게 성실·정확하게 설명하고, 토지대장 등본, 등기사항증명서 등 설명의 근거자료를 제시해야 합니다.
실제 거래가격 신고	「부동산 거래신고 등에 관한 법률」 제3조 및 같은 법 시행령 별표 1 제1호마목에 따른 실제 거래가격은 매수인이 매수한 부동산을 양도하는 경우 「소득세법」 제97조제1항 및 제7항과 같은 법 시행령 제163조제11항제2호에 따라 취득 당시의 실제 거래가액으로 보아 양도차익이 계산될 수 있음을 유의하시기 바랍니다.

Ⅰ. 개업공인중개사 기본 확인사항

① 대상물건의 표시	토지	소재지				
		면적(㎡)		지목	공부상 지목	
					실제이용 상태	
	건축물	전용면적(㎡)			대지지분(㎡)	
		준공년도 (증개축년도)		용도	건축물대장상 용도	
					실제 용도	
		구조		방향		(기준:)
		내진설계 적용여부		내진능력		
		건축물대장상 위반건축물 여부	[ ]위반 [ ]적법	위반내용		

② 권리관계	등기부 기재사항		소유권에 관한 사항		소유권 외의 권리사항	
		토지			토지	
		건축물			건축물	
	민간임대등록여부	등록	[ ] 장기일반민간임대주택 [ ] 공공지원민간임대주택 [ ] 그 밖의 유형( )			
			임대의무기간		임대개시일	
		미등록	[ ] 해당사항 없음			
	계약갱신 요구권 행사여부		[ ] 확인(확인서류 첨부) [ ] 미확인 [ ] 해당 없음			

③ 토지이용 계획, 공법 상 이용제한 및 거래규제 에 관한 사 항(토지)	지역·지구	용도지역			건폐율 상한	용적률 상한
		용도지구			%	%
		용도구역				
	도시·군계획시설		허가·신고 구역 여부	[ ]토지거래허가구역		
			투기지역 여부	[ ]토지투기지역 [ ]주택투기지역 [ ]투기과열지구		
	지구단위계획구역, 그 밖의 도시·군관리계획			그 밖의 이용제한 및 거래규제사항		

210mm×297mm[백상지(80g/㎡) 또는 중질지(80g/㎡)]

④ 입지조건	도로와의 관계	(m × m)도로에 접함 [ ] 포장 [ ] 비포장		접근성	[ ] 용이함 [ ] 불편함	
	대중교통	버스	( ) 정류장, 소요시간: ([ ] 도보 [ ] 차량) 약 분			
		지하철	( ) 역, 소요시간: ([ ] 도보 [ ] 차량) 약 분			
	주차장	[ ] 없음 [ ] 전용주차시설 [ ] 공동주차시설 [ ] 그 밖의 주차시설 ( )				
⑤ 관리에 관한사항	경비실	[ ] 있음 [ ] 없음		관리주체	[ ] 위탁관리 [ ] 자체관리 [ ] 그 밖의 유형	

⑥ 거래예정금액 등	거래예정금액		
	개별공시지가(㎡당)		건물(주택)공시가격	

⑦ 취득 시 부담할 조세의 종류 및 세율	취득세	%	농어촌특별세	%	지방교육세	%
	※ 재산세와 종합부동산세는 6월 1일 기준 대상물건 소유자가 납세의무를 부담					

Ⅱ. 개업공인중개사 세부 확인사항

⑧ 실제 권리관계 또는 공시되지 않은 물건의 권리 사항

⑨ 내부·외부 시설물의 상태 (건축물)	수도	파손 여부	[ ] 없음 [ ] 있음(위치:)	
		용수량	[ ] 정상 [ ] 부족함(위치:)	
	전기	공급상태	[ ] 정상 [ ] 교체 필요(교체할 부분:)	
	가스(취사용)	공급방식	[ ] 도시가스 [ ] 그 밖의 방식( )	
	소방	소화전	[ ] 없음 [ ] 있음(위치:)	
		비상벨	[ ] 없음 [ ] 있음(위치:)	
	난방방식 및 연료공급	공급방식	[ ] 중앙공급 [ ] 개별공급	시설작동 [ ] 정상 [ ] 수선 필요 ( ) ※개별공급인 경우 사용연한 ( ) [ ] 확인불가
		종류	[ ] 도시가스 [ ] 기름 [ ] 프로판가스 [ ] 연탄 [ ] 그 밖의 종류( )	
	승강기	[ ] 있음 ([ ] 양호 [ ] 불량) [ ] 없음		
	배수	[ ] 정상 [ ] 수선 필요( )		
	그 밖의 시설물			
⑩ 벽면 및 바닥면	벽면	균열	[ ] 없음 [ ] 있음(위치:)	
		누수	[ ] 없음 [ ] 있음(위치:)	
	바닥면	[ ] 깨끗함 [ ] 보통임 [ ] 수리 필요 (위치:)		

Ⅲ. 중개보수 등에 관한 사항

⑪중개보수 및 실비의금액과 산출내역	중개보수		<산출내역>
	실비		중개보수:
	계		실 비:
	지급시기		

「공인중개사법」 제25조제3항 및 제30조제5항에 따라 거래당사자는 개업공인중개사로부터 위 중개대상물에 관한 확인·설명 및 손해배상책임의 보장에 관한 설명을 듣고, 같은 법 시행령 제21조제3항에 따른 본 확인·설명서와 같은 법 시행령 제24조제2항에 따른 손해배상책임 보장 증명서류(사본 또는 전자문서)를 수령합니다.

년   월   일

매도인 (임대인)	주소		성명	(서명 또는 날인)
	생년월일		전화번호	
매수인 (임차인)	주소		성명	(서명 또는 날인)
	생년월일		전화번호	
개업 공인중개사	등록번호		성명 (대표자)	(서명 및 날인)
	사무소 명칭		소속 공인중개사	(서명 및 날인)
	사무소 소재지		전화번호	
개업 공인중개사	등록번호		성명 (대표자)	(서명 및 날인)
	사무소 명칭		소속 공인중개사	(서명 및 날인)
	사무소 소재지		전화번호	

사업(부동산) 포괄 양도양수 계약서

1. 부동산(물건) 소재지 : 서울   구   로   길 (동 –   번지   빌딩)

2. 양도자(갑) 성명 : 김   (인)   주민등록번호: –
    주소 : 서울   구   로   길   연락처   –   –

3. 양수자(을) 성명 : 유   (인)   주민등록번호: –
    주소 : 서울   구   로   길   연락처   –   –

'갑'의 소유인 상기 부동산에 관한 부동산 입대업 일체의 권리와 의무를 부가가치세법 제6조 제6항의
2호 및 동법 시행령 제17조 제2항 규정에 의하여 포괄적 양도양수함에 다음과 같이 체결한다.

– 다음 –

제1조(목적) 본 계약은 '갑'이 소유해온 상기 부동산(이하 양도물건)의 임대업을 '을'이 포괄적으로 양수
하기로 한다.

제2조(양도/양수 기준일) 양도물건의 양도양수 시기는 매매잔금일로 하고 '갑'의 사업자등록 폐업 (잔금
일 기준) 전에 '을'은 일반과세사업자로 등록을 하여 현 임대사업을 그대로 양수키로 한다.

제3조(양도/양수가액) '을'은 양도일 현재 양도물건의 총매매대금을 '갑'에게 지급하고 건물분에 대한
부가가치세는 포괄 양도양수하기로 한다(해당 부동산 매매계약서 참조).

제4조(대금지불조건) 대금지불조건은 부동산 매매계약서상에 의한 계약대로 정산한다.

제5조(양도/양수물품) 양도양수물품은 부착된 시설물 일체와 현 시설상태의 비품 일체로 한다.

제6조(임대차의 승계) 본 양도양수계약에 따른 현 임대차계약 내용을 '을'은 자동승계받기로 한다.

제7조(협조의무) '을'은 '갑'이 양도할 사업 등에 관한 권리의무를 성실하게 이행하기로 하고 '갑'은 양도
물건의 양도양수와 관련하여 '을'에 대한 소유권 이전에 필요한 전반적인 업무에 협조한다.

제8조(기타) 본 계약서에 명시하지 아니한 사항은 '갑'과 '을'이 협의하여 처리하며 본 계약을 증명하기
위하여 '갑'과 '을'은 쌍방간 서명, 날인하여 각각 1부씩 보관한다.

20   년   월   일

첨부 : 매매계약서 사본

사업의 포괄 양수도 계약서 작성

① 양도·양수 금액의 결정
  • 자산총액에서 부채총액을 차감한 잔액으로 하되 시가를 반영해 평가한다.
    사업양수도 금액이 부풀려진 경우에는 비용으로 인정받지 못할 수도 있으므로
    주의
② 자산과 부채에 관한 사항
③ 영업소와 상호의 양도에 관한 사항
④ 사용인의 인계에 관한 사항
⑤ 포괄적인 양수도에 관한 사항
  • 사업양수도 계약시 사업에 관한 모든 권리와 의무가 양수도 됨으로써 불필요한
    부가가치세가 발생하지 않도록 주의

근거 법조항– 「부가가치세법 시행령」 제23조(재화 의 공급으로 보지 아니하는 사업 양도)

② 법 제10조 제9항 제2호에서 "대통령령으로 정하는 것"이란 사업장별(「상법」에 따라 분할 또는 분할 합병하는 경우에는 같은 사업장 안에서 사업부문별로 양도하는 경우를 포함한다) 로 그 사업에 관한 모든 권리와 의무를 포괄적으로 승계시키는 것(「법인세법」 제46조 제2항의 요건을 갖춘 분할의 경우 및 양수자가 승계받은 사업 외에 새로운 사업의 종류를 추가하거 나 사업의 종류를 변경한 경우를 포함한다)을 말한다.
이 경우 그 사업에 관한 권리와 의무 중 다음 각 호의 것을 포함 하지 아니하고 승계시킨 경우에도 해당 사업을 포괄적으로 승계시킨 것으로 본다. 〈개정 2014.2.21. 2018.2.13.〉
1. 미수금에 관한 것
2. 미지급금에 관한 것
3.당해 사업과 직접 관련이 없는 토지. 건물 등에 관한 것으로서 기획재정부령이 정하는 것

포괄 양도양수 요건

양도자	양수자	포괄양수도 해당 여부	비고
일반과세자	일반과세자	○	
일반과세자	간이과세자	○	양수자 간이과세에서 일반과세로 전환
일반과세자	면세사업자	X	
간이과세자	간이과세자	○	
간이과세자	일반과세자	○	

1. 당사자는 모두 과세 사업자여야 한다.

① 양도인의 경우 당연히 일반 과세사업자여야 한다. 간이사업자의 경우 부가세 환급자체를 받을 수 없는 사람이기 때문에 해당되지않는다.

② 양수인은 일반, 간이사업자 모두 가능하다. 양수인이 일반사업자인 경우 당연히 가능하다. 이 경우에 일반사업자로 전환된다.

2. 사업의 전체를 포괄 양도양수할 것

이 부분이 사실 중요한데 간혹 사업 포괄 양도양수를 하면서 사업체의 일부만 양도양수하는 경우 또한 일부 기존 임차인(사업 부동산)을 변경하는 경우 상표권, 매출채권이나 매입채무 등을 제외하고 양도양수 하는 경우가 있을 수도 있다. 어떤 경우에 계약서에만 포괄 양도양수로 작성하고 실제로는 이것저것 빼고 하는 경우도 있다.

공동투자 합의서

아래 공동투자 물건에 대해 다음과 같이 공동투자. 처분, 수익 분배를 하기로 합의하고 신의 성실에 책임을 다하기로 한다.

투자 물건	도 시 구 면 리 - 번지 지목 : 대 면적 : 제곱미터 건물 : 제곱미터 매수가격 : 원정(₩ 원정)			
지분 비율	김○○ 2/10	이○○ 3/10	박○○ 1/10	최○○ 4/10
투자 조건	매수가격에 필요경비를 포함해 위 지분으로 공동투자하며 각 지분등기를 하기로 하며 대표 연락처는 4/10 지분권자 ( )로 정한다.			
처분 조건	1. 등기일 기준 3년이 경과하는 날을 기준 조건 없이 매도해 필요경비를 제외하고 지분별로 이익을 배분한다. 2. 등기일 기준 ( )만 원 이상 이익이 발생 시에 조건 없이 매도하여 필요경비를 제외하고 지분별 이익 배분한다. 3. 전체의 매도 합의가 이루어질 경우에 매도해 필요경비를 제외하고 이익 배분한다. 4. 지분권자가 다른 지분 인수는 합의에 의한다.			

공동투자자	김○○ (인) 주민등록번호 : 주소 : 연락처 :
	이○○ (인) 주민등록번호 : 주소 : 연락처 :
	박○○ (인) 주민등록번호 : 주소 : 연락처 :
	최○○ (인) 주민등록번호 : 주소 : 연락처 :

20 년   월   일

첨부 : 토지이용계획확인서, 등기사항전부증명서, 토지대장, 지적도, 각자 주민등록등본

상가 용도 지역별 허용 여부와 면적 기준

용도	적용 용도	기준 면적	용도 지역 별 허용 검토	
			법 률 허 용	조 례 위 임 사 항
1종 근린 생활 시설	슈퍼마켓 :100 ㎡ 미만 식품, 잡화,의류, 완구,.서적 건축자재, 의약품류	판매시설 (서점 2종)	[무제한] ·일반/준주거 ·상업/공업 ·생산/자연녹지 [제한] 전용주거1,000㎡ 미만 ·농림지역변전소 등 ·생산관리 슈퍼 등 ·계획관리 휴게음식, 제과제외	[무제한] 해당 없음. [제한] ·보전녹지 : 500㎡ 미만 ·보전관리 : 휴게.제과 제외 ·생산관리 : 법률 허용 이외 ·계획관리 :휴게음식점, 제과점 ·농림 : 휴게음식점, 제과 300㎡ 미만 ·자연보호 : 슈퍼 등 소매점, 공공시설
	휴게음식점, 제과점 : 300㎡ 미만 패스트푸드, 다방, 커피점, 분식점 (술 판매 불가)	2종 근생		
	이·미용실, 목욕탕, 세탁소(공장 제한)	면적 무제한		
	의원, 치과, 침술원, 접골원 및 조산원, 안마시술소			
	탁구장, 체육도장 500㎡ 미만	운동시설		
	동사무소 등 공공도서관 1,000㎡ 미만	공공업무		
	마을회관, 구판장 등	면적 무제한		
	기타 지역아동센터			

공인중개사는 위와 같이 어떠한 물건을 매도/매수 의뢰를 받을 시에 상가 업종, 용도별 허용 여부와 면적 기준을 잘 살펴봐야 한다. 만약 불가능하다면 용도변경이 가능한지 면적을 줄이거나 충족할 수 있는 면적 확보가 가능한지를 검토해 손님, 고객의 사업 수익사용이 가능하도록 만들어 보고 토지이용계획확인서와 건축물관리대장, 평면도를 열람해 행정관청에 질의해 그 방법을 찾아야 유능한 공인중개사다.

용도	적용 용도	기준 면적	법률 허용	조례 위임
2종 근린 생활 시설	일반음식점(술 판매 가능)	면적 무제한	[무제한] 중심·일반 : 근린생활시설 [제한] ·준주거 : 일반/ 준공업 단란주점, 안마시술소 제외 ·전용공업 : 일반음식점, 기원, 휴게음식점, 안마시술소, 노래연습장 제외 ·자연녹지 : 휴음, 제과, 일반음식점 단란,안마 제외	[무제한] 유흥음식점 [제한] ·전용주거/보전녹지 : 종교집회장 제외 ·일반주거 : 단란주점, 안마시술소 제외 ·준주거 : 안마시술소 제외 ·전용공업 : 일반음식,기원, 제과,안마, 노래연습장, 단란 제외
	휴게음식점, 제과점, 커피전문점 300㎡ 이상(술 판매 불가)	1종 근생		
	1종 근생이 아닌 서점 1,000㎡ 이상			
	운동시설(실내골프장, 당구장, 실내낚시장, 탁구장, 볼링장 500㎡ 미만)	운동시설		
	공연장, 소극장 300㎡ 미만	문화집회 시설		
	종교시설, 봉안당 300㎡ 미만	종교시설		
	금융업소, 부동산 중개사무소, 출판사 300㎡ 미만	일반업무 지역		
	제조업소, 세탁소 500㎡ 미만	별도시설		
	청소년 오락실 등 500㎡ 미만	판매시설		
	인터넷 PC방 300㎡ 미만			

	사진관, 표구점, 동물병원,독서실	면적 무제한		
2종 근린 생활 시설	총포판매소, 보관대 16.5㎡ 이상			
	학원, 자동차학원, 직업훈련소 500㎡ 미민	교육연구 /복지시설		
	단란주점음식(음식/노래)접대부불가 1/2이상 개방 150㎡ 미만	위락시설		
	중고.자동차.자동차영업소 1000㎡미만	업무시설		
	카센터, 자동차수리업 200㎡ 미만	자동차관련 시설		
	안마시술소, 노래연습장	면적 무제한		
	고시원, 쪽방 500㎡ 미만	숙박시설		

주요 업종의 면적 기준검토 및 인허가, 등록, 신고사항

업종		기준 면적	미만	이상	인가, 허가, 등록
식품위생법	휴게음식점, 제과점	300㎡	1종 근린생활	2종 근린생활	신고
	일반음식점	무관함	2종 근린생활		
	단란주점	150㎡		위락시설	허가
	유흥음식점		위락시설		
공중위생관리법	이·미용실,목욕탕,세탁소	무관함.	1종 근린생활		신고
	숙박(호텔,모텔)		숙박시설		
게임산업진흥법	청소년 유통제공업	500㎡	2종 근린생활	판매시설	등록
	인터넷게임시설제공업	300㎡			
	일반게임제공업	무관함.	판매시설		허가
음악산업진흥법	노래연습장		2종 근린생활	2종 근린생활	등록
영화·비디오 진흥법	비디오감상실, 소극장	300㎡		문화시설	
학원/과외 교습에 관한 법률	학원, 독서실	500㎡	2종 근린생활	교육연구시설	
	교습소				신고
체육시설 설치 이용에 관한 법률	테니스, 볼링장, 에어로빅장	500㎡		운동시설	자유
	골프연습장, 당구장, 수영장				신고
	골프장, 스키장, 자동차 경주	별도	운동시설	운동시설	등록
	무도학원	66㎡ 이상		위락시설	신고
	무도장	특·광역시 330㎡ 이상 기타 시 231㎡ 이상			
의료법	의원, 접골원, 조산원	무관함.	1종 근린생활		신고
	병원		의료시설		허가
약사법	약국, 한약국		1종 근린생활	판매시설	등록
의료기사법	안경점	1,000㎡			
안마사에 관한 법률	안마원	300㎡ 이하			신고
	안마시술소	830㎡ 이하	2종 근린생활		
기타 (서점만 2종근생)	슈퍼, 일용판매점, 소매점	1,000㎡	1종 근린생활	판매시설	자유
	일반사무소, 소개업소	500㎡	2종 근린생활	업무시설	적용
	카센터	200㎡		자동차시설	적용
	고시원	500㎡		숙박시설	적요
참고	건축법령상 용도 분류를 위한 바닥면적의 산정은 해당 용도로 사용하는 실제 면적에 건축물의 계단, 복도, 화장실 등 공용으로 사용하는 해당 용도로 실제 사용하고 있는 연면적으로 비례 배분면적까지를 포함, 산정한다. 다만 주차장(지하, 지상 등)의 면적은 바닥면적 사정에 포함하지 않는다.				

부동산 중개업 영업 현장에서 각 물건마다 적용되는 법률과 인가, 허가, 등록, 신고 업종은 업종별로 다르게 적용된다. 그래서 신규 창업 업소나 기존 영업을 하고 있는 업종에 대해서도 꼼꼼한 검토가 필요하다.

특히 이러한 물건을 권리금이 동반된 임대차계약 중개 시, 나가고자 하는 임차인이 영업 중에 받은 과태료, 교육 등 행정처분 사항을 행정관청에 문의해 소방법, 청소년 관련 법 등의 처분 여부를 확인해야 한다. 만약 처분 대상이 있다면, 나가고자 하는 임차인이 이를 정리하는 쪽으로 협의하고 특약 사항에 명시하는 것이 바람직하다. 잔금 후 이러한 문제가 발생하면 떠난 자는 책임을 지지 않기 때문이다.

상가(건물) 매매계약서 현황 자료			
소재지	경기도 평택시 읍 리 번지		
지목	대지	현재 현황	1, 2, 3층 근린생활시설
용도지역/지구	제1종 일반주거	현재 단독 노부부 거주/나대지(주차장) 텃밭(전)	
도로상태	팽성읍 사거리 코너		
매매가	15억 5,000만 원 (가격 조절 가능)	일반임대사업자 : 포괄 승계 조건	
융자	6억 원(개인 융자)	주차장 : 자유	4대
면적	대지 : 271㎡	연면적	481.05㎡
사진			
현황사항	1. 2018년 건축물로써 견고(주인 직접 건축) 2. 교통 편리 노선버스 7대 3. 2~3층 병원용도 근생 4. 수익성 물건으로 적합 5. 주변 행정기관과 공원이 조성되어 주변 환경 양호함.		
민원사항 여부	없음.		

[특약사항 기본]

① 본 매매계약은 양 당사자가 토지이용계획확인서, 등기사항전부증명서, 건축물관리대장, 토지대장, 지적도, 평면도 확인 및 물건 현 상태를 육안으로 확인하고 계약 서명, 날인한다.

② 등기사항전부증명서상 (   )은행 채권최고액 (   )만 원은 중도금 시 은행에 동행해 상환 말소하기로 한다.

③ 현 임대차계약금(보증금 ○억 원, 기간 20 년 월 일 종료)은 매수자가 승계받기로 하고 잔금일 기준으로 정산한다.

④ 잔금일 기준 선수관리비는 매도자에게 반환하고 매도자는 현 임대차 기간의 수선충당 유지금은 현 임차인에게 반환하기로 한다.

⑤ 본 계약은 매수인이 현 사업 부동산(현 임대차 현황)은 포괄 양도양수 계약하며 잔금일 기준 매수인은 일반임대사업자 등록을 하고 매도인은 사업자등록을 말소하기로 한다.

⑥ 본 계약은 건축물관리대장상 지하 (   )제곱미터는 대피소이나 주거시설물로 설치해 보증금 (   )만 원, 차임 (   )만 원에 임대차하고 있으며 옥상 (   )제곱미터에 주거시설물을 설치해 보증금 (   )만 원, 차임 (   )만 원에 임대차하고 있음을 매수인이 확인하고 계약 서명, 날인한다.

⑦ 본 계약의 건축물은 (   )년 건축물로써 현재의 하자(확인설명서 기록)와 잔금 이후의 하자는 매수인이 책임지기로 하고 매도자의 희망가격이 (   )만 원이었으나 가격을 절충해 (   ) 원에 매매계약 서명, 날인한다.

⑧ 본 계약은 양 당사자가 위 특약사항과 확인설명서를 읽고 듣고 계약 서명, 날인한다.

[추가 선택 특약사항]

⑨ 매도자는 잔금 시 현 임차의 퇴거를 책임지기로 하고 미이행 시에는 손해배상금으로 (   )만 원을 잔금에서 공제한다.

⑩ 매도자는 본 물건 등기사항전부증명서상 권리(압류, 가압류, 가등기, 가처분 등)를 중도금 시까지 정리해주기로 한다.

⑪ 본 건물의 증축 확장 부분과 건축물관리대장상 두 칸이나 네 칸으로 분리 주거시설 설치해 임대차하고 있음을 매수인은 확인하고 계약 서명, 날인한다.

⑫ 본 소유권자와 통화 승낙하에 처 (   )와의 계약이며 대금은 소유권자 (   )의 (   )은행 – –   계좌로 입금하며 20 년 월 일 소유권자가 추인하기로 한다.

⑬ 본 계약은 대리인 (   )이 위임장과 인감증명서 첨부하고 소유권자와 통화 승낙하에 계약하며 대금은 소유권자 (   )의 (   )은행　－　－　－　　　 계좌로 입금하며 잔금일 소유권 자는 직접 참석하에 동시 이행으로 잔금 정리한다.

⑭ 본 계약은 소유권자가 영주권자로 통화 승낙하에 해외거주사실확인서와 위임장을 첨부한 대리인 (   )와 계약하며 대금은 소유권자 (   )의 (   )은행　－　－　－　　　　　 계좌로 입 금한다.

⑮ 본 계약은 공동소유권자 물건으로 위임장을 첨부한 1/2 소유권자인 ( ) 와 계약하며 1/2 소유권 자 (   )와 통화 승낙하에 계약하며 대금은 1/2씩 공동소유권자 계좌로 입금한다.

⑯ 매수자는 중도금 지급일은 20　년　월　일 지급하며 중도금 지급날짜 전에 지급하지 않기로 한다.

⑰ 본 매매계약은 (   )신탁관리 회사의 신탁관리 물건으로 신탁관리 회사의 승낙하에 매매하며 신탁관리 계좌 (   )은행　－　－　－　(   ) 신탁관리 회사)로 대금을 입금하기로 한다.

⑱ 본 계약의 계약금 (   )만 원 중 (   )만 원 계약 시 지급하며 (   )만 원은 20　년　월 일 지급하기로 하며 매수인이 미지급 시에는 매수인의 귀책사유로 기지급한 (   )만 원은 위약 금으로 반환받지 않기로 하며 조건 없이 해약하기로 한다.

⑲ 본 매매계약은 매수인의 사정에 의해 중도금 시에 매수인이 지정하는 자에게 매도인은 잔금과 동시 에 명의 이전해주기로 한다.

⑳ 양 당사자는 잔금일(이사날짜)은 상호 협의가 가능 시에 날짜를 조정할 수 있다.

㉑ 본 물건에 인테리어 시설 등으로 유치권 주장이 있다면 매도인이 책임지고 잔금 시까지 정리해주기 로 하며 미정리 시에는 대금에서 공제한다.

㉒ 본 물건의 등기사항전부증명서에 설정된 개인채무 권리자 (   )는 본 매매계약 시에 소유권자 와 동행 참석하에 말소 수임 법무사에 맡겨 정리하기로 위임하기로 한다.

㉓ 본 계약은 중도금 생략하고 등기사항전부증명서상 담보물권 등을 잔금일 기준 정산하기로 한다.

㉔ 본 물건은 현재 신축 중인 건축물서 매도자가 보존등기 후 잔금과 동시 명의 이전하며 선 임대차계 약 및 융자금 (   )만 원은 잔금일 기준 매수자가 승계받기로 한다.

㉕ 본 매매계약은 법인의 물건으로 계약 시 법인등기사항전부증명서, 법인인감증명서, 법인도장, 법인 대표 주민등록증 제시하에 계약이며 대금은 법인통장 계좌로 입금하기로 한다.

신축상가 분양 대행

최근 부동산 투자자들이 주택에서 상가 투자로 눈을 돌리고 있다. 전문가들이 주거용 부동산의 경기 하락이 장기화 국면에 접어들었다고 전망했기 때문이다. 공인중개사 또한 이 흐름을 읽고 고객을 설득해 투자를 유치해야 하는 시점이다. 그전에 꼭 법률적인 문제를 검토하도록 하자.

> 분양대행행위와 중개행위의 법리를 보면, 개업공인중개사가 신축 중이거나 신축된 건물이나 토지의 분양 업무를 맡아 보수를 받으며 건물을 매매하거나 임대차하는 행위에 관여하는 경우가 적지 않다. 그런데 이와 같은 개업공인중개사의 행위가 '공인중개사법' 제2조 제1항에 정하는 '중개'에 해당하는지 아니면 이와는 다른 분양대행업무인지 애매한 경우가 종종 있다.

서울고등법원 1997. 11. 26, 선고 97나13964 수수료청구 사건을 살펴보면, 법원은 "피고의 위탁에 따라 피고의 업무인 이 사건 건물의 임대 업무에 관해 거래상대방의 개발 등의 판촉활동과 일정한 재량 범위 내에서의 임대조건 상담 등 임대차계약서의 서명·날인을 제외한 일체의 업무를 대행하고, 실제 임대인 혹은 거래 당사자인 회사로부터 임대권한을 수여받은 피고로부터 그에 대한 보수를 지급받는 것으로서, 단순한 '공인중개사법'의 중개업이 아닌 분양대행을 위한 광범위한 용역을 제공하기로 한 사실이 인정된다"라고 판단했다.

또한, 대법원 1999. 7. 23, 선고 98도1914 '공인중개사법' 위반 사건을 보면, 피고인이 신축 중인 상가의 분양을 다음과 같이 의뢰받았는데, 법원은 다음과 같이 판결했다.

첫째, 분양대금이 10억 원 중 5,000만 원을 초과해서 분양되었을 경우에는 그 초과한 금액을 피고인이 가지기로 한다.

둘째, 분양에 따른 비용은 전액 피고인이 부담한다.

셋째, 확정가격으로 분양했을 경우에는 분양계약 체결 시에 피고인에게 입금액의 2%를 수임료로 지급하고 나머지는 분양 완료 시 정산한다.

이 사건을 통해 알 수 있는 점은, 분양대행 체결을 하지 않은 상태에서는 상가분양을 받으려는 상가 투자자를 상가분양사무실에 소개만 하고 분양사에서 지급하는 수수료 (MGM)를 받은 후 마무리하는 것이 바람직하다는 것이다. 이는 개인 개업공인중개사가 '공인중개사법'에서 분양 대행을 금지하고 있기 때문이다. 상가 투자자, 즉 분양을 받은 사람에게 중개보수를 요구하면 중개가 되고 개업공인중개사에게 불리해진다. 그러니 절대로 받으면 안 된다.

> MGM이란 'Members Get Members'의 약자로, 손님이 손님을 데리고 오면 수수료를 주는 일종의 마케팅 용어. 부동산 업계에서는 신축 건물 분양에서의 분양수수료라고 이해하면 된다.

분양수수료와 중개보수의 차이점을 살펴보면, 분양수수료의 경우, 분양은 계약서를 개업공인중개사가 작성하지 않고 건축주 또는 분양대행사가 손님과 직접 작성하므로 개업공인중개사 입장에서는 중개가 아니다. 따라서 중개사고가 발생하더라도 도의적인 책임 외에는 위험부담에 대한 책임이 없고, 법정 중개보수보다 많이 받아도 초과 중개보수에 해당되지 않는다. MGM에 대한 현금영수증이나 세금계산서를 요구하는 곳이 많기 때문에 실질적으로 중개업을 하는 사람이 아니면 상가분양대행은 어렵다.

2

상가(건물)
임대차계약서 작성

상가(건물) 임대차 물건 현황

현 장 체 험 계 약 기 법 과 정

물건 선정 현장 임장 활동/탐방 = 강남역.송파동.위례신도시.오포.광주.동탄신도시

필자는 위와 같이 공인중개사가 창업(취업)을 위한 현장 체험 중개 실전/실습 트레이닝 교육 프로그램을 매주 일요일 진행하고 있다. 실제로 공인중개사는 현장의 물건인 오피스텔, 도시형주택, 빌딩 사무실, 상가권리금, 단독주택, 상가주택, 오래된 건물 등을 현장답사해 도로와 불법 건축물 확인 등을 거친다. 이 과정에서 사고 물건의 사례 등을 예시하며 현장에서 계약서 작성 및 특약사항을 다룬다. 공인중개사가 창업(취업) 시에 바로 적용이 가능하도록 하기 위함이다.

공인중개사는 하자담보 책임을 동반하는 경우가 많아, 계약 후 여러 어려운 점이 발생해 곤욕을 치르기도 한다. 따라서 계약서 특약과 확인설명서 작성은 공인중개사의 중요한 책임이다.

현 임차 대상 물건	건물 전체 사진

• 권리금 : 1억 원정
  월차임 : 660만 원(부가세 포함)
• 면적 : 건축물관리대장 : 114.02㎡
  실면적 99㎡ 주방확장면적 : 25㎡ 위법)
	학원가 밀집지역으로 상권 비교적 양호함.
	진입도로가 평지로 고객의 이동이 양호한 지역임.
	본 건물은 오래된 건축물로써 리모델링을 해서 임대차한다면 수익 극대화 가능함.

임대차계약 시 점검사항

1. 권리금 양도/양수계약서 작성
2. 임차인과 운영자(점유자) 확인
3. 영업권리 등록증 인계
4. 행정관청(식품위생) 행정처벌 내용
5. 청소년 관련 위법사항(경찰서 확인)
6. 소방법 위법사항(관할 소방서)
7. 불법/위법 건축물 확인
8. 인가, 허가, 등록, 신고사항 검토(용도별/면적별)
9. 하수도 원인자 부담금 확인
10. 용도변경 가능성(주차법, 하수도법, 피난계단)
11. 행정관청 처분내용
12. 프랜차이즈 업종 확인
13. 학교 정화구역
14. 인계인수 물품 체크리스트 작성(프랜차이즈 계약 인계인수, 리스품목, 전화기 등_사진 촬영)
15. 잔금 후에 시설물 사진 촬영(원상복구 문제)
16. 쓰레기 또는 방치물건 파악
17. 관리비 정산
18. 키(Key) 인계인수

상가 임대차계약서

☐ 전세   ☑ 월세

임대인과 임차인 쌍방은 아래 표시 부동산에 관하여 다음 계약 내용과 같이 임대차계약을 체결한다.
1.부동산의 표시

소 재 지	서울시 ○○구 ○○동 ○○번지 ○○빌딩 1층			
토 지	지 목	대	면 적	423㎡
건 물	구조·용도	콘크리트조/근린생활시설	면 적	657.35㎡
임대할 부분	1층 전체(현 하카타 음식점)			

2. 계약내용
제1조(목적) 위 부동산의 임대차에 한하여 임대인과 임차인은 합의에 의하여 임차보증금 및 차임을 다음과 같이 지불하기로 한다.

보 증 금	금 일억원(₩100,000,000)정
계 약 금	금 일천만원(₩ 10,000,000)정은 계약 시에 지불하고 영수함. 영수자(㊞)
중 도 금	금 없음.
잔 금	금 구천만원(₩ 9,000,000)정은 20××년 ××월 ××일에 지불한다.
월 차 임	금 육백만원(₩ 6,000,000)정은 선불로 매월 ××일에 지불한다.

제2조(존속기간) 임대인은 위 부동산을 임대차 목적대로 사용·수익할 수 있는 상태로 20××년 ××월 ××일까지 임차인에게 인도하며, 임대차 기간은 인도일로부터 20××년 ××월 ××일까지로 한다.
제3조(용도변경 및 전대 등) 임차인은 임대인의 동의 없이 위 부동산의 용도나 구조를 변경하거나 전대·임차권 양도 또는 담보제공을 하지 못하며 임대차 목적 이외의 용도로 사용할 수 없다.
제4조(계약의 해지) 임차인이 계속하여 2회 이상 차임의 지급을 연체하거나 제3조를 위반하였을 때 임대인은 즉시 본 계약을 해지할 수 있다.
제5조(계약의 종료) 임대차계약이 종료된 경우에 임차인은 위 부동산을 원상으로 회복하여 임대인에게 반환한다. 이러한 경우 임대인은 보증금을 임차인에게 반환하고, 연체 임대료 또는 손해배상금이 있을 때는 이들을 제하고 그 잔액을 반환한다.
제6조(계약의 해제) 임차인이 임대인에게 중도금(중도금이 없을 때는 잔금)을 지불하기 전까지, 임대인은 계약금의 배액을 상환하고, 임차인은 계약금을 포기하고 이 계약을 해제할 수 있다.
제7조(채무불이행과 손해배상) 임대인 또는 임차인이 본 계약상의 내용에 대하여 불이행이 있을 경우 그 상대방은 불이행한 자에 대하여 서면으로 최고하고 계약을 해제할 수 있다. 그리고 계약 당사자는 계약해제에 따른 손해배상을 각각 상대방에 대하여 청구할 수 있다.
제8조(중개보수) 부동산 중개업자는 임대인과 임차인이 본 계약을 불이행함으로 인한 책임을 지지 않는다. 또한, 중개보수는 본 계약체결과 동시에 계약 당사자 쌍방이 각각 지불하며, 중개업자의 고의나 과실없이 본 계약이 무효·취소 또는 해약되어도 지급한다. 공동중개인 경우에 임대인과 임차인은 자신이 중개 의뢰한 중개업자에게 각각 중개보수를 지급한다(중개보수는 거래가액의 _____%로 한다).
제9조(중개대상물확인·설명서 교부 등) 중개업자는 중개대상물 확인·설명서를 작성하고 업무보증관계증서(공제증서 등) 사본을 첨부하여 _____ 년 _____ 월 _____ 일 거래 당사자 쌍방에게 교부한다.

특약사항
1. 본 임대차계약은 양 당사자가 토지이용계획확인서, 등기사항전부증명서, 건축물관리대장, 평면도 및 물건의 현 상태를 육안으로 확인하고, 계약 서명, 날인한다.
2. 등기사항전부증명서상 ○○은행 채권최고액 6억 원과 2, 3층 임대차보증금이 있는 상태에서 계약한다.
3. 월 차임은 600만 원으로 정하고 부가세 10%를 추가해 매월 ××일(00은행 / 임대인 / 계좌번호)에 지불하기로 한다.
4. 전기, 수도, 가스요금은 사용자 부담이며 기본관리비 월 7만 원은 관리규정에 따라 관리인에게 납부한다.
5. 본 임차물 우측 약 10㎡ 확장 부분은 임차인이 사용 수익하며 행정처분 등이 발생 시에는 그 처분에 따른다. 영업상 주민의 민원사항이 발생 시에는 임차인이 책임지기로 한다.
6. 주차 임차인 기본 1대 배정/ 임차인의 시설 설치기간 20일 제공하며 차임에서 공제하고 사진 촬영 보관한다.
7. 본 계약은 양 당사자가 위 특약사항과 확인설명서를 읽고, 듣고 계약 서명, 날인한다.

본 계약을 증명하기 위하여 계약 당사자가 이의 없음을 확인하고 각각 서명·날인 후 임대인, 임차인 및 공인중개사는 매장마다 간인하여야 하며, 각 1통씩 보관한다.   (계약금 일부를 미리 입금했다면 입금한 날짜를 기재합니다)   _____ 년   _____ 월   _____ 일

임대인	주 소	[도로명 주소를 기재합니다]						인
	주민등록번호	신분증 확인		전 화		성 명		
	대 리 인	주 소		주민등록번호		성 명		
임차인	주 소	[도로명 주소를 기재합니다]						인
	주민등록번호	신분증 확인		전 화		성 명		
	대 리 인	주 소		주민등록번호		성 명		
공인중개사	사무소 소재지			사무소소재지				
	사 무 소 명칭			사무소명칭				
	대 표	서명·날인	인	서명·날인				인
	등 록 번 호		전화	등록번호		전 화		
	소속공인중개사	서명·날인	인	서명·날인				인

상가(건물) 부담금에 대한 사항 확인 특약

원인자 부담금	임대차계약 시, 임차인의 영업 목적에 꼭 필요한 설비가 없는 경우에는 임대인이 해당 설비를 설치해주는 비용을 부담해야 한다. 예를 들어, 창고를 계약했는데 화장실이 없다면 임대인이 간이화장실을 설치해주어야 한다. 하수 종말 처리 용량이 부족하다면 용량을 증가시켜주어야 하며, 수돗물이 필요한데 물이 없다면 지하수를 설치해주는 비용을 임대인이 부담해야 한다.
수익자 부담금	임대인은 관련 서류를 제공하고 그 설치 비용은 임차인이 부담하는 경우다. 예를 들어 정육점이나 편의점을 운영할 때 전기 승압이 필요할 경우, 임대인은 필요한 서류를 제공하고, 그 설치 비용은 임차인이 부담한다.
사용자 부담금	사용자가 사용한 만큼 부담하는 비용이다. 계량기가 하나이나 분리하여 사용하는 전기, 수돗물과 청소 관리비 등이 이에 해당한다.

개업공인중개사가 상가, 공장, 창고, 단독주택 임대차계약 시 기본 시설물에 준하는 시설물이 없을 때는 위와 같이 설치 시 부담해야 할 내용을 미리 확인하고, 양 당사자와 합의하여 특약으로 명시해야 한다.

상가 임대차계약서 확정일자의 효력

1. 공인중개사는 상가 임대차계약 후에 사업자 등록 신고 시에 관할 세무서에서 확정일자를 받도록 알려주어야 한다.
2. 임차인이 본인이 확정일자를 받아야 한다.
3. 상가 확정일자는 그 지역의 환산보증금 내에서 가능하다.

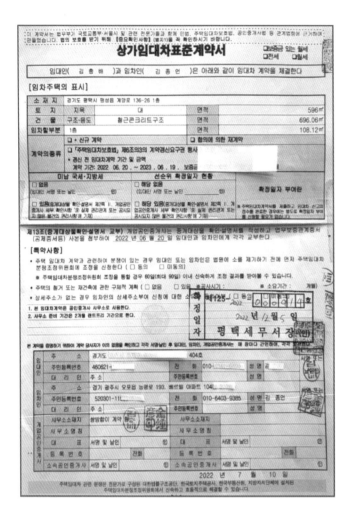

[당사자 확인 / 권리순위관계 확인 / 중개대상물 확인·설명서 확인]

① 신분증·등기사항전부증명서 등을 통해 당사자 본인이 맞는지, 적법한 임대·임차 권한이 있는지 확인해야 하며, 보증금은 가급적 임대인 명의 계좌로 직접 송금한 다.

② 대리인과 계약 체결 시 위임장·대리인 신분증을 확인하고, 임대인(또는 임차인)과 직접 통화하고 계약한다.

③ 중개대상물 확인·설명서에 누락된 것은 없는지, 그 내용은 어떤지 꼼꼼히 확인하고 서명해야 한다.

[대항력 및 우선변제권 확보]

① 임차인이 주택의 인도와 주민등록을 마친 때는 그다음 날부터 제삼자에게 임차권

을 주장할 수 있고, 계약서에 확정일자까지 받으면, 후순위 권리자나 그 밖의 채권자에 우선해서 변제받을 수 있다.

　- 임차인은 최대한 신속히 ① 주민등록과 ② 확정일자를 받아야 하고, 주택의 점유와 주민등록은 임대차 기간 중 계속 유지하고 있어야 한다.

② 등기사항전부증명서, 미납국세, 다가구주택 확정일자 현황 등을 살펴보고 선순위 담보권자가 있는지 반드시 확인하고, 있다면 금액이 얼마인지를 확인하고 계약 체결 여부를 결정해야 보증금을 지킬 수 있다.

건축 중인 물건은 누구와 계약해야 하나요?

관련 사례를 절차에 따라 살펴보겠다.

① 건축 중인 2층 창고 건물에 대한 매도 및 임대차 의뢰를 받았다. 준공은 8월 초로 예정되어 있다.

② 현재 건축 중인 상태라 건물의 등기사항전부증명서와 건축물관리대장이 없으므로, 누구를 매도(임대)인으로 계약해야 할지 애매한 상황이다.

③ 현장에서는 공장/물류창고뿐만 아니라 주거용 주택, 수익성 물건 등에 대해서도 건축 중인 건물의 의뢰를 받는 경우가 잦다.

④ 답은 간단하다. 토지등기사항전부증명서의 소유권자와 건축주(건축허가서 확인)가 동일인이라면 그 소유권자와 계약하면 된다. 매매 시에는 준공 후 잔금을 정리해 건물 등기사항전부증명서로 명의 이전을 하면 문제가 없다. 다만, 준공 전 건축허가 수요자 변경으로 처리할 때는 양도소득세 등을 잘 검토해서 합의하에 매매계약을 해야 한다.

⑤ 양도소득세를 경감하기 위해 명의자를 다른 사람으로 등록할 수도 있다. 예를 들어, 토지주가 부모이고 건축주(허가받은 자)가 자식인 경우, 이럴 때는 토지주 부모와 건축허가 받은 자의 공동명의로 매도(임대) 계약을 진행하면 된다.

⑥ 현장에서 물건을 접수받고 시공회사 또는 공사 담당자와 계약할 때는 진정한 권리자인 토지주와 건축허가를 받은 자와 계약하고, 권리자에게 계약금 등 대금을 지불한다.

⑦ 공사 기일, 즉 준공검사 예정일을 넉넉히 잡고 계약을 한다. 준공검사 시 행정청으로부터 보완 지시가 있을 수 있고, 기상 여건 등에 따라 준공이 늦어질 수 있기 때문이다.

⑧ 최초 입주자의 임대차계약이라면 잔금 시에 반드시 사진촬영을 해서 계약서에 첨부한다. 나중에 기간이 종료되면 원상복구 문제를 검토하도록 한다.

⑨ 준공검사 이후 매매나 임대차계약을 체결할 때, 잔금을 치르기 전까지는 시설 및 인테리어 허용을 피하는 것이 좋다. 잔금을 치르고 관리비(전기, 수도, 가스비) 정산을 한 후에 시설 인테리어를 허용하고 합의해야, 후일 문제가 발생하더라도 대응하기가 용이하다.

⑩ 잔금과 관리비를 정산하기 전에 시설 인테리어를 허용해서 문제가 발생하면 이미 진행된 시설 인테리어를 원상회복하기 쉽지 않다. 이를 중개한 공인중개사도 중개보수를 받지 못하고 손해배상을 요구받을 수 있다.

이와 같은 절차를 철저히 준수해서 공인중개사는 중개 시 발생할 수 있는 법적 문제를 예방하고, 고객에게 신뢰를 줄 수 있다.

3

상가(건물)
권리금 양도양수계약서 작성

상가임대차보호법상 권리금 보호

1. 상가임대차보호법 제10조의 3

① 권리금이란 임대차 목적물인 상가건물에서 영업을 하는 자 또는 영업을 하려는 자가 영업시설·비품, 거래처, 신용, 영업상의 노하우, 상가건물의 위치에 따른 영업상의 이점 등 유형·무형의 재산적 가치의 양도 또는 이용대가로서 임대인, 임차인에게 보증금과 차임 이외에 지급하는 금전 등의 대가를 말한다.
② 권리금 계약이란 신규임차인이 되려는 자가 임차인에게 권리금을 지급하기로 하는 계약을 말한다.

2. 상가임대차보호법 제10조의 4

① 임대인은 임대차기간이 끝나기 6개월 전부터 임대차 종료 시까지 다음 각 호의 어느 하나에 해당하는 행위를 함으로써 권리금 계약에 따라 임차인이 주선한 신규임차인이 되려는 자로부터 권리금을 지급받는 것을 방해하여서는 아니 된다. 다만, 제10조 제1항 각 호의 어느 하나에 해당하는 사유가 있는 경우에는 그러하지 아니하다. 〈개정 2018. 10. 16.〉
1. 임차인이 주선한 신규임차인이 되려는 자에게 권리금을 요구하거나 임차인이 주선한 신규임차인이 되려는 자로부터 권리금을 수수하는 행위
2. 임차인이 주선한 신규임차인이 되려는 자로 하여금 임차인에게 권리금을 지급하지 못하게 하는 행위
3. 임차인이 주선한 신규임차인이 되려는 자에게 상가건물에 관한 조세, 공과금, 주변 상가건물의 차임 및 보증금, 그 밖의 부담에 따른 금액에 비추어 현저히 고액의 차임과 보증금을 요구하는 행위
4. 그 밖에 정당한 사유 없이 임대인이 임차인이 주선한 신규임차인이 되려는 자와 임대차계약의 체결을 거절하는 행위
② 다음 각 호의 어느 하나에 해당하는 경우에는 제1항 제4호의 정당한 사유가 있는 것으로 본다.

1. 임차인이 주선한 신규임차인이 되려는 자가 보증금 또는 차임을 지급할 자력이 없는 경우

2. 임차인이 주선한 신규임차인이 되려는 자가 임차인으로서의 의무를 위반할 우려가 있거나 그 밖에 임대
   차를 유지하기 어려운 상당한 사유가 있는 경우

3. 임대차 목적물인 상가건물을 1년 6개월 이상 영리목적으로 사용하지 아니한 경우

4. 임대인이 선택한 신규임차인이 임차인과 권리금 계약을 체결하고 그 권리금을 지급한 경우

③ 임대인이 제1항을 위반하여 임차인에게 손해를 발생하게 한 때는 그 손해를 배상할 책임이 있다. 이 경우 그 손해배상액은 신규임차인이 임차인에게 지급하기로 한 권리금과 임대차 종료 당시의 권리금 중 낮은 금액을 넘지 못한다.

④ 제3항에 따라 임대인에게 손해배상을 청구할 권리는 임대차가 종료한 날부터 3년 이내에 행사하지 아니하면 시효의 완성으로 소멸한다.

⑤ 임차인은 임대인에게 임차인이 주선한 신규임차인이 되려는 자의 보증금 및 차임을 지급할 자력 또는 그 밖에 임차인으로서의 의무를 이행할 의사 및 능력에 관하여 자신이 알고 있는 정보를 제공해야 한다.

상가건물 임대차 권리금계약서

임차인 ○○○과 신규임차인이 되려는 자 ○○○는 아래와 같이 권리금 계약을 체결한다.

※ 임차인은 권리금을 지급받는 사람을, 신규임차인이 되려는 자(이하 「신규임차인」 이라한다)는 권리금을 지급하는 사람을 의미한다.

[임대차목적물인 상가건물의 표시]

소 재 지	○○시 ○○구 ○○동 ○○번지	상 호	○○가든
임대면적	건축물관리대장상 66㎡	전용면적	약 68㎡
업 종	○○닭갈비(일반음식점)	허가(등록)번호	○○ 219-023

[임차인의 임대차계약 현황]

임 대 차 관 계	임차보증금	일억원정	월 차 임	육백육십만원(부가세 포함)
	관 리 비	월 10만 원	부가가치세	별도( ), 포함( )
	계약기간	년 월 일부터	년 월 일까지(월)	

[계약내용]

제1조(권리금의 지급) 신규임차인은 임차인에게 다음과 같이 권리금을 지급한다.

총권리금	금 구천만원정(₩ 90,000,000)
계 약 금	금 일천만원(₩ 90,000,000)정은계약 시에 지급하고 영수함. 영수자((인))
중 도 금	금 년 월 일에 지급한다.
잔 금	금 년 월 일에 지급한다.
	※ 잔금지급일까지 임대인과 신규임차인 사이에 임대차계약이 체결되지 않는 경우 임대차계약 체결일을 잔금지급일로 본다.

제2조(임차인의 의무) ① 임차인은 신규임차인을 임대인에게 주선하여야 하며, 임대인과 신규임차인 간에 임대차계약이 체결될 수 있도록 협력하여야 한다.

② 임차인은 신규임차인이 정상적인 영업을 개시할 수 있도록 전화가입권의 이전, 사업등록의 폐지 등에 협력하여야 한다.

③ 임차인은 신규임차인이 잔금을 지급할 때까지 권리금의 대가로 아래 유형·무형의 재산적 가치를 이전한다.

유형의 재산적 가치	영업시설·비품 등(사진 촬영 첨부함)
무형의 재산적 가치	거래처, 신용, 영업상의 노하우, 상가건물의 위치에 따른 영업상의 이점 등

※ 필요한 경우 이전 대상 목록을 별지로 첨부할 수 있다.

④ 임차인은 신규임차인에게 제3항의 재산적 가치를 이전할 때까지 선량한 관리자로서의 주의의무를 다하여 제3항의 재산적 가치를 유지·관리하여야 한다.

⑤ 임차인은 본 계약체결 후 신규임차인이 잔금을 지급할 때까지 임차목적물상 권리관계, 보증금, 월차임 등 임대차계약 내용이 변경된 경우 또는 영업정지 및 취소, 임차목적물에 대한 철거명령 등 영업을 지속할 수 없는 사유가 발생한 경우 이를 즉시 신규임차인에게 고지하여야 한다.

제3조(임대차계약과의 관계) 임대인의 계약거절, 무리한 임대조건 변경, 목적물의 훼손 등 임차인과 신규임차인의 책임 없는 사유로 임대차계약이 체결되지 못하는 경우 본 계약은 무효로 하며, 임차인은 지급받은 계약금 등을 신규임차인에게 즉시 반환하여야 한다.

제4조(계약의 해제 및 손해배상) ① 신규임차인이 중도금(중도금 약정이 없을 때는 잔금)을 지급하기 전까지 임차인은 계약금의 2배를 배상하고, 신규임차인은 계약금을 포기하고 본 계약을 해제할 수 있다.

② 임차인 또는 신규임차인이 본 계약상의 내용을 이행하지 않는 경우 그 상대방은 계약상의 채무를 이행하지 않은 자에 대해서 서면으로 최고하고 계약을 해제할 수 있다.

③ 본 계약체결 이후 임차인의 영업기간 중 발생한 사유로 인한 영업정지 및 취소, 임차목적물에 대한 철거명령 등으로 인하여 신규임차인이 영업을 개시하지 못하거나 영업을 지속할 수 없는 중대한 하자가 발생한 경우에는 신규임차인은 계약을 해제하거나 임차인에게 손해배상을 청구할 수 있다. 계약을 해제하는 경우에도 손해배상을 청구할 수 있다.

④ 계약의 해제 및 손해배상에 관하여는 이 계약서에 정함이 없는 경우 「민법」의 규정에 따른다.

[특약사항]

본 계약을 증명하기 위하여 계약 당사자가 이의 없음을 확인하고 각각 서명 또는 날인한다.

년   월   일

임차인	주 소					
	성 명		주민등록번호		전화	(인)
대리인	주 소					
	성 명		주민등록번호		전화	
신규임차인	주 소					
	성 명		주민등록번호		전화	(인)
대리인	주 소					
	성 명		주민등록번호		전화	

권리금 내용의 정의와 알선 중개 시 주의점

1. 바닥 권리금(위치의 권리금) **:** 해당 상가가 위치한 지역적인 상권에 기인하는 권리금으로 최초 건축 공사가 시작될 즈음 미리 선점하기 위해 지불하는 금액

① 점포가 위치한 유동인구가 많고 상권이 형성된 주변
② 업종별 구분 없이 상권이 형성될 지역
③ 주변 상가(점포)에 권리금이 많이 형성된 지역
④ 비교사례법 적용(주변 권리금 거래 상황에 따라 형성)
⑤ 일부 건축주나 임대차 관리를 하는 컨설팅업체에서 미리 선점해놓고 요구하기도
　함.

2. 시설 권리금 : 해당 점포에 성치된 집기 시설 인테리어 간판 등에 소요된 권리금

① 집기 시설(전화기 포함) 인테리어 형태에 따라 형성되며 고가 인테리어 시설된 곳도
　있음.
② 감가 삼각을 적용하여 협상 해야 함.
③ 알선 중개 시에는 시설 집기 목록을 만들어 제시(사진촬영 첨부)
④ 원가법을 적용 산정
⑤ 프랜차이즈 업종 유흥음식점 가든 등 고가 시설집기 권리금도 있음.

3. 영업 권리금(노하우) **:** 영업의 호황과 수익금액에 따라 넘기는 자가 요구하는 권리금

① 월 수입금액에 얼마만큼의 수익이 남느냐에 따라 제시하는 경우가 많음.
② 영업 장부를 제공받아야 하는데, 신뢰하기 어려운 경우가 많음.
③ 때로는 많은 손님이 있는 듯 거짓 장면도 연출되기도 함.
④ 수익환원법 적요을 하기도 하나 정확성을 기하기 힘듦.

4. 알선 중개 시 미리 검토할 사항

① 권리금을 받고자 하는 현 임차인과 유대관계로 전속 중개계약으로 진행이 좋음.

② 권리금에 대한 용역비를 미리 정하는 것이 바람직함.

③ 권리금 계약 후 가급적 당일 또는 빠른 시일 내 들어오는 임차인과 소유권자(임대인)와 임대차계약 체결로 해약 사태를 방지

④ 임대차계약 시 나가는 임차인과 임대차계약 중개보수 미리 확정하는 것이 좋음.

⑤ 권리금 계약서에 권리금을 받고 나가는 자는 본 점포로부터 일정한 거리 내에서 동일 업종 영업을 하지 않는다는 특약을 하는 것이 바람직함.

⑥ 미리 인가 관청에 법률적 위반사항이나 과태료 처분에 대해 확인하고 계약하는 것이 좋음.

부동산 권리 양도·양수계약서

> 양도인과 양수인 쌍방은 아래 표시 부동산에 관하여 다음 계약 내용과 같이 매매계약을 체결한다.

1. 부동산의 표시

소재지	○○도 ○○시 ○○구 ○○동 ○○번지 ○○빌딩		
상호	현 하카다 음식점	면적	건축물관리대장 125㎡(전용 면적 : 약 66㎡)
업종	일반음식점	허가(신고)번호	○-2015-○○

2. 계약 내용

제1조(목적) 위 부동산에 대하여 권리 양도인과 양수인은 합의에 의하여 다음과 권리 양도·양수계약을 체결한다.

총권리금	금 일억원정(₩ 100,000,000)
계 약 금	금 일천만원정(₩ 10,000,000)은 계약 시에 지불하고 영수함.　　　　　영수자(　　　본인 서명 ㊞)
중 도 금	금　　　　원정은 20　년　　월　　일에 지불하며,
잔　　금	금 구천만원정(₩ 90,000,000)은 20××년 ××월 ××일에 지불한다.
양도범위 [시설물 등]	현 시설물, 집기 일체(품목 기록 : 사진 촬영), 전화번호, 금전 체크기, 프랜차이즈영업보증금, 리스품 목 인계

제2조 양도인은 위 부동산을 권리 행사할 수 있는 상태로 하여 임대차계약 개시 전 일까지 양수인에게 인도하며, 양도인은 임차권 행사를 방해하는 제반사항을 제거하고, 잔금 수령과 동시에 양수인이 즉시 영업할 수 있도록 모든 시설 및 영업권을 포함, 인도해주어야 한다. 다만 약정을 달리한 경우에는 그러하지 아니한다.

제3조 위 부동산에 관하여 발생한 수익의 귀속과 조세공과금 등의 부담은 위 부동산의 인도일을 기준으로 하여 그 이전까지는 양도인에게 그 이후의 것은 양수인에게 각각 귀속한다. 단, 지방세의 납부 의무 및 납부 책임은 지방세법의 규정에 따른다.

제4조 ① 양수인이 중도금(중도금 약정이 없을 때는 잔금)을 지불하기 전까지 양도인은 계약금의 배액을 배상하고, 양수인은 계약금을 포기하고 본 계약을 해제할 수 있다.

② 양도인 또는 양수인이 본 계약상의 내용에 대하여 불이행이 있을 경우 그 상대방은 불이행한 자에 대하여 서면으로 최고하고 계약을 해제할 수 있다. 그리고 그 계약 당사자는 계약 해제에 따른 위약금을 각각 상대방에게 청구할 수 있으며, 계약금을 위약금의 기준으로 본다.

③ 양도인은 잔금지급일 전까지 소유자와 아래의 '임대차계약 내용'(소유자의 요구에 따라 변경될 수 있음)을 기준으로 소유자와 양수인 간에 임대차계약이 체결되도록 최대한 노력하며, 임대차계약이 정상적으로 체결되지 못하거나 진행되지 못할 경우 본 권리 양도·양수 계약은 해제되고, 양도인이 수령한 계약금 및 중도금은 양수인에게 즉시 반환한다.

제5조 공인중개사는 계약 당사자 간 채무 불이행에 대해서 책임을 지지 않는다. 또한, 용역비는 본 계약의 체결과 동시에 양도·양수인 각각 양도대금의 (10%)를 지불하며, 공인중개사의 고의나 과실 없이 계약 당사자 간의 사정으로 본 계약이 해제되어도 용역비를 지급한다. 단, 본계약 제4조 ③항의 사안으로 인해 계약이 해제되는 경우에는 용역비를 지불하지 않는다.

3. 양도·양수할 대상 물건의 임대차계약 내용

소유자 인적사항	소유자		연락처	
	주소	새로운 도로명 주소		
임대차 관계	임차보증금	일억원정	월 차임	육백만원(부가세 별도)
	계약기간			

【특약사항】

1. 본 권리금 양도·양수계약은 양 당사자가 토지이용계획확인서, 등기사항전부증명서, 건축물관리대장, 토지대장, 지적도, 평면도 및 현 시설물, 집기 및 영업 현황 상태를 육안으로 확인하고 계약 서명, 날인한다.

2. 본 계약은 보증금은 1억 원으로 하고 월 차임은 10만 원 인상해서 임대인과 임대차계약하기로 하며 계약 불가 시에는 위 계약금 반환하고 조건 없이 해약하기로 한다.

3. 양도인은 본 영업소로부터 반경 3㎞ 이내에서 동일 업종, 동일 영업을 하지 않기로 하며 위반 시에는 위 권리금의 50%를 위약금으로 양수인에게 배상하기로 한다.

4. 집기 중 개인물품인 조각품은 양도인의 소유로 한다. 5. 민원사항은 양수인이 책임지고 해결하기로 한다.

6. 본 계약은 양 당사자가 위 특약사항을 읽고 듣고 계약 서명, 날인한다.

본 계약을 증명하기 위하여 계약 당사자가 이의 없음을 확인하고 각각 서명·날인한 후 양도인, 양수인, 공인중개사는 매장마다 간인하여야 하며, 각

(계약금 일부를 미리 입금했다면 입금한 날짜를 기재합니다)　　년　　월　　일

양 도 인	주　　　　소	[도로명 주소를 기재합니다]					
	주민등록번호	신분증 확인	전　　화		성　명		㉙
	대　리　인	주　소		주민등록번호		성　명	
양 수 인	주　　　　소	[도로명 주소를 기재합니다]					
	주민등록번호	신분증 확인	전　　화		성　명		㉙
	대　리　인	주　소		주민등록번호		성　명	
공 인 중 개 사	사무소소재지			사무소소재지			
	사 무 소 명 칭			사무소명칭			
	대　　　표	서명·날인	㉙	서명·날인			㉙
	등 록 번 호		전화	등록번호		전　화	
	소속공인중개사	서명·날인	㉙	서명·날인			㉙

권리금 양도양수
알선계약의 현실

권리금 계약 시에 양도자, 즉 권리금을 받고 나가는 임차인이 일정 시간이 지나고 난 후에 자신의 노하우나 인맥을 활용해 근접한 자리에 동일업종 또는 동일 영업을 하는 경우가 있다. 이로 인해 권리금을 준 후임 임차인과 다툼이 벌어지기도 한다.

다툼을 방지하기 위해 권리금 계약서 작성 시에 권리 양도인이 '본 업소로부터 반경 (   )km 이내에서 동일 영업이나 동일 업종에 종사할 시, 본인이 수령한 권리금에 대하여 위약금을 배상한다'라는 특약을 해야 한다.

필자는 공인중개사사무소를 중개할 때, 본 사무소로부터 반경 3km 이내의 거리에서 영업하지 않기로 하고, 서로 윈윈(Win-win)하는 특약을 한다. 이는 전봇대 6개의 거리로, 사실상 다른 단지에 해당하는 거리다.

소속공인중개사나 중개보조원을 채용할 때 고용 계약서를 작성하면서, 퇴직 시에는 일정 거리를 벗어나 취업 또는 개업하도록 명시한다.

이와 같이 영업등록증을 권리금과 임대차계약을 중개했을 때, 잔금 시에 새로운 임차인에게 인계해야 한다. 필자의 소속공인중개사가 이러한 사항을 모르고 잔금 후에 문제가 발생해 멀리 예천까지 가서 영업신고증을 회수해온 적이 있었다. 따라서 잔금 시에 권리금 수령자에게 영업신고증을 가져오도록 미리 알려주어야 한다.

물론 권리금이 동반되지 않은 계약이라면 인계 의무가 없다. 또한 그 사업장이 전문자격증을 필요로 하는 인가, 허가 영업이라면 후임 임차인의 자격에 의한다. 계약서 작성 시 가능하다면 권리금 양도/양수 표준 계약서 작성을 권유하고 싶다. 권리금 양도/양수 표준 계약서를 작성함으로써 들어오는 임차인의 신뢰를 얻을 수 있다. 권리금을 받고 나가는 임차인에게도 권리금 알선에 대한 용역비를 받을 수 있다. 권리금 알선 계약은 중개대상 물건이 아니므로, 임대차계약서에 의한 중개보수는 중개보수 영수증으로 발행한다. 용역비를 받고 영수증 발행을 원할 시에는 중개보수가 아닌 컨설팅용역비 표기로 영수증을 발행해야 초과보수에 해당되지 않는다.

권리금 알선 양도/양수 계약 잔금 시에는 영업 신고증을 지참해서 관리비 등을 정산하고, 양도인과 양수인이 관할 행정관청의 위생과에 가서 등록 말소와 신규 신고를 하도록 설명해주어야 한다. 만약 신고증을 반환하지 않는다면, 양수인이 새로운 등록을 하기 위해 일정 기간이 소요된다. 또한 잔금 시에도 행정처분 결과를 확인해야 한다.

제2-7호

영업신고증

대표자 : 진○○   주민등록번호 : 520301-2○○○○○○

영업소 명칭 :   가든

소재지 : 경기도 시 구 면 리 지

영업장 면적 : 77.66㎡

영업의 종류 : 식품접객업(영업의 형태 : 일반음식점)

조건 :

　식품위생법 제22조 제5항, 동법시행령 제13조 동법
시행규칙 제27조의 규정에 따라 영업의 신고를 수리합니다.

20 년   월   일

담당부서	구 사회환경과
책임자	
담당자	
연락처	(031)

○○시 ○○구청장 인

행정처분 등의 내용 고지 및 가중처분 대상업소 확인서

1. 양도인은 최근 1년 이내에 다음과 같이 '식품위생법' 제71조, 제72조, 제74조부터 제76조까지 및 제80조 '식품위생법 시행규칙' 제89조 및 별표 23에 따라 행정처분을 받았다는 사실 및 행정제재처분의 절차가 진행 중인 사실(최근 1년 이내에 행정처분을 받은 사실이 없는 경우에는 없다는 사실)을 양수인에게 알려주었습니다.

  가. 최근 1년 이내에 양도인이 받은 행정처분

처분받은 일자	행정처분 내용	행정처분 사유
20 년 월 일	청소년 음주	과태료 20만 원

  나. 행정제재처분 절차 진행사항

적발일자	식품위생법령 위반 내용	진행 중인 내용
20 년 월 일 20:00	식품위생법령 위반 내용	미납입

   1) 최근 1년 이내에 행정처분을 받은 사실이 없는 경우에는 위 표의 처분받은 일자란에 '없음'이라고 적어넣어야 합니다.
   2) 양도양수 허가 담당 공무원은 위 행정처분의 내용을 행정처분대장과 대조하여 일치하는가의 여부를 확인해야 하며, 일치하지 아니하는 경우에는 양도인 및 양수인에게 그 사실을 알리고 위 란을 보완하도록 해야 합니다.

2. 양수인은 위 행정처분에서 지정된 기간 내에 처분 내용대로 이행하지 아니하거나, 행정처분을 받은 위반사항이 다시 적발된 때는'식품위생법 시행규칙' 제89조 및 별표 23에 따라 양도인이 받은 행정처분의 효과가 양수인에게 승계되어 가중 처분된다는 사실을 알고 있음을 확인합니다.

양도인 성명 김○○ (인) 또는 서명(직접 방문 신고한 경우)
양수인 성명 이○○ (인) (서명 또는 인)

이 신고서는 다음과 같이 처리된다.

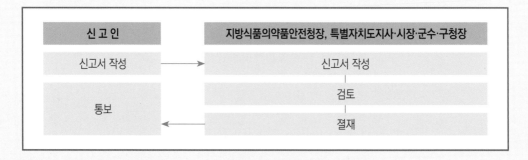

공인중개사는 권리금이 동반된 상가건물 임대차계약 시에는 그 지역의 요식업소조합에 연락하면 위와 같은 준비 서류와 회원으로 확보하기 위해 직접 등록을 해주기도 한다.

계약이 이루어졌다면 축하카드를 준비해주자!

　창업 당일에는 그 영업 분야의 업자들과 친지들이 많이 모이니 축하를 해주고 폭죽도 준비해서 기뻐해주면 좋다. 또한 명함을 넉넉히 준비해 일일이 나누어주면 차후에 홍보 효과도 얻을 수 있다. 결국, 그들의 물건을 매매/임대차로 유도하는 것은 매우 창조적인 홍보 방법이 된다.

　모든 영업 업무는 시대에 따라 변하고 있다. 부동산 중개업도 과거 복덕방 시절부터 현재 공인중개사사무소로 계속 진화하며 발전하고 있다. 공인중개사는 국민의 재산권을 다루는 전문 직업인으로서 항상 연구하고 새로운 정보를 고객에게 전달해 도움을 주고 있다는 자부심으로 책무를 다해야 한다. 또한, 고객에게 내 집 마련을 도와주고 기쁨을 주어야 한다. 공인중개사는 서비스 영업을 하고 있다.

　① 친절하고 ② 진실하게 ③ 최선을 다할 때 누군가는 나를 눈여겨보고 있으며 ④ 배려의 대가가 온다는 사실이다.

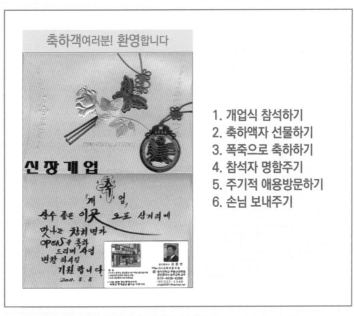

1. 개업식 참석하기
2. 축하액자 선물하기
3. 폭죽으로 축하하기
4. 참석자 명함주기
5. 주기적 애용방문하기
6. 손님 보내주기

* 공장/창고/상가 계약 거래 후 그 영업장의 창업식(개업식)에 참가해 축하카드 액자를 만들어 선물한다.

임대인이 임차인 모르게
매매해달랍니다

구분 상가를 소유한 임대인이 있다. 현 임차인과 보증금 5,000만 원, 차임 140만 원 (부가세 별도)으로 3년째 계약을 유지하고 있는데, 임차인과 다툼이 잦아 현 임차인 모르게 매각해달라고 요청해왔다.

공인중개사는 임대인과 임차인 모두에게 신의성실 의무와 선관주의 의무를 다해야 한다. 임대인이 '몰래 매각'을 원하더라도, 매각 사실을 임차인에게 고지하고 진행해야만 나중에 문제가 없다.

만약 현 임차인이 매각 사실을 알고 나서 임대차계약 기간이 남았는데도 계약 해지를 요청한다면, 현 소유권자인 임대인에게 계약을 해지하고 계약금을 돌려받을 수 있을까?

> **[대법원 1998. 9. 2. 98마100 판결]**
>
> 임대인은 보증금 반환에 응해야 한다.
> 임대차계약에서 임대인 지위 양도는 임대인의 이전을 수반하는 것이지만, 임대인의 의무는 임대인이 누구인지에 따라 이행 방법이 특별히 달라지는 것은 아니고 목적물 소유자의 지위에서 거의 완전히 이행할 수 있으며, 임차인의 입장에서 보아도 신 소유자에게 그 의무승계를 인정하는 것이 오히려 임차인에게 훨씬 유리할 수도 있으므로 임대인과 신 소유자의 계약만으로써 지위 양도를 할 수 있다.
> 다만 이 경우에 임차인이 원하지 않으면 임대차의 승계를 임차인에게 강요할 수는 없는 것이어서, 스스로 임대차를 종료시킬 수 있어야 한다는 공평의 원칙 및 신의 성실의 원칙에 따라 임차인이 곧 이의를 제기함으로서 승계되는 임대차 관계의 구속을 면할 수 있고, 임대인과의 임대차 관계도 해지할 수 있다고 보아야 한다.

공인중개사는 특정 지역에 기반을 두고 영업을 하기 때문에, 이와 같은 사례가 발생하면 소문으로 타격을 입는다. 임대인을 잘 설득시켜 임차인과 원만한 관계를 맺게 하는 것도 공인중개사의 중요한 고객 관리 업무다.

유사업종 임대차계약에
주의하세요

오래된 2층짜리 건물이 있다. 1층은 근린생활시설 1개 호수(건축물관리대장상)를 4칸으로 나눠 놓은 점포로, 각 점포의 면적은 약 15평이다. 음식점을 운영하던 기존 임차인이 나간 후 권리금 3,000만 원을 주고 계약한 새로운 임차인이 들어왔는데, 성업 중이던 옆 칸의 분식집과 충돌이 생겼다. 들어오는 가게가 프랜차이즈 커피와 떡볶이를 겸하는 음식점이었던 것이다. 떡볶이가 영업에서 차지하는 비율은 20% 정도라고 한다. 새로운 임차인은 권리금 조정과 임대차계약을 마친 후 잔금 지급까지 완료하고 인테리어 공사를 진행 중이었는데, 옆 칸 분식집이 유사업종 진입을 금지해달라고 임대인에게 요구해왔다.

이 같은 문제는 계약 전에 조율을 했어야 한다. 같은 건물에 유사업종이 들어오면 거부감을 느끼는 것은 당연하고, 감정적 문제이든 법적 문제이든 임차인 간에 갈등이 생길 수밖에 없다. 불똥이 공인중개사에게 튈 수 있음은 당연지사다. 규모가 큰 건물은 대개 유사업종 제한이나 지정업종 한정 규약이 존재한다. 공인중개사는 계약 전 해당 규약을 살펴보고 그에 따라야 하며, 상가번영회가 있다면 유사업종 제한 규정이 있는지 문의해본 뒤에 계약을 진행한다. 법률적으로 문제가 없다 해도 번영회 등에서 반기지 않는 점포를 입점시킨다면 점주 입장이 곤란해질 수밖에 없다. 이렇듯 상가 중개 시에는 반드시 유사업종 관련 검토가 필요하다.

해당 건물은 소규모이기 때문에 규약이나 상가번영회가 없었다. 하지만 그렇다 해도 계약 전에 분식집에 상황을 알리고 사전조율을 시도해야 한다. 물론 알선하는 공인중개사는 조정을 분식집이 거부했다며 무작정 계약을 밀어붙였을 수도 있다. 하지만 불화의 씨앗을 남긴 채 그대로 신규 입점을 강행하기도 어렵다. 미리 분식집 대표와 신규 점포의 대표가 만나도록 주선하고 서로의 영업을 침범하지 않는 방향을 모색하도록 하는 것이 좋다.

하지만 이미 계약이 성사된 현재로서는 신규 점포의 아이템 중 떡볶이를 다른 메뉴로 전환하도록 설득하는 것이 최선이다. 영업 아이템에서 차지하는 비중이 20% 정도이고, 아직 시설을 완료하지 않았기 때문이다. 하지만 서둘러야 한다. 이미 인테리어 공사가 시작되었기 때문에 시일이 늦어질수록 손해는 점점 커질 수밖에 없다.

공인중개사는 중재자다. 고객 간에 서로 얼굴 붉히지 않고 웃을 수 있도록 협상 테이블을 마련하는 것도 중요한 임무다. 이러한 중재와 협상 또한 내 고객과 유대관계를 맺을 수 있다는 사실을 잊어서는 안 된다.

빌딩(사무실)
임대차계약서 작성

빌딩 전속임대차계약서 물건 [　　빌딩] 현황자료

[　　　]공인중개사 사무소　02) 554 －
서울　구　동　번지

●전체층수 : 지하 2층~지상 10층 ●준공년도 : 1991년 ●외벽 : 대리석 ●승강기 : 1대
●주차대수 : 36대 ●도로사항 : 강남대로 ●주용도 : 근린/업무시설 ●냉난방시설 :

■ 층별 임대조건/가격내역　　　　　　　　　　　　　　　　　　　　　　　단위 : 만 원

해당 층	임대평수	전용평수	보증금	임대료	관리비	합계
1층	173.20	121.18	60억	13.595	346.58	13.941.58
2층	96.94	67.79	18억	3.656	193.88	3.849.88
3층	95.00	66.43	10억	2.220	190.00	2.410.00
4~10층	95.00	66.43	2억6천	910	190.00	1.100.00

◈ 본 물건의 특징 및 유의사항 [임대차는 회사전용계약서 사용함]

1. 강남대로 메인상권
2. ( )역 11번 출구 바로 앞 녹지공간 및 공연장 有
3. ( )역 사거리 가시권(광고)에 위치한 최고의 자리
4. 병의원 최적
5. 주차장 36대 가능 : 임차인 대표 1대 배정함. 기타 : 유료
6. 간판은 미관지구이므로 1개 위치 지정함.

대형빌딩 사무소 임대차 중개를 하다 보면, 많은 경우 해당 빌딩 자체의 임대차계약서를 사용하거나 중개사무소에 전속으로 의뢰해 임대차계약을 진행한다. 문제는 계약서에 관리비, 화재보험, 차임 연체 시 별도 추징금, 원상복구 문제 등이 깨알같이 기록되어 있다는 것이다. 따라서 손님 고객에게 계약 시 정확하게 읽어주고 확인, 설명을 해야 한다.

빌딩(사무소) 임대차계약 시 점검사항

① 보증금과 월차임 적정선 검토

② 기본관리비의 적정선(임차료가 현저히 저렴한 경우에 기본관리비가 과다 책정)

③ 월 차임의 부가세 10% 확인 특약

④ 원인자 부담금 / 수익자 부담금, 사용자 부담금 확인

⑤ 미관지구 등 외벽, 옥외 규격간판 설치 사항

⑥ 주차대수와 방문자 주차료 확인

⑦ 불법 / 위법 건축물 확인

⑧ 기본 설치된 집기 시설물 파악 사용/ 반납 여부 확인

⑨ 기간 종료 시에 원상복구 확인 특약(사진 촬영 첨부)

⑩ 사무소 용도별 적합성 여부 확인

⑪ 피난계단 확인

⑫ 소방 설비 확인

⑬ 주말, 휴일, 국공휴일 사용 여부 확인

⑭ 유사업종 학원 병원 유흥주점 등 인허가 등록 신고사항 문제

⑮ 권리금 존재 협상 여부

⑯ 인테리어 기간 및 무상 임대 기간

⑰ 현재의 집기 시설물 처리 문제

⑱ 산업폐기물 쓰레기 처리 문제

* 확인사항 : 산업폐기물과 쓰레기 방치 처리 문제

사무소(빌딩) 임대차 계약서

아래 부동산에 대하여 임대인과 임차인은 합의하여 다음과 같이 임대차계약을 체결한다.

1.부동산의 표시

소재지	서울 구 로 길 (구 동 번지 빌딩				
토 지	지목	대지		면적	423㎡
건 물	구조	콘크리트조	용도 근린생활시설	면적	657.35㎡
임대할부분	제1층 전체(현 하카타 음식점)				

2.계약내용

제1조 [보증금 및 지급시기] ①임대인과 임차인은 임대차 보증금과 지불시기를 다음과 같이 약정한다.

보 증 금	一金일억원정	원정(₩100,000,000원정)		
계 약 금	一金일천만원정	원정은 계약시에 지불하고 영수함.	영수자	인
중 도 금	一金	원정은 년 월 일에 지불하며		
잔 금	一金구천만원정	원정은 201* 년 ** 월 ** 일에 지불하며		
월 세	一金육백만원정(부가세 10%별도)	원정은 매월 ** 일에 지불하기로 한다.		

②제1항의 보증금은 공인중개사의 입회하에 지불하기로 한다.

제2조 [존속기간] 임대인은 위 부동산을 임대차 목적대로 사용 수익할 수 있는 상태로 201* 년 ** 월 ** 일 까지 임차인에게 인도하며,임대차 기간은 인도일로부터 201* 년 ** 월 ** 일 까지로 한다.

제3조 [용도변경 및 전대 등] 임차인은 임대인의 동의 없이는 위 부동산의 용도나 구조 등을 변경하거나 전대,임차권 양도 또는 담보제공을 하지 못하며 임대차 목적 이외의 용도에 사용할 수 없다.

제4조 [계약의 해지] 임차인이 2회 이상 차임의 지급을 연체하거나 제3조를 위반했을 때는 임대인은 본 계약을 해지할 수 있다.

제5조 [계약의 종료] ①임대차 계약이 종료된 경우 임차인은 위 부동산을 원상으로 회복하여 임대인에게 반환한다.
②제1항의 경우, 임대인은 보증금을 임차인에게 반환하고 연체임대료 또는 손해배상 금액이 있을 때는 이들을 제하고 그 잔액을 반환한다.

제6조 [계약의 해제] 임차인이 임대인에게 계약당시 계약금 또는 보증금 명목으로 금전이나 물건을 교부한 때에는 다른 약정이 없는 한 중도금(중도금이 없을 때는 잔금)을 지불할 때까지는 임대인은 계약금의 배액을 상환하고 임차인은 계약금을 포기하고 이 계약을 해제할 수 있다.

제7조 [채무불이행과 손해배상] 임대인 또는 임차인이 본 계약상의 내용에 대하여 불이행이 있을 경우 그 상대방은 불이행한자에 대하여 서면으로 최고하고 계약을 해약할 수 있으며 손해에 대하여도 배상책임을 물을수가있다.

제8조 중개보수는 다른약정이 없는 한 본 계약의 체결과 동시에 임대인과 임차인 쌍방이 각각 지불하며, 공인중개사의 고의나 과실없이 거래 당사자 사정으로 본 계약이 무효, 취소, 해제되어도 중개보수는 지급한다.

제9조 [확인설명서 등 교부] 공인중개사는 중개대상물 확인설명서를 작성하고 업무보증관계증서(공제증서 등) 사본을 첨부하여 201* 년** 월 ** 일 거래당사자 쌍방에게 교부한다.

특약사항1.본 임대차계약은 양당사자가 토지이용계획확인서,등기사항전부증명서,건축물관리대장,평면도 및 물건 현 상태를 육안으로 확인하고 계약 서명,날인한다.

2.등기사항전부증명서상 **은행 채권최고액육억원과 2,3,4층 임대차 보증금 있는 상태에서 계약한다.

3.월차임은 육백만원으로 정하고 부가세10%추가하여 매월**일(**은행 김 ** 5203-654-8273)계좌입금한다.

4.전기,수도,가스는 사용자부담이며 기본관리비 월칠만원은 관리규정에 따라 관리인에게 납부한다.

5.본 임차물 우측 약10제곱미터 확장부분은 임차인이 사용수익하며 행정처분등이 발생시에는 그 처분에 따르며 영업상 주민의 민원사항이 발생시에는 임차인이 책임지기로한다.

6.주차 임차인 기본 1대 배정/임차인의 시설설치기간 20일 제공하며 차임에서 공제하며 사진촬영 보관한다.

7.본 계약은 양당사자가 위 특약사항과 확인 설명서를 읽고 듣고 계약 서명,날인한다.

첨부:토지이용계획확인서,등기사항전부증명서,건축물관리대장,평면도

본 계약에 대하여 임대인과 임차인은 이의 없음을 확인하고 각자 서명·날인 후 임대인, 임차인, 공인중개사가 각 1통씩 보관한다.

201* 년 ** 월 일

임대인	주 소	새로운도로명주소				印
	주민등록번호		전화	성명	본인서명	
임차인	주 소	새로운도로명주소				印
	주민등록번호		전화	성명	본인서명	
공인중개사	사무소소재지	새로운도로명주소				印
	등록번호	2015-00010	사무소명칭	랜드공인중개사사무소		
	전화번호		대표자성명	본인서명		

폐업신고를
하지 않아요

상가임대차계약에서 임대차기간이 만료되거나 계약이 해지되었을 때, 보증금을 정리하고 나가는 임차인이 폐업신고를 해야 한다. 하지만 임대인과의 불화 때문에 임차인이 폐업신고와 사업자등록 말소를 하지 않는 문제도 종종 발생한다.

이런 경우, 새로운 임차인이 영업신고를 할 수 없어 사용 수익을 내지 못하기 때문에, 임대인은 임차료를 받을 수 없을 뿐 아니라 손해배상청구까지 당할 가능성이 있다. 폐업신고를 하지 않으면 임대인이나 행정관청에서도 직권 말소가 쉽지 않으며, 절차를 밟는 데에 몇 개월 이상이 소요될 수 있고, 당사자가 이의를 제기하면 직권 폐업말소가 안 될 수도 있다.

따라서 임대차계약을 진행할 때는 보증금을 정리해주면서 폐업신고를 하도록 하고, 점포를 원상복구를 해놓았는지도 확인해야 한다. 임차인의 영업이 부진해 기간 만료 후 계약을 연장하지 않고 해지하고 싶다면, 임대인은 보증금이 소진되기 전에 미리 계약해지 통보를 해야 한다.

임차인은 계약을 끝내고 나갈 때 원상회복 의무와 영업 허가(등록·신고)증을 행정관청에 반환하고 폐업신고를 할 의무가 있다. 그러나 분쟁 때문에 임차인이 폐업신고를 하지 않는 경우 소송을 제기하는 임차인도 있다. 소송에는 시간과 비용 등이 많이 소요되므로 임차인을 설득하는 것이 좋다. 위로금을 어느 정도 주는 것도 한 방법이다.

[대법원 2008. 10. 9 선고 2008다34903 판례]

임대차 종료로 인한 임차인의 원상회복 의무에는 임차인이 사용하고 있던 부동산의 점유를 임대인에게 이전하는 것은 물론, 임대인이 임대 당시 부동산 용도에 맞게 사용할 수 있도록 협력한 의무도 포함한다. 따라서 임대인 또는 그 승낙을 받은 제삼자가 임차건물 부분에서 다시 영업허가(등록·신고)를 받는 데 방해가 되지 않도록 임차인은 임차물건 부분에서의 영업허가에 대하여 폐업신고 절차를 이행할 의무가 있다.

PART

7

분양권
계약의 기술

부 동 산 계 약 의 기 술

1

분양권
계약서 작성

의뢰 물건 확인	확인 기관
1. 분양권 원본 확인	1. 시행사. 조합사무실
2. 전매기간 도래상태 확인	2. 분양권 원본 기재사항 검토
3. 집단대출 확인	3. 대출 금융기관(승계 가능성)
4. 프리미엄 확인	4. 양도소득세 확인
5. 옵션계약 확인	5. 분양권 외 추가 옵션 계약서

[분양]호반건설, 위례신도시 호반베르디움…3.3㎡당 1691만원

기사등록 일시 (2014-08-08 10:17:32)

예시 1.) **물건 브리핑** ** APT 분양계약서**

계약일 2014년 08월 10일　　　제105동 제302호　　　96.95㎡

1.재산의 표시: 경기도 성남시 수정구 창곡동 위례택지개발지구 A2-8블록 호반베르디움

주택형	주거전용	주거공용	건물	기타공용	계약면적	대지지분
96.95㎡	96.95	27.36	126.31	81.75	208.06	58.7485㎡

＊부대시설(공용): 이 아파트에 따른 전기,도로,상수도시설 및 기타부대시설

주택형	주거전용	주거공용	건물	기타공용	계약면적	대지지분
96.95㎡	96.95	27.36	126.31	81.75	208.06	58.7485㎡

2.공급대금　　　　　　　　　　　　　　　　　　　(단위:원)

총공급대금	마이너스	공급금액	대지가격	건물가격	부가가치세
653,900,000	0	653,900,000	360,216,000	248,800,630	24,880,000

계약금	중도금(6회)=60%(융자)						잔금　　(30%)
1회(5%)	1회	2회	3회	4회	5회	6회	입주시
32,700,000							
2회(5%)	15. 1.9	15.5.11	15.9.9	16.2.10	16.5.9	16.8.9	입주지정일
32,700,000							
계 65,400,000	65.30만	65.30만	65.30만	65.30만	65.30만	65.30만	196.70만

＊입주예정일: 2016년 12월경(공정에따라 변경될 경우 추후 개별 통지함.

3.공급대금 납부계좌

공급대금납부 계좌	납부은행	계좌번호	예금주
	KCB산업은행	022-0210-3587-310	푸른위례프로젝트(주)

매도인겸　　　　　　　　　시공사　　　　　　납부은행

시행사 ＊＊＊＊프로젝트(주)　＊＊＊건설　＊＊＊＊은행

[주의사항]

① 반드시 분양권 물건 접수 시에는 분양권 원본 확인, 시행사, 시공사 집단대출 은행 확인을 거쳐서

② 매수인의 집단대출 승계가능성 확인하고 계약은 계약금 지급 후 서류를 갖추어서 분양권거래사실 신고를 하고 일주일 이내 바로 잔금 하면서 시행사의 명의 이전을 하여야 한다.

③ 상담 시에 생각을 번복하거나 연로한 매도자라면 직계가족을 동반하여 계약하는 것이 좋다.

④ 신탁관리 물건은 신탁관리 회사의 승낙과 신탁관리 회사 계좌로 대금 입금한다.

아파트 분양권 매매계약서

아파트분양권 매매 계약서.

본 아파트분양권 매매계약을 체결함에 있어 다음과 같은 계약이행 조건으로 계약을 체결한다.

1. 분양권의 표시

소재지	시 동 번지 APT, 제 동제 호			
평 형	34평형	옵 션	풀옵션	전용면적 84,025㎡(대지권: 95,/54,323제곱미터)

2. 총매매금액(분양금액 + 권리금액)   권리금액(₩50,000,000원정)

매매대금	—金 원정........원정(₩ 원정)

3. 분양금액과 중도금 등 납부내역

분양금액	—金육억오천만원정 원정(₩650,000,000원정)
현재까지 납부한 금액	—金이억이천만원정 원정(₩220,000,000원정)
앞으로 납부할 금액	—金사억삼천만원정 원정(₩430,000,000원정)

4. 주택분양권 매매(양도)금액 지불

정산지불금	—金칠억원정 원정(₩700,000,000원정)		
융 자 금	—金 이억원 원정은(*승계, 말소, 특약사항에 별도 명시)한다.		
계 약 금	—金육천만원정	원정은 계약시에 지불하고 영수함.	영수자 인
중 도 금	—金 원정은 년 월 일에 지불하며		
잔 금	—金 사억사천만원정	원정은 20 년 월 일에 지불한다.	

1) 매도인은 위 아파트분양권 매매 잔금 지불과 동시에 분양계약서, 당첨권, 전매동의서, 영수증 등을 매수인에게 교부하고 인 감증명 등 기타 필요한 서류를 제공하여야 한다.
2) 매수인이 매도인에게 중도금(중도금이 없으면 잔금)을 지불하기 전까지는 매도인은 계약금액의 배액을 상환하고 매수인은 계 약금을 포기하고 이 계약을 해제할 수 있다. 본 계약서에 기재되지 않은 사항은 민법상 계약에 관한 규정과 일반 관례에 따 른다.
3) 른다.
   지정된 납기일에 중도금을 납부하지 않음으로써 발생한 이자들은 잔금일을 기준으로 그 이전것은 매도인이, 그 이후것은 매 수인이 부담하되, 잔금지불의 이행이 지체되는 경우 지체 동안의 이자부담은 지체의 책임이 있는 계약당사자 일방이 부담하 기로 한다.
4) 중개보수는 본 계약체결과 동시에 매도인과 매수인 쌍방이 각각 (매매대금의 ( )%를)지불하여야 하며, 공인중개사의 고의나 과실없이 계약당사자간의 사정으로 본 계약이 해제될 경우에도 중개보수를 지불한다.

특약사항1.본 분양권 매매계약은 양당사자가 분양권 원본과 사행사/융자은행 확인을 거쳐 현제 12층 건축중임을 육안으로 확인하고 계약 서명,날인한다.

2.잔금중 앞으로 납부 할 중도금/잔금금액은 매매금에서 공제하고 매수자가 납부하고 등기/입주하기로한다.

3.본 분양권 승계가 불가능시에는 계약급 반환하고 조건 없이 해약하기로 한다.

4.본 분양권 매매계약은 양당사자가 위 특약사항을 읽고듣고 계약 서명,날인한다.

5.양당사자는 명의변경 서류을 준비하여 잔금 당일 은행과 시행사에 동행하여 승계이전 하기로한다.

첨부:분양권 사본.

주: 분양권은 가능하면 단축 일주일 이내 잔금이 좋음.

전미가간 전이라면 매도자는 매수자에게 약속어음 오맛원으로 발행급하여 공증하여 주기로 하며 명의변경시 이 발행된 약속어음은 반환하기로 한다.   **양당사자 쌍방합의 계약체결함**

본 계약에 대하여 매도인과 매수인은 이의 없음을 확인하고 각자 서명·날인 후 매도자 매수자 각각 보관한다.

20 년 월 일

매도인	주 소	새로운도로명주소				印
	주민등록번호		전화		성명 본인서명	
매수인	주 소	새로운도로명주소				印
	주민등록번호		전화		성명 본인서명	
공인중개사	사무소소재지	새로운도로명주소				印
	등록번호	2015-000010	사무소명칭		랜드공인중개사 사무소	
	전화번호		대표자성명		본인서명	

재개발 분양권 계약서

본 아파트분양권 매매계약을 체결함에 있어 다음과 같은 계약이행 조건으로 계약을 체결한다.

1. 분양권의 표시 ( ) 뉴타운 ( )구역 주택정비사업조합 조합원 분양계약서 매매.

소재지	서울 구 동 번지 일대 래미 아파** 제 ****호				
평 형	35	옵 션	풀옵션	전용면적	13,561㎡(대지권:	68,05

2. 총매매금액(분양금액 + 권리금액)　　　　권리금액(₩50,000,000원정)

매매대금	一金오억오천만원정	원정(₩550,000,000원정)

3. 분양금액과 중도금 등 납부내역

분양금액	一金오억원정	원정(₩500,000,000원정)
현재까지 납부한 금액	一金삼억원정	원정(₩300,000,000원정)
앞으로 납부할 금액	一金이억원정	원정(₩200,000,000원정)

4. 주택분양권 매매(양도)금액 지불

정산지불금	一金오억오천만원정	원정(₩550,000,000원정)		
융 자 금	一金일억원정	원정은 (*승계, 말소, 특약사항에 별도 명시) 한다.		
계 약 금	一金오천만원 수함.	원정은 계약시에 지불하고 영	영수자	인
중 도 금	一金	원정은 년 월 일에 지불하며		
잔 금	一金오억원정	원정은 20 년 월 일에 지불한다.		

1) 매도인은 위 아파트분양권 매매 잔금 지불과 동시에 분양계약서, 당첨권, 전매동의서, 영수증 등을 매수인에게 교부하고 인감증명 등 기타 필요한 서류를 제공하여야 한다.
2) 매수인이 매도인에게 중도금(중도금이 없으면 잔금)을 지불하기 전까지는 매도인은 계약금액의 배액을 상환하고 매수인은 계약금을 포기하고 이 계약을 해제할 수 있다. 본 계약서에 기재되지 않은 사항은 민법상 계약에 관한 규정과 일반 관례에 따른다.
3) 지정된 납기일에 중도금을 납부하지 않음으로서 발생한 이자등은 잔금일을 기준으로 그 이전것은 매도인이, 그 이후것은 매수인이 부담하되, 잔금지불의 이행이 지체되는 경우 지체 동안의 이자부담은 지체의 책임이 있는 계약당사자 일방이 부담하여야 한다.
4) 중개보수는 본 계약체결과 동시에 매도인과 매수인 쌍방이 각각 (매매대금의 ( )%를)지불하여야 하며, 공인중개사의 고의나 과실없이 계약당사자간의 사정으로 본 계약이 해제될 경우에도 중개보수를 지불한다.

특약사항

1. 본 조합원분양권 매매계약은 양당사자가 분양권원본과 시행사(조합사무실)융자은행 확인을 하고 현재5층건축중임을 육안으로 확인하고 계약 서명날인한다.
2. ( )은행 융자금 일억원은 매수자가 승계받기로 하며 잔금일 기준 정산한다.
3. 잔금일 이후 중도금/잔금은 매수자가 납부하기로 하고 등기/입주하기로 하며, 잔금일 기준 대금에서 공제한다.
4. 매도자의 이주비는 잔금일 매도자가 조합에 반환 정리하여 주기로 한다.
5. 입주 및 조합청산시 과부족금 과 이익금은 매수자의 책임으로 한다.
6. 양당사자는 명의변경 서류를 미리 준비하여 잔금과 동시 은행과 시행사에 동행하여 명의변경 하기로한다.
7. 본 계약의 잔금일 양당사자의 명의이전이 불가 시에는 계약금 반환하고 조건없이 해약 하기로 한다.
8. 본 계약은 양당사자가 위 특약사항을 읽고 듣고 계약 서명. 날인한다.

본 계약에 대하여 매도인과 매수인은 이의 없음을 확인하고 각자 서명·날인 후 매도인.매수인.공인중개사가 보관한다.

20 년 월 일

매도인	주 소	새로운도로명주소				印
	주민등록번호		전화		성명　　본인서명	
매수인	주 소	새로운도로명주소				印
	주민등록번호		전화		성명　　본인서명	
공인중개사	사무소소재지		새로운도로명주소			印
	등록번호	2015-000010	사무소명칭			
	전화번호		대표자성명		본인서명	

① 계 약 일 반 조 항

계약 일반사항	계 16구역 주택재개발 정비사업조합

래미안/위브(답십리 제16구역) 계약 당사자인 시행사"갑" 매수인"을" 시공사 "병"은 다음과
　　　같이 계약을 체결한다.

제1조 (분담금 납부방법) 계약서 1면에 표기

제2조 (계약의 해제 및 취소)

　　　다음사항의 이행이 불가시 계약 해제하기로 한다.

　　(3) 본 계약에 따른 권리의무를 "갑"의 사전승인 없이 타인에게 양도하거나, 제한물건의 목적
　　　　으로 하였을 때.

　　(4) "갑"의 보증에 의하여 융자가 알선되었을 경우 "을"이 이자 등을 납부하지 않을 때.

　　(8) 분양권 전매에 관한 승낙 없이 전매 (매매. 증여. 임대 및 기타 권리변동을 수반하는 일체의
　　　　행위를 포함) 를 한 경우.

제3조 (위약금)

제4조 (권리의무의 양도 및 양도)

　　(1) "갑""병"으로부터 대여 받은 대여금(이주대여금) 납부에 관한사항.

　　(2) 계약서상 명의변경은 "을"ㅁ; 전1항의 조건을 이행한 "갑""병" 확인날인을 함으로서
　　　　발생하는 경우.

제15조 (이주대여금 등의 상환)

　　(1) "을" 은 "갑" 또는 "병" 으로부터 대여 받은 이주대금. 기타 대여금 등은 제5조에 의하여
　　　　"갑" 과 "병"이 지정하는 입주기간 만료일 이내에 "을"이 만료일 이전에 입주 전)
　　　　상환하여야 한다.

　　(2) 중도금 대출 상환 입주 전 납부하여야 한다.

제16조 (과. 실근) 건축완료 후 정산 절차 시 과 부족근(이익근/ 부족근)이 발생 시에는 조합정관에
　　　　따라 과실근은 매수인에게 배분하며 부족근 발생 시에는 매수인에 균등배부 납부키로 한다.

　　　　　━━━━━ 이하 중략 ━━━━━

　　　　　　　　입주예정일 : 2014 년 07월

　　(이주 및 철거가 지연될 경우 입주예정일은 변동될 수 있으며 사정에 따라 변경될 경우 추후 개별 통보키로
함)

위 계약내용에 대하여 충분한 설명을 듣고 잘 이해하였습니다.
자필 기재 한 것을 확인 합니다.
자 필 기재 합니다.

위 계약 일반사항은 계약서 원본에 들어 있으니 꼭 살펴보아야 한다.

특히 융자금승계 시에는 중도금 무 융자인지 입주 시까지 유예되어 입주 시에 일괄 납부인지를 꼭 살펴보아야 한다. 실무 현장에서는 잔금일 기준 이자 정산을 하는 경우도 있고 양당사자와 프리미엄을 조정 하면서 입주 시에 매수자가 납부하는 경우도 있다.

그럴 때 에는 계약서 작성 시에 특약 하여야 문제의 소지를 줄일 수가 있다.

② 권 리 의 무 승 계 계 약 서

본 계약서상 표시의 부동산을 "을"로부터 양도받음에 양수인_____(이하"정"이라함)은 "을"과
"갑""병"간에 체결한 본 계약서상의 모든 권리의무를 그대로 성실히 승계할 것을 확약하며 차후 양도. 양수에 따른 민.
형사상의 모든 문제는 "을"과"정"에게 귀속되고 "갑"과"병"은 하등의 책임이 없음을 확인하며 이를 증명하기 위하여
본 권리의무승계 계약서를 작성 서명. 날인 합니다.

"갑" *** 제16구역 주택재개발정비사업조합   "을" : 양도인

"병" (주) ****   "정" : 양수인

권 리 의 무 승 계 란

승계일	양도인		양수인		확 인	
2014년 월 일	성명:	(인)	성명:	(인)	갑 (인)	병 (인)
	주민등록번호:		주민등록번호:			
	주소:		주소:			
	TEL:		TEL:			
2014년 월 일	성명:	(인)	성명:	(인)		
	주민등록번호:		주민등록번호:			
	주소:		주소:			
	TEL:		TEL:			
2014년 월 일	성명:	(인)	성명:	(인)		
	주민등록번호:		주민등록번호:			
	주소:		주소:			
	TEL:		TEL:			
2014년 월 일	성명:	(인)	성명:	(인)		
	주민등록번호:		주민등록번호:			
	주소:		주소:			
	TEL:		TEL:			

주 소 변 경 내 역

변 경 일	변 경 된 주 소	전 화 번 호

분양권관리 의부 계약 시에 반드시 시행조합 / 시공사 / 융자은행에 사전 합의를 거쳐야 합니다.
제시하는 서류 일체도 사전 준비가 필요합니다.
계약금 후 서류일체를 준비하여 빠른 시간 내 중도금 생략하고 바로 잔금으로 시행사에 미리 날짜를 정하여 바로 잔금처
리 와 명의 이전을 하는 것이 바람직하다.
그리고 매도자의 양도소득세는 바로 신고를 하여 나중에 불이익이 없도록 조언 하여야 합니다.

특히 분양권은 신탁관리회사에서 자금지원으로 신탁관리회사에 확인을 거쳐서 매매 또는 임대차
계약을 하여야하고 신탁관리회사 계좌로 대금을 입금하여야 한다.

재개발 조합원 분양권 매매 계약

109.21㎡ 형		
[B4C평형]		
105 동	2706	호

★★★ 제1**구역 주택재개발

조합원 APT 분양계약서

1. 조합 원 번호: 2-23-45

갑		병
서울지 ***구 **리동 178번지일대	서울 **구 **동 123-00번지	서울 **구 **동 123번지
*** 제**구역 주택재개발정비사업조합	(주) ****	**건설(주)
조합장 o o o (인)	대표이사: o o o (인)	대표이사: o o o (인)

을	주소: 서울 **구 ***동 123-00번지
	성명: 김 일동 (인)
	주민등록번호: 520301 - 1*****
	전화번호: 02) 797-0000 핸드폰번호 010-0000-0000

2. 주택의 표시: 서울특별시 ***구 ****동 178번지 일대 **APT

건			물		대 지	
공 급 면 적			기타공용면적	계약면적	공유지분	
전용면적	주거공용면적	계	(지하주차장등)			
84.98㎡	24.23㎡	109.21㎡	50.25㎡	159.46㎡	44.97㎡	

위 표시내역은 *** 제**지구 주택개발사업 조합이 도시주거환경 정비 법 제48조 조합정관 등의 규정에 의거 관리처분계획의 인가를 받아 종전 토지 등의 소유자에게 공급하는 토지 및 건축시설 로서...

'갑 "과" 을 "의 아래 분담금 납부계약임.

3. 계약일: 201* 년 11 월 07일

제1조(분담금 납부방법)

(1) 분담금 납부금액 및 납부일자.

총 분담금	계약금 (20%)	1차 (10%)	2차 (10%)	3차 (10%)	4차 (10%)	5차 (10%)	6차 (10%)	잔금 (20%)
	계약시	12.37.20	12.8.20	13.01.21	13.07.22	13.11.20	14.03.20	입주시
194,136.32 0원	38,82b, 000원	19,413, 000원	19,413, 000원	19,413, 000원	19,413, 000원	19,413, 000원	19,413, 000원	38,82b, 000원

(2) 납부지정은행

지정은행	계좌번호	예금주
OOOO 은행	1234-5-1234ooo	o o o

조합(시행)사의 업무보증 등을 세밀하게 살피고 시공사(건축)가 믿음이 가는 회사인지 확인하며 분양가격이 적당한지 인접한 기 입주APT와 비교 하여 손님. 고객에게 확인 설명 하여야 한다.

사업진행속도가 순조로운지 주위환경 등 민원의 소지가 없이 공사가 진행 중 인지 교통. 학교. 주민편익 시설이 근접한지 옵션포함가격 등 내부 인테리어(모델하우스)등 계약서조항을 확인 하며 가장 중요한 부분은 청산 시 과도한 과부족금의 발생소지가 없는지를 확인 하고 계약 하여야 한다.

일반 분양권, 재개발 분양권 매매계약서 특약 모음집

[권리분석과 물건 현 상태 확인]

① 조합원 분양(입주권) 원본 확인 ② 조합사무소 확인 ③ 공동소유물건 위임장
④ 대리인과 계약 위임장 ⑤ 분담금과 추가 분담금 확인 ⑥ 이주 비용확인 ⑦ 기본 시설물 외 추가 시설물 포함 여부 ⑧ 신탁관리 물건 ⑨ 집단대출 확인 ⑩ 청산 시 분담금 및 이익금에 대한 특약 ⑪ 사업 속도와 입주 예정일 ⑫ 민원사항 ⑬ 일부 환지 확정 면적 증가 지분 처리 특약 ⑭ 연체이자 특약 ⑮ 생각을 번복하는 사람

[특약사항 기본]

① 본 조합 분양권 매매계약은 양 당사자가 토지이용계획확인서, 등기사항전부증명서, 건축물관리대장, 토지대장, 지적도, 평면도 확인 및 물건 현재 (   )층 건축 중인 상태를 육안으로 확인하고 계약 서명, 날인한다.

② 양 당사자는 조합사무소의 매도자가 조합원임을 확인하고 계약 서명, 날인한다.

③ 분양권 프리미엄은 (   )만 원으로 합의 지불하기로 한다.

④ 분양대금에서 기존 융자금은 매수자가 승계받기로 하고 잔금일 기준 정산한다.

⑤ 매도자는 이주비용은 잔금일 기준 조합사무소에 반환하기로 한다.

⑥ 입주 청산 시 추가 분담금은 매수자가 책임지며 이익금이 배당 시에도 매수인의 이익으로 합의한다.

⑦ 잔금 시 양 당사자는 관련 제반서류를 준비해 조합사무실과 융자은행에 동행해 명의 변경을 하기로 한다.

⑧ 명의 변경이 불가능 시에는 계약금 반환하고 조건 없이 해약하기로 한다.

⑨ 본 계약은 양 당사자가 위 특약사항과 확인설명서를 읽고 듣고 계약 서명, 날인한다.

[추가 선택 특약사항]

⑩ 본 계약은 소유권자와 통화 승낙하에 처 (   )와의 계약이며 대금은 소유권자 (   )의 (   )은행 － － － 계좌로 입금하고, 20년 월 일 잔금 시에 소유권자가 동행해서 조합원의 명의 변경과 융자 승계하기로 한다.

⑪ 본 계약은 대리인 (   )이 위임장과 인감증명서 첨부하고 소유권자와 통화 승낙하에 계약한다. 대금은 소유권자 (   )의 (   )은행 － － － 계좌로 입금하고, 잔금일에 소유권자는 직접 참석하에 동시 이행으로 잔금을 정리한다.

⑫ 본 계약은 소유권자가 영주권자로 통화 승낙하에 해외거주사실확인서와 위임장을 첨부한 대리인 (   )와 계약하며 대금은 소유권자 (   )의 (   )은행 － － － 계좌로 입

금한다.

⑬ 본 계약은 공동소유권자 물건으로 위임장을 첨부한 1/2 소유권자인 (   )와 계약하며 1/2 소유권자 (   )와 통화 승낙하에 계약하며 대금은 1/2씩 공동소유권자 계좌로 입금한다.

⑭ 본 조합원 분양권 매매계약에 수반되는 학교분담금이 나올 시에 매수인이 책임지기로 하고 프리미엄 가격을 절충해 계약 서명, 날인한다.

⑮ 본 매매계약은 (   )신탁관리 회사의 신탁관리 물건으로 신탁관리 회사의 승낙하에 매매하며 신탁관리 계좌 (   )은행   -   -   신탁관리 회사로 대금을 입금하기로 한다.

⑯ 본 계약의 계약금 (   )만 원 중 (   )만 원 계약 시 지급하며 (   )만 원은 20   년   월   일 지급하기로 하고, 매수인이 미지급 시에는 기지급한 (   )만 원은 위약금으로 반환받지 않기로 하며 조건 없이 해약하기로 한다.

⑰ 본 매매계약은 매수인의 사정에 의해 중도금 시에 매수인이 지정하는 자에게 매도인은 잔금과 동시에 명의 이전해주기로 한다.

⑱ 양 당사자는 잔금일은 상호 협의가 가능 시에 날짜를 조정할 수 있다.

⑲ 본 계약 외 추가 샷시 설치 및 개인 에어컨 등 설치 계약서는 매수자가 승계받으며, 계약금은 매도자에게 잔금일 기준 반환하기로 한다.

⑳ 본 물건의 등기사항전부증명서에 설정된 개인채무 권리자 (   )는 본 분양권 매매계약 시에 소유권자와 동행 참석하에 말소 수임 법무사에 맡겨 정리하기로 위임하기로 한다.

㉑ 본 물건 환지 확정 지분 (   )제곱미터에 대한 추가가격은 매수인이 책임지기로 한다.

그런 친구라면
친구라고 부르지도 마세요

분양권 소개로 속을 썩였던 공인중개사의 이야기다. 2년 전, 공인중개사 시험에 합격한 후 어느 중개사무소에서 일을 배우기 시작했다. 그 중개사무소의 권유로 어느 지역의 아파트 한 채를 약간의 프리미엄을 주고 매수했다.

한 달쯤 후, 십년지기 친구가 사무소에 놀러 왔다. 이런저런 이야기 끝에 친구는 그 사무소에서 보유하고 있던 분양권 아파트 한 채를 프리미엄 1,200만 원을 주고 매수했다. 그 사무소에서 저렴하게 보유하던 분양권을 프리미엄 가격을 약간 올려 친구에게 판매한 것이다. 친구이기에 얼떨결에 소개하게 되었고, 대가성은 없었다.

하지만 시간이 지나면서 부동산 경기가 하락했고, 프리미엄은 사라졌다. 중도금 융자금의 이자만 월 100만 원 이상이 되었다. 그렇게 1년을 이자만 내다가, 친구는 중개사무소와 공인중개사에게 손해배상을 요구했다. 배상하지 않으면 고발하겠다는 말도 함께였다.

결국 중개사무소는 손해를 감수하면서 매수자에게 프리미엄 1,200만 원을 돌려주고 분양권을 회수했다. 거기서 끝난 줄 알았는데, 친구는 1년간의 이자를 내놓으라고 요구했다. 몇 번 괴롭히고 말겠지 했지만, 친구의 남편까지 합세해 집까지 찾아와 난동을 피웠다. 공인중개사는 정신적 고통은 물론이고, 가족을 보기에도 민망해서 어디에 호소도 못하고 속으로 끙끙 앓고 있었다. 십년지기 친구가 이렇게 덤터기를 씌울 줄 누가 알았겠는가?

이야기를 들으며 어이가 없어 몇 마디를 내뱉고 말았다.

"그 친구가 자꾸 귀찮게 굴면 무고죄로 대항하고 정신적 손해배상 몇천만 원을 요구하세요. 그런 친구는 친구로 상종도 하지 마세요. 프리미엄도 모자라 이자까지 물어내라니, 잘 되면 나누어줄 셈이었답니까?"

물건을 권유할 때는 부동산 경기의 흐름과 물건의 상태를 잘 설명하고, 계약 후의 가격변동은 본인의 책임임을 주지시켜야 한다. 그게 친척, 친구이건, 오늘 처음 본 고객이건 마찬가지다.

후일담이지만, 그 후 5년이 지나 해당 아파트는 당시 분양가의 두 배로 뛰었다고 한다. 그 친구가 얼마나 배가 아플까 생각해보면, 조금 못된 마음이긴 하지만 웃음이 나오는 건 어쩔 수 없다.

2

분양권
임대차계약서 작성

　개업공인중개사가 신규분양 아파트나 주택에 대한 준공검사나 사용승인 또는 임시 사용승인이 나기 전에 미리 임대차계약을 체결하는 경우가 많다.

　이 경우, 집단대출 등의 이유로 전세보증금을 책정하는 것이 매우 어렵다. 대부분의 분양권자는 계약금 10%~20%를 납부하고 중도금을 집단대출 형태로 분양계약을 진행한다. 금융기관은 보존등기 후 1순위 근저당 설정을 하게 된다.

　이로 인해 전세계약을 체결하고 보존등기 전에 입주한 세입자가 전입신고와 확정일자를 받고 나면, 금융기관에서 세입자의 주민등록 이전을 요구하는 상황이 발생한다. 세입자의 주민등록 이전이 불가능할 시, 금융기관은 기융자금 상환을 요구하게 된다.

임대인이 융자금을 상환하기 어려운 경우, 임차인과 주민등록 이전 문제로 다툼이 발생할 수 있다.

따라서 최근에는 잔금 납부 시에 중도금 상환을 특약으로 하는 계약을 체결하거나, 융자금을 유지하려면 보증금이 적은 월세로 계약을 체결하는 때도 있다. 이러한 사항을 분양권자와 세입자와 사전에 합의하고 임대차계약을 체결해야 공인중개사의 책임에서 자유로울 수 있다.

또한, 적은 보증금으로 합의한 계약을 체결하더라도, 기 전입 신고한 주민등록 이전에 협조하기로 한다는 특약을 넣는 것이 바람직하다.

주택 임대차계약서

이 계약서는 법무부에서 국토교통부·서울시 및 관계 전문가와 함께 민법, 주택임대차보호법, 공인중개사법 등 관계법령에 근거하여 만들었습니다. 법의 보호를 받기 위해 【중요확인사항】 (별지)를 꼭 확인하시기 바랍니다.

주택임대차계약서

□보증금 있는 월세
*□전세 □월세

임대인(　　　　　)과 임차인(　　　　　)은 아래와 같이 임대차 계약을 체결한다

[임차주택의 표시]

소 재 지	[도로명주소] 서울특별시 ○○구 ○○동 번지(○○동), ○로 18길 ○○ 소망아파트 제101동 제10○○호			
토 지	지목	대지	면적	95/54.324㎡
건 물	구조·용도	철근콘크리트조,주거	면적	84.025㎡
임차할부분	○○ APT 제101동 제10○○호		면적	114.35㎡

미납 국세	선순위 확정일자 현황	확정일자 부여란
□ 없음 (임대인 서명 또는 날인 ____ ㊞)	□ 해당 없음 ㊞	
□ 있음(중개대상물 확인·설명서 제2쪽 II. 개업 공인중개사 세부 확인사항 '⑨ 실제 권리관계 또는 공시되지 않은 물건의 권리사항'에 기재)	□ 해당 있음(중개대상물 확인·설명서 제2쪽 II. 개업공인중개사 세부 확인사항 '⑨ 실제 권리관계 또는 공시되지 않은 물건의 권리사항'에 기재)	

유의사항: 미납국세 및 선순위 확정일자 현황과 관련하여 개업공인중개사는 임대인에게 자료제출을 요구할 수 있으나, 세무서와
확정일자부여기관에 이를 직접 확인할 법적권한은 없습니다. ※ 미납국세·선순위확정일자 현황 확인방법은 "별지"참조

[계약내용]

제1조(보증금과 차임) 위 부동산의 임대차에 관하여 임대인과 임차인은 합의에 의하여 보증금 및 차임을 아래와 같이 지불하기로 한다.

보 증 금	금: 일억원정 원정(₩ 100,000,000원정)				
계 약 금	금 일천만원정 원정(₩ 10,000,000원정)은 계약시에 지불하고 영수함. 영수자 (인)				
중 도 금	금 원정(₩)은 년 월 일에 지불하며				
잔 금	금: 구천만원정(₩ 90,000,000원정)은 20 년 월 일에 지불한다				
차임(월세)	금 원정은 매월 일에 지불한다(입금계좌:)				

제2조(임대차기간) 임대인은 임차주택을 임대차 목적대로 사용·수익할 수 있는 상태로 20 년 월 일까지 임차인에게 인도하고, 임대차기간은 인도일로부터 20 년 월 일까지로 한다.

제3조(입주 전 수리) 임대인과 임차인은 임차주택의 수리가 필요한 시설물 및 비용부담에 관하여 다음과 같이 합의한다.

수리 필요 시설	□ 없음 □ 있음(수리할 내용: 해당없음)
수리 완료 시기	□ 잔금지급 기일인 ____ 년 ____ 월 ____ 일까지 □ 기타 ( )
약정한 수리 완료 시기 까지 미 수리한 경우	□ 수리비를 임차인이 임대인에게 지급하여야 할 보증금 또는 차임에서 공제 □ 기타(해당없음)

제4조(임차주택의 사용·관리·수선) ① 임차인은 임대인의 동의 없이 임차주택의 구조변경 및 전대나 임차권 양도를 할 수 없으며, 임대차 목적인 주거 이외의 용도로 사용할 수 없다.

② 임대인은 계약 존속 중 임차주택을 사용·수익에 필요한 상태로 유지하여야 하고, 임차인은 임대인이 임차주택의 보존에 필요한 행위를 하는 때 이를 거절하지 못한다.

③ 임대인과 임차인은 계약 존속 중에 발생하는 임차주택의 수리 및 비용부담에 관하여 다음과 같이 합의 한다. 다만, 합의되지 아니한 기타 수선비용에 관한 부담은 민법, 판례 기타 관습에 따른다.

임대인부담	(예러다, 난방, 상하수도, 전기시설 등 임차주택의 주요설비에 대한 노후·불량으로 인한 수선은 민법 제623조, 판례상 임대인이 부담하는 것으로 해석됨 해당없음)
임차인부담	(예러다, 임차인의 고의·과실에 기한 파손, 전구 등 통상의 간단한 수선, 소모품 교체 비용은 민법 제623조, 판례상 임차인이 부담하는 것으로 해석됨 해당없음)

④ 임차인이 임대인의 부담에 속하는 수선비용을 지출한 때에는 임대인에게 그 상환을 청구할 수 있다.

제5조(계약의 해제) 임차인이 임대인에게 중도금(중도금이 없을 때는 잔금)을 지급하기 전까지, 임대인은 계약금의 배액을 상환하고, 임차인은 계약금을 포기하고 이 계약을 해제할 수 있다.

제6조(채무불이행과 손해배상) 당사자 일방이 채무를 이행하지 아니하는 때에는 상대방은 상당한 기간을 정하여 그 이행을 최고하고 계약을 해제할 수 있으며, 그로 인한 손해배상을 청구할 수 있다. 다만, 채무자가 미리 이행하지 아니할 의사를 표시한 경우의 계약해제는 최고를 요하지 아니한다.

제7조(계약의 해지) ① 임차인은 본인의 과실 없이 임차주택의 일부가 멸실 기타 사유로 인하여 임대차의 목적대로 사용할 수 없는 경우에는 계약을 해지할 수 있다.

② 임대인은 임차인이 2기의 차임액에 달하도록 연체하거나, 제4조 제1항을 위반한 경우 계약을 해지할 수 있다.

제8조(계약의 종료) 임대차계약이 종료된 경우에 임차인은 임차주택을 원래의 상태로 복구하여 임대인에게 반환하고, 이와 동시에 임대인은 보증금을 임차인에게 반환하여야 한다. 다만, 시설물의 노후화나 통상 생길 수 있는 파손 등은 임차인의 원상복구의무에 포함되지 아니한다.

제9조(비용의 정산) ① 임차인은 계약종료 시 공과금과 관리비를 정산하여야 한다.

② 임차인은 이미 납부한 관리비 중 장기수선충당금을 소유자에게 반환 청구할 수 있다. 다만, 관리사무소 등 관리주체가 장기수선충당금을 정산하는 경우에는 그 관리주체에게 청구할 수 있다.

제10조(중개보수 등) 중개보수는 거래 가액의 _____%인 _____(의금액) 원(□ 부가가치세 포함 □ 불포함)으로 임대인과 임차인이 각각 부담한다. 다만, 개업공인중개사의 고의 또는 과실로 인하여 중개의뢰인간의 거래행위가 무효·취소 또는 해제된 경우에는 그러하지 아니하다.

제11조(중개대상물확인·설명서 교부) 개업공인중개사는 중개대상물을 201* 년 **월 ** 일 임대인과 임차인에게 각각 교부한다.

[특약사항]

상세주소가 없는 경우 임차인의 상세주소부여 신청에 대한 소유자 동의여부(□ 동의   □ 미동의)

1. 본1. 임대차계약서는 현재 신규분양/사용승인상태인 미등기 상태의 전세계약으로 양당사자가 분양권 원본 및 시행사의 확인 및 물건 현상태(룸류샷)를 육안으로 확인하고 계약 서명.날인한다.

2. 본 물건은 **은행 외외동 융자가 있으며 임차인은 주민등록 전입신고를 임대인이 등기완료 후에 하기로 하며 임차인의 전입신고로 인하여 임대인이 등기불가로 인하여 손해가 발생하면 임차인이 그 비용을 책임지기로 한다.

3. 본 계약은 양당사자가 위 특약사항과 확인 설명서를 읽고 듣고 계약 서명.날인한다.

주: 등기완료 후에 주민등록이전 합의.

본 계약을 증명하기 위하여 계약 당사자가 이의 없음을 확인하고 각각 서명날인 후 임대인, 임차인 개업공인중개사는 매 장마다 간인하여, 각각 1통씩 보관한다.   20 년   월   일

임대인	주　소	새로운도로명주소						서명 또는 날인㉑
	주민등록번호		전 화		성 명	본인서명	
	대 리 인	주소	주민등록번호		성 명		
임차인	주　소	새로운도로명주소						서명 또는 날인㉑
	주민등록번호		전 화		성 명	본인서명	
	대 리 인	주소	주민등록번호		성 명		
중개업자	사무소소재지	새로운도로명주소	사무소소재지	새로운도로명주소		
	사무소명칭	랜드공인중개사사무소	사무소명칭	신 랜드공인중개사 사무소		
	대　표	서명 및 날인	본인서명 ㉑	대　표	서명 및 날인	본인서명 ㉑
	등 록 번 호		전화	등 록 번 호		전화
	소속공인중개사	서명 및 날인	㉑	소속공인중개사	서명 및 날인	㉑

상가 지하층을 분양받아 손해를 본 U씨 이야기

최근 상가(건물)를 시행하는 시행사에서는 규모가 큰 상가(빌딩)이 아니라면 지하층의 근린생활시설은 분양 자체가 힘들고 활성화도 어렵기 때문에 건축을 하지 않는 편이다.

U씨는 서울 변두리에 위치한 왕복 2차선 도로에 접한 소규모 3층 상가의 지하층 70여 평 중 25평을 분양받았다. 3명의 소유권자와 합의해서 슈퍼마켓으로 임대를 했다. 처음 3년 동안에는 임대료가 들어왔으나, 이후 인근에 신축 대형 상가들이 들어서면서 슈퍼마켓은 철수하게 되어 공실로 남게 되었다. 관리도 제대로 되지 않아 지하상가는 노후화로 인해 누수 등 고칠 곳이 많아졌지만, 누구도 관심을 두지 않아 속만 태우고 있다.

U씨는 저렴하게라도 창고로 임대차를 하고 싶었으나, 나머지 두 소유권자는 별 관심이 없었다. 1층 음식점들도 그동안 영업을 하면서 권리금 문제 등으로 임대인과 마찰이 있었고, 2~3층 역시 몇 년 동안 공실로 방치되어 있었다.

결국, U씨는 울며 겨자 먹기로 매도를 하려 했으나, 토지 지분도 작고 가격도 형성되지 않아 분양받은 가격으로 팔기가 어려웠다. 결국 지하상가에 투자한 지 8년 만에 분양가의 절반에 매도했다. 돌이켜 생각해보니 8년 전, 어느 도시지역의 단지 내 상가 1층 한 칸을 분양받으려 했으나, 면적이 좁아 포기했던 적이 있었다. 오늘날 그 단지 상가 현장을 가보니 당시보다 3배 이상 가격이 올랐고, 임대료도 만만치 않게 올랐기에 U씨는 후회가 막심했다.

부동산 투자란 박자 맞추기가 어렵다. 남들이 사서 오르니 나도 사면 오르겠지 하지만, 현실은 꼭 그렇지만은 않다는 사실이다. 그래서 부동산 투자는 많은 공부와 신중한 판단이 필요하다.

3

상가 분양권
양도양수계약서 작성

최근 각 지역마다 공급 과잉으로 인해 고객에게 상가 분양을 권유하기가 쉽지 않으며, 임대차를 맞추기도 어렵다. 따라서 확실하게 수익률이 어느 정도 보장될 수 있다면, 미래가치를 잘 확인하고 설명한 후 계약을 추진해야 한다. 계약 시점 이후에는 매수자의 책임임을 명확히 설명하고 이해시키는 것이 중요하다.

상가 분양권 양도양수 계약서

상가 분양권 양도양수 계약서

본 부동산 권리에 대하여 양도인과 양수인은 다음과 같이 부동산권리 양도, 양수계약을 체결한다.

1. 부동산의 표시

소 재 지	서울시 구 동 번지 외 5필지		
상 호	상가동 층 호	면 적	85 ㎡
업 종	자유	허가(신고)번호	

2. 계약내용

제1조 위 부동산에 대하여 권리양도인과 양수인은 합의에 의하여 다음과 같이 권리양수, 양도 계약을 체결한다.

총 대 금	金	일십억원정(₩ 1,000,000,000원)		
계 약 금	金	일억오천만원정은 계약시에 지불하고 영수함.	영수자	인
중 도 금	金	이억오천만원정은 20 년 월 일에 지불하며,		
	金	이억오천만 원정은 20 년 월 일에 지불한다.		
잔 금	金	삼억오천만 원정은 20 년 월 일에 지불한다.		
양도범위 (시설물 등)				

제2조) 양도인은 위 부동산을 권리 행사를 할 수 있는 상태로 하여 임대차계약 개시 전일까지 양수인에게 인도하며, 양도인은 임차권의 행사를 방해하는 지방사항을 제거하고, 잔금수령과 동시에 양수인이 즉시 영업 할 수 있도록 모든 시설 및 영업권을 포함 인도하여 주어야 한다. 다만, 약정을 달리한 경우에는 그러하지 아니한다.

제3조) 위 부동산에 관하여 발생한 수익의 귀속과 조세공과금 등의 부담은 위 부동산의 인도일을 기준으로 하여 그 이전까지는 양도인에게 그 이후의 것은 양수인에게 각각 귀속한다. 단, 지방세의 납부의무 및 납부책임은 지방세법의 규정에 따른다.

제4조) ① 양수인이 중도금(중도금약정이 없을 때는 잔금)을 지불하기 전까지 양도인은 계약금의 배액을 배상하고, 양수인은 계약금을 포기하고 본 계약을 해제할 수 있다.

② 양도인 또는 양수인이 본 계약상의 내용에 대하여 불이행이 있을 경우 그 상대방은 불이행한 자에 대하여 서면으로 최고하고 계약을 해제할 수 있다. 그리고 계약당사자는 계약해제에 따른 위약금을 각각 상대방에게 청구할 수 있으며, 계약금을 위약금의 기준으로 본다.

③ 양도인은 잔금지급일 전까지 소유자와 아래의 '임대차 계약내용'(소유자의 요구에 따라 변경될 수 있음)을 기준으로 양수인간에 임대차계약이 체결되도록 최대한 노력하며, 임대차계약이 정상적으로 체결되지 못하거나 진행되지 못할 경우 본 계약은 해제되고, 양도인이 수령한 계약금 및 중도금은 양수인에게 즉시 반환한다.

제5조) 중개업자는 계약 당사자간 채무불이행에 대해서 책임을 지지 않는다. 또한, 중개수수료는 본 계약의 체결과 동시에 양도인이 양도대금의 ( )%를 지불하며, 중개업자의 고의나 과실없이 계약당사자간의 사정으로 본 계약이 해제되어도 중개수수료를 지급한다. 단, 본 계약 제4 조3항의 사안으로 인하여 계약이 해제되는 경우에는 수수료를 지불하지 아니한다.

3. 양도·양수할 대상 물건의 임대차 계약내용

소유자 인격사항	성 명	김	연락처	
	주 소	경기 시 군 구 동 번지		
임대차 관 계	임차보증금	미정	월차임	金미정 권(₩)
	계약기간	미정		

특약사항

본 계약에 대하여 양도인과 양수인은 이의 없음을 확인하고 각자 서명, 날인 후 양도인, 양수인, 공인중개사가 각 1통씩 보관한다.

20 년 월 일

양도인	주 소	도로명 주소			印
	주민등록번호	전화	성명	본인서명	
양수인	주 소	도로명 주소			印
	주민등록번호	전화	성명	본인서명	
공인중개사	사무소소재지	도로명 주소			
	등록번호	사무소명칭			印
	전화번호	대표자성명	본인서명		

다운계약으로
과태료를 납부했습니다

상가 분양권을 거래하고 거래 사실을 신고했다. 신고한 거래가격은 프리미엄 7,200만 원을 포함한 6억 원이었는데, 실제 프리미엄은 8,000만 원이었다. 양도세 중과 구간인 8,000만 원을 피하기 위해 800만 원을 다운해서 7,200만 원으로 신고한 것이다.

그런데 잔금 지급이 끝난 지 2개월 후 행정관청에서 무작위 표본조사로 해당 물건 매도자의 거래 대금 입금계좌 소명을 요구받았다. 대조를 진행한 결과, 입금 내역 8,000만 원이 확인되었다. 프리미엄 7,200만 원은 계좌로 입금하되 다운된 800만 원은 현금으로 주어야 했는데, 설마 걸리겠냐는 마음에 8,000만 원을 그대로 입금했던 것이다.

결국 증거가 잡혀 행정관청에 읍소(泣訴)를 하는 수밖에 없었다. 해당 중개사는 384만 원의 과태료 처분을 받았다. 업무정지 처분은 면했으니 불행 중 다행이었다.

정리된 과태료는 다음과 같다.

> **[과태료 산출내역]**
>
> 1. 거래된 금액 6억 원×0.02%(과태료 최저요율)=1,200만 원
> 2. 1,200만 원×0.5(자진신고 처리로 1/2 감액)=600만 원
> 3. 600만 원-120만 원(처음 고발로 20% 감액 적용)=480만 원
> 4. 480만 원-96만 원(20일 이내 납부 감액 적용)=384만 원(납부)으로 정리

다행히도 매도자 측이 좋은 사람이어서 과태료를 매도자가 공인중개사 대신 납부해 주었다. 행정관청에서는 중개가 완료되어 거래 사실 신고를 마친 물건 중 표본으로 몇 건을 추출해서 거래 사실 신고 내용을 확인하고 계좌 입금 등 사실 조사를 진행한다. 피해를 피하려면 중개 현장에서 업/다운 계약을 하지 말아야 하지만, 이를 원하는 매도 자나 매수자가 많아 아예 피하기는 쉽지 않다. 그렇다면 업/다운 계약에는 어떻게 대처 해야 할까?

① 차액은 계좌이체하지 말고 현금으로 준다.
② 거래 당사자와 이를 중개한 공인중개사 외에는 이 사실을 알리지 않는다.
③ 문제가 발생하면 담당자에게 찾아가 사정을 이야기하고 과태료를 줄일 수 있는 방편을 찾는다.

PART

8

토지(임야)
계약의 기술

토지(임야)
매매계약서 작성

　토지(임야), 공장, 물류창고, 전원주택(지) 등을 전문으로 중개하는 공인중개사는 그야말로 전문적인 공부를 해야 하고 계약 또한 신중해야 한다. 특히 현장을 자주 누벼야 하고 계약 성사가 힘들기 때문에 인내력이 필요하다.

　1. 권리분석을 철저하게 해서 지상권 등 다른 건축물이 있는지 확인한다.

지역권이란?

지역권이란 자기 토지의 편익을 위해 타인의 토지를 이용하는 권리를 말한다. 이 경우에는 자기의 토지는 편익을 받기 때문에 요역지, 타인의 토지는 편익을 제공하기 때문에 승역지라고 부른다. 보통 지역권은 자기의 토지에 도달하기 위해 그 토지의 소유주에게 일정한 대가를 지불하는 통행지역권과 자기의 토지에 물 등을 사용하기 위해 타인의 토지를 통과하는 통수관을 묻는 등의 권리를 인수지역권이 있다.

2. 측량을 생략할 경우 토지대장과 등기사항전부증명서상 면적이 일치한다면 전체 금액을 매매가격으로 계약하는 것이 좋다. 만약 측량 결과에 양 당사자가 따르기로 한다면, 이를 특약사항으로 명시해야 한다. 또한, 매수하고자 하는 토지가 1필지인지 그 요건을 세밀히 검토해야 한다.

필지의 성립요건

1. 지번이 같을 것
2. 지목이 같을 것
3. 소유자가 같을 것
4. 지적공부의 축척이 같을 것
5. 지반이 연속되어 있을 것
6. 소유권 이외의 권리관계가 같을 것(예를 들면 지상권자와 존속기간 등이 같을 것)
7. 등기내용이 같을 것 등

3. 농지자격취득증명을 받아야 한다면 대상이 되는지 검토한다.

토지 이용조사

시장·구청·구청장은 매년 12월 31일 현재의 국토이용계획으로 정해진 용도지역 안의 토지가 그 지정된 목적대로 이용되고 있는지를 조사한다. 토지이용현황보고서를 작성하고 매년 3월 말까지 도지사에게 보고해야 하며 도지사는 토지의 이용현황 종합보고서를 작성하고 매년 5월 말까지 국토교통부 장관에게 제출한다. 주말농장 등으로 농지자격취득증명을 발급받아 소유권 이전을 해놓고 그 용도로 사용하지 않을 경우 처분통보를 받거나 과태료 처분을 받는다.

4. 토지거래허가구역이라면 역시 대상이 되는지 검토한다.

토지거래허가구역은 토지의 투기적인 거래가 성행하거나 지가가 급격히 상승하는 지역에 대해서 5년 이내 동안 토지거래 계약을 허가받도록 하는 '부동산 거래신고 등에 관한 법률'에 따라 지정하는 구역을 말한다. 토지거래허가제도는 토지 소유의 편중과 무절제한 사용을 시정하고 투기로 인한 비합리적으로 지가가 형성되는 것을 방지하며 토지 거래의 공적 규제 강화를 위해 시행하는 제도다.

토지 거래허가 신청 구비 서류

순번	제출대상	서류명	비고
1	매수인, 매도인	허가신청서	
2	매수인	자금조달계획서	
3	매수인	토지이용 계획서(서술)	
4	매수인	지적전산자료 조회 결과(배우자, 자녀 포함)	토지정보과(지적팀)
5	매수인	거소증명서(배우자, 자녀 포함)	민원행정과(여권 창구)
6	매수인	외국인 등록 사실증명서 (배우자, 자녀 포함)	민원행정과(여권 창구)
7	매수인	출입국 사실증명(3년)	민원행정과(여권 창구)
8	매수인	전국 과세내역 증명서(3년 간, 배우자, 자녀 포함)	
9	매수인	주택 처분 계획서(서술, 기존주택 소유한 경우 해당)	
10	매도인	임대차계약서(전·월세 경우)	
11	매도인	임대차계약갱신청구권에 대한 합의서(매도인과 임차인 간)	
12	위임 받은 자	허가신청서 제출 위임장	
13	매도인, 매수인	법인 인감도장 날인 (법인의 경우 해당)	
14	매도인, 매수인	법인 인감증명서 (법인의 경우 해당)	

5. 임야를 개발하려는 경우 경사도를 잘 검토하고 개발 면적 대비 수익성을 평가하는 것은 매우 중요하다.

풍치지구란?

도시계획법상 용도지구 중 하나로 도시의 발전에 따라 파괴되기 쉬운 자연 풍치를 유지, 보전하기 위해 필요한 일정 구역을 확정, 구분해 지정한 지구다.
따라서 풍치지구에서는 각종 건축물을 제한하고 있으며, 주거지역의 건축물 제한과 동일하며 다만 지방자치 조례로서 기타의 건축물도 제한을 받을 수 있다.
이러한 풍치지구가 용도지역으로 지정된 지역이라면 건축을 하고자 하는 자가 행정관청에 미리 파악해야 한다. [건축법 시행령 제114조 1항]

6. 토지에 분묘가 있는 경우, 매매계약 시 분묘 처리에 대한 사항을 명확히 명기하고 잔금 납부 시까지 어떻게 처리할 것인지 특약사항에 넣는다.

법면지란?

법면지(법면지역)라고 말하는 것은 부지를 형성하고 있거나 부지를 조성하고 난 후에 경사도에 따르는 비탈면 또는 경사면 부분이나 토지의 높고 낮음이 다른 중간 부분의 연결된 지면을 말한다. 통상 석축이나 옹벽 또는 토사로 절토되거나 나무를 심거나 성토된 곳도 있다. 이것을 법면 상태라고 하고, 이런 상태의 지면을 법면지, 범위가 넓으면 법면지역이라고 부른다. 실제는 그 토지의 수직 면적에 포함되어 있다.

7. 종중 토지 거래 시 종중의 총회 의결서를 확인하고, 책임 있는 자와 계약을 체결하도록 한다.

8. 수목과 과실주의 소유주가 다른 경우인지 확인하고 어떻게 처리할 것인지 특약사항에 표기한다.

9. 매도자가 영주권자이거나 시민권자인 경우, 여러 법적 및 세무적 문제가 발생할 수 있으므로 잘 검토해 처리하도록 한다.

10. 토지의 사전 답사 시 비 오는 날에 확인하면 그 토지의 특성, 즉 배수가 잘되는지를 파악하기 쉽다. 여름과 가을에는 토지의 장점을 쉽게 확인할 수 있지만, 겨울에는 더 정확하게 파악할 수 있어 여러 가지 분석이 가능하다.

11. 전원주택지 매매 시에는 여러 가지 고려할 점이 많다. 개발업자가 분양하는 개발택지는 여러 세대가 함께 공동생활을 할 수 있게 계획 설계해 단지형으로 이루어져 생활에 편리함을 더한다. 하지만 토목공사 전에 선 분양을 많이 하므로, 중개 시에는 권리관계, 도로 문제 등 여러 가지 사항을 정확히 파악하고 매매 알선을 해야 한다.

12. 승역지와 요역지

승역지	요역지
지역권의 전제 중 하나다. 지역권이란 자기 토지의 편익을 위해 일정한 목적으로 다른 사람의 토지를 이용할 수 있는 권리다. 그중 편익을 제공하는 토지를 승역지라고 한다. 그러므로 승역지의 이용자는 그 승역지가 요역지의 편익에 제공되는 범위에서 의무를 부담한다. 민법에 따르면 승역지를 소유하고 있는 주인은 지역권의 행사를 방해하지 않는 범위 내에서 지역권자가 지역권의 행사를 위해 승역지에 설치한 공작물(工作物)을 사용할 수 있다. 이 경우에 승역지 소유자는 이익 정도의 비율로 공작물의 설치와 보존의 비용을 분담해야 한다. 승역지가 제삼자로부터 시효취득이 되면 일반적으로 지역권이 소멸된다. 하지만 승역지의 소유자가 지역권의 부담이 있는 것을 인용하는 상태에서 승역지를 점유를 계속하면서 시효 취득하는 경우에는 지역권의 제한을 받는 소유권을 취득하기 때문에 지역권은 소멸하지 않는다.	승역지와 반대되는 개념으로, 지역권 설정 시 다른 토지로부터 편익을 받는 토지를 말한다. 승역지는 1필의 토지 일부에 설정이 가능하나 요역지는 1필의 토지이어야 한다. 요역지의 편익 내용은 지역권 설정 시 정해지며 대부분 통행, 인수, 관망 등이다.

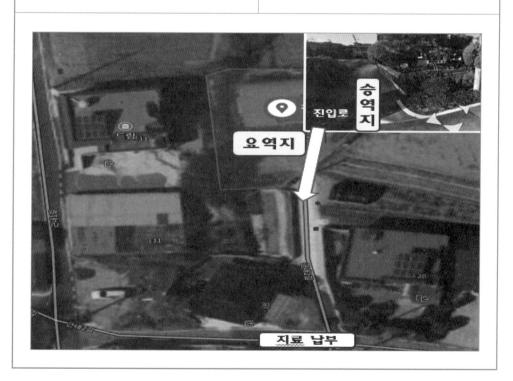

국토이용계획 및 이용에 관한 법률에 의한 도로(道路)

1. 사용 및 형태에 의한 구분
- 일반도로 : 폭 4m 이상으로서 통상의 교통소통을 위한 도로
- 자동차 전용도로 : 특·광·시 또는 군 내 주요 지역 간이나 시·군 상호 간에 발생하는 대량교통량을 처리하기 위한 자동차만 다닐 수 있는 도로
- 보행자 전용도로 : 폭 1.5m 이상의 도로로서 보행자의 안전한 통행을 위한 도로
- 자전거 전용도로 : 폭 1.1m 이상으로서 자전거만 통행할 수 있는 도로
- 고가도로 : 지상의 교통을 원활하게 하려고 공중에 설치하는 도로
- 지하도로 : 지상의 교통을 원활하게 하려고 지하에 설치하는 도로

2. 농·어촌 도로 정비법에 따른 도로 구분
- 면도 : 도로법에 규정된 도로와 연결된 읍·면 지역 내의 기간 도로
- 이도 : 군도 이상의 도로 및 면도와 분기하여 마을 간이나 주요 산업단지 등과 연결된 도로
- 농도 : 경작지 등과 연결되어 농·어민의 생산활동에 직접 공용되는 도로

3. 건축법에 따른 도로 구분
- 보행 및 자동차 통행이 가능한 너비 4m 이상의 도로를 말한다.
- * 국토의 계획 및 이용에 관한 법률 도로법·사도법 기타 관계 법령에 따라 신설 또는 변경에 관한 고시가 된 도로
- * 건축허가 또는 신고 시 시·군·구청장이 그 위치를 공고한 도로
- 지형적 조건으로 인하여 차량통행을 위한 도로의 설치가 곤란하다고 인정하여 시·군·구청장이 그 위치를 지정 공고하는 구간 안의 너비가 3m 이상의 도로(길이가 10m 미만의 막다른 도로인 경우에는 너비 2m 이상의 도로)

4. 건축물의 대지가 도로에 접해야 하는 길이

구분	연면적 합계	접해야 하는 기준	비고
원칙	2,000㎡ 미만의 건축물	대지는 도로에서 2m 이상 접해야 함.	자동차만의 통행에 사용되는 도로는 제외됨.
	2,000㎡ 이상의 건축물	대지는 6m 이상 도로에 4m 이상 접해야 함.	

예외 규정 : 대지가 도로에 접하지 않아도 되는 경우	1. 해당 건축물의 출입에 지장이 없다고 인정이 되는 경우 2. 건축물의 주변에 광장·공원·유원지 기타 관계 법령에 따라 건축이 금지되고 공중의 통행에 지장이 없다고 인정되는 공지로서 허가권자가 인정하는 경우

13. 토지 28 지목

공간정보의 구축 및 관리 등에 관한 법률 시행령(약칭 : 공간정보관리법 시행령)

[시행 2024. 5. 17] [대통령령 제34487호, 2024. 5. 7, 타법 개정]

제58조(지목의 구분) 법 제67조 제1항에 따른 지목의 구분은 다음 각 호의 기준에 따른다. 〈개정 2020. 6. 9, 2024. 5. 7〉

1. 전 : 물을 상시적으로 이용하지 않고 곡물·원예작물(과수류는 제외한다)·약초·뽕나무·닥나무·묘목·관상수 등의 식물을 주로 재배하는 토지와 식용(食用)으로 죽순을 재배하는 토지

2. 답 : 물을 상시적으로 직접 이용하여 벼·연(蓮)·미나리·왕골 등의 식물을 주로 재배하는 토지

3. 과수원 : 사과·배·밤·호두·귤나무 등 과수류를 집단적으로 재배하는 토지와 이에 접속된 저장고 등 부속 시설물의 부지. 다만, 주거용 건축물의 부지는 '대'로 한다.

4. 목장용지 : 다음 각 목의 토지. 다만, 주거용 건축물의 부지는 '대'로 한다.

 가. 축산업 및 낙농업을 하기 위하여 초지를 조성한 토지

 나. '축산법' 제2조 제1호에 따른 가축을 사육하는 축사 등의 부지

 다. 가목 및 나목의 토지와 접속된 부속시설물의 부지

5. 임야 : 산림 및 원야(原野)를 이루고 있는 수림지(樹林地)·죽림지·암석지·자갈땅·모래땅·습지·황무지 등의 토지

6. 광천지 : 지하에서 온수·약수·석유류 등이 용출되는 용출구(湧出口)와 그 유지(維持)에 사용되는 부지. 다만, 온수·약수·석유류 등을 일정한 장소로 운송하는 송수관·송유관 및 저장시설의 부지는 제외한다.

7. 염전 : 바닷물을 끌어들여 소금을 채취하기 위하여 조성된 토지와 이에 접속된 제염장(製鹽場) 등 부속시설물의 부지. 다만, 천일제염 방식으로 하지 아니하고 동력으로 바닷물을 끌어들여 소금을 제조하는 공장시설물의 부지는 제외한다.

8. 대

 가. 영구적 건축물 중 주거·사무실·점포와 박물관·극장·미술관 등 문화시설과 이에 접속된 정원 및 부속시설물의 부지

 나. '국토의 계획 및 이용에 관한 법률' 등 관계 법령에 따른 택지조성공사가 준공된 토지

9. 공장용지

 가. 제조업을 하고 있는 공장시설물의 부지

 나. '산업집적활성화 및 공장설립에 관한 법률' 등 관계 법령에 따른 공장부지 조성공사가 준공된 토지

 다. 가목 및 나목의 토지와 같은 구역에 있는 의료시설 등 부속시설물의 부지

10. 학교용지 : 학교의 교사(校舍)와 이에 접속된 체육장 등 부속시설물의 부지

11. 주차장 : 자동차 등의 주차에 필요한 독립적인 시설을 갖춘 부지와 주차전용 건축물 및 이에 접속된 부속시설물의 부지. 다만, 다음 각 목의 어느 하나에 해당하는 시설의 부지는 제외한다.

 가. '주차장법' 제2조 제1호 가목 및 다목에 따른 노상주차장 및 부설주차장('주차장법' 제19조 제4항에 따라 시설물의 부지 인근에 설치된 부설주차장은 제외한다)

 나. 자동차 등의 판매 목적으로 설치된 물류장 및 야외전시장

12. 주유소용지 : 다음 각 목의 토지. 다만, 자동차·선박·기차 등의 제작 또는 정비공장 안에 설치된 급유·송유시설 등의 부지는 제외한다.

가. 석유·석유제품, 액화석유가스, 전기 또는 수소 등의 판매를 위하여 일정한 설비를 갖춘 시설물의 부지

나. 저유소(貯油所) 및 원유저장소의 부지와 이에 접속된 부속시설물의 부지

13. 창고용지 : 물건 등을 보관하거나 저장하기 위하여 독립적으로 설치된 보관시설물의 부지와 이에 접속된 부속시설물의 부지

14. 도로 : 다음 각 목의 토지. 다만, 아파트·공장 등 단일 용도의 일정한 단지 안에 설치된 통로 등은 제외한다.

가. 일반 공중(公衆)의 교통 운수를 위하여 보행이나 차량운행에 필요한 일정한 설비 또는 형태를 갖추어 이용되는 토지

나. '도로법' 등 관계 법령에 따라 도로로 개설된 토지

다. 고속도로의 휴게소 부지

라. 2필지 이상에 진입하는 통로로 이용되는 토지

15. 철도용지 : 교통 운수를 위하여 일정한 궤도 등의 설비와 형태를 갖추어 이용되는 토지와 이에 접속된 역사(驛舍)·차고·발전시설 및 공작창(工作廠) 등 부속시설물의 부지

16. 제방 : 조수·자연유수(自然流水)·모래·바람 등을 막기 위하여 설치된 방조제·방수제·방사제·방파제 등의 부지

17. 하천 : 자연의 유수(流水)가 있거나 있을 것으로 예상되는 토지

18. 구거 : 용수(用水) 또는 배수(排水)를 위하여 일정한 형태를 갖춘 인공적인 수로·둑 및 그 부속시설물의 부지와 자연의 유수(流水)가 있거나 있을 것으로 예상되는 소규모 수로부지

19. 유지(溜池) : 물이 고이거나 상시적으로 물을 저장하고 있는 댐·저수지·소류지(沼溜地)·호수·연못 등의 토지와 연·왕골 등이 자생하는 배수가 잘 되지 아니하는 토지

20. 양어장 : 육상에 인공으로 조성된 수산생물의 번식 또는 양식을 위한 시설을 갖춘 부지와 이에 접속된 부속시설물의 부지

21. 수도용지 : 물을 정수하여 공급하기 위한 취수·저수·도수(導水)·정수·송수 및 배수 시설의 부지 및 이에 접속된 부속시설물의 부지

22. 공원 : 일반 공중의 보건·휴양 및 정서 생활에 이용하기 위한 시설을 갖춘 토지로서 '국토의 계획 및 이용에 관한 법률'에 따라 공원 또는 녹지로 결정·고시된 토지

23. 체육용지 : 국민의 건강증진 등을 위한 체육활동에 적합한 시설과 형태를 갖춘 종합운동장·실내체육관·야구장·골프장·스키장·승마장·경륜장 등 체육시설의 토지와 이에 접속된 부속시설물의 부지. 다만, 체육시설로서의 영속성과 독립성이 미흡한 정구장·골프연습장·실내수영장 및 체육도장과 유수(流水)를 이용한 요트장 및 카누장 등의 토지는 제외한다.

24. 유원지 : 일반 공중의 위락·휴양 등에 적합한 시설물을 종합적으로 갖춘 수영장·유선장(遊船場)·낚시터·어린이놀이터·동물원·식물원·민속촌·경마장·야영장 등의 토지와 이에 접속된 부속시설물의 부지. 다만, 이들 시설과의 거리 등으로 보아 독립적인 것으로 인정되는 숙식시설 및 유기장(遊技場)의 부지와 하천·구거 또는 유지[공유(公有)인 것으로 한정한다]로 분류되는 것은 제외한다.

25. 종교용지 : 일반 공중의 종교의식을 위하여 예배·법요·설교·제사 등을 하기 위한 교회·사찰·향교 등 건

축물의 부지와 이에 접속된 부속시설물의 부지

26. 사적지 : 국가유산으로 지정된 역사적인 유적·고적·기념물 등을 보존하기 위하여 구획된 토지. 다만, 학교용지·공원·종교용지 등 다른 지목으로 된 토지에 있는 유적·고적·기념물 등을 보호하기 위하여 구획된 토지는 제외한다.

27. 묘지 : 사람의 시체나 유골이 매장된 토지, '도시공원 및 녹지 등에 관한 법률'에 따른 묘지공원으로 결정·고시된 토지 및 '장사 등에 관한 법률' 제2조 제9호에 따른 봉안시설과 이에 접속된 부속시설물의 부지. 다만, 묘지의 관리를 위한 건축물의 부지는 '대'로 한다.

28. 잡종지 : 다음 각 목의 토지. 다만, 원상회복을 조건으로 돌을 캐내는 곳 또는 흙을 파내는 곳으로 허가된 토지는 제외한다.

  가. 갈대밭, 실외에 물건을 쌓아두는 곳, 돌을 캐내는 곳, 흙을 파내는 곳, 야외시장 및 공동우물

  나. 변전소, 송신소, 수신소 및 송유시설 등의 부지

  다. 여객자동차터미널, 자동차운전학원 및 폐차장 등 자동차와 관련된 독립적인 시설물을 갖춘 부지

  라. 공항시설 및 항만시설 부지

  마. 도축장, 쓰레기처리장 및 오물처리장 등의 부지

  바. 그 밖에 다른 지목에 속하지 않는 토지

공인중개사는 다양한 토지에 대해 알선 중개를 하게 된다. 위와 같이 28개 지목에 대해 매도(임대) 매수(임차) 중개 시에는 관련 법령에 따라 개발 및 사용수익이 가능한지를 사전에 행정관청에 질의해 확실하게 중개가 가능한지를 파악하고 알선 중개를 해야 한다.

토지 물건접수와 임장 활동(컨설팅 자료)

손님, 고객의 까다로운 조건에 합치가 이루어지지 않으면 거래성사가 정말 힘들다. 뿐만 아니라 거래성사 후에 여러 하자 문제 발생, 사전에 생각하지 못한 정책변화와 건축 시 민원사항 발생으로 어려움을 겪게 된다.

본 전원주택지 진행물건은 본인이 공인중개사의 영업에 하나의 모델을 제시하고자 보다 완벽한 권리분석과 적정가격 산정과 혹시 앞으로 일어날 가능성이 있는 여러 문제를 사전에 소비자(매도인, 매수인) 입장에서 제거하는 데 그 목적이 있다.

① 물건접수 → ② 현장 임장 활동 → ③ 권리분석 → ④ 매수의뢰인 현장안내 → ⑤ 가격절충 → ⑥ 매매계약 → ⑦ 고객 관리까지 순서대로 기술

토지 현장의 매매를 알리는 현수막
공인중개사는 이러한 현수막을 보면 핸드폰으로 찍고 상담해서 자기 물건으로 만들어서 좌측과 같이 손님 고객에게 브리핑해야 한다.

공인중개사는 사무소에 비치한 현황판도 1년마다 그 지역의 개발로 인해 변화가 있다면 현황지도를 최신 지도로 바꾼다. 보다 화려하고 손님, 고객이 이 사무소는 다르다고 느끼도록 고급스럽게 브리핑해야 진정한 프로 공인중개사로 인정받을 것이다.

매도 의뢰 물건 임장 활동

45-5번지는 주거하고 있는 전원주택, 아래 45-6번지 필지에 대해 매수 의뢰인 부부와 현장 안내

토목공사 완료 분할된 45-6번지 필지, 즉시 건축 가능

45-6번지(임) 택지로 개발된 필지(현재 경작)

토지이용계획확인서

필자는 공인중개사로서 토지 거래 중개 영업을 하며 전원주택과 별장에 관심을 두고 있다. 의뢰인의 물건을 현장에서 직접 임장 활동을 거쳐 컨설팅(Consulting) 분석 페이퍼로 자료를 작성한다. 매수 의뢰 손님 및 고객에게 적정가격을 절충해 양 당사자의 처한 입장에 따라 거래를 성사시킨다. 매수자에게 전원생활에 대한 희망의 메시지를 전한다. 수도권 출퇴근이 가능한 지역의 한 필지에 대한 컨설팅 자료와 거래 사례를 나열해 보고자 한다.

45-6번지 주택지 개발 토목 공사가 완료된 45-6번지를 매도 의뢰를 받고 필자가 현장 임장 활동을 한 후 최적의 분석을 해서 실제 거래를 성사시킨 전원주택지 물건이다. 토지 물건은 다양성을 지니고 있어 실제 최적의 주인을 만나기란 쉽지 않으며, 가격 산정이 매우 어렵다라고 말하며 현장으로 출발한다.

물건 현장에 도착해 토지 경계를 소유권자와 함께 밟아보며 형질변경 시 알고 있는 내용과 석축 부분의 높이 등을 확인한다. 매도 희망가격도 조율하며 좋은 이미지를 남기고 귀소할 때는 시간적 여유를 가지고 의뢰 손님을 그 지역의 맛있는 음식점으로 모시면 인과관계를 맺기가 쉽다.

"손님, 이곳의 저렴하고 맛있는 콩나물국밥집으로 모시겠습니다"라고 제안하고, 부담을 주지 않는 선에서 콩나물국밥에 빈대떡 한 접시와 막걸리 한 병이면 몇만 원 정도의 비용으로 의뢰 손님과 인간적인 면으로 믿음과 신뢰를 줄 수 있을 것이다. 식사 후에는 적당히 버스 정류소에서 내려주는 것이 아니라, 손님이 가고자 하는 장소까지 과히 멀지 않은 거리라면 그곳까지 모셔드리면 좋아할 것이다.

"손님, 마침 제가 잠실역에 갈 일이 있으니 잠실역까지 모셔다드리겠습니다"라고 말하며 비록 잠실역에 갈 일이 없어도, 손님에게 여유로움을 심어줄 수 있어야 진정한 프로 공인중개사일 것이다.

손님을 배웅한 후 귀가 시에도 "손님, 잘 귀가하셨습니까?"라고 확인하며 "언제라도 저희 사무소를 방문해주시면 좋은 물건을 알선하겠습니다. 또한 지인분도 같이 방문해주세요"라고 여운을 남겨두어 다시 한번 그 손님이 우리 중개사무소를 기억하게 만든다.

손님, 고객에게 조그만 성의를 베풀고 내 집 마련과 같은 심정으로 대하면 고객도 마음의 문을 열고 진심으로 다가올 것이다.

이렇게 상담을 진행하다가 마음의 문이 열리면 '전속중개'로 유도해야 한다. 부동산 중개업 법에는 전속중개제도가 분명히 있지만, 사실 시도조차 않는 것이 부동산 중개문화의 현실이다.

이제 부동산 중개업도 완전 개방되어 선진 부동산 중개문화를 앞세운 외국의 대자본을 가진 대형 부동산 법인이 상륙하게 된다. 이미 국내에서도 대형법인이 부동산 중개와 자산관리에 알게 모르게 뛰어들고 있는 현실이다. 공인중개사들은 개인적인 성향이 강해서 서로 협력하고 공동이익을 창출하는 모습을 찾기 힘들다. 서로를 불신하며 마음의 문을 열지 않는 경우가 많다.

이제는 중개업도 전속중개 문화로 전환해야 한다. 결국 공인중개사가 중개의뢰인에게 전속중개를 권유해서 받아내고 유도해야 뿌리를 내릴 수 있다. 전속중개를 받기까지는 얼마나 의뢰인과 믿음과 신뢰를 쌓아야 가능한지를 생각해야 한다. 물건 접수부터 임장 활동을 거쳐 권리분석 자료를 컨설팅 페이퍼로 만들어 제시하고, 고객의 취향과 처한 입장을 조율하는 고도의 협상력이 필요하다.

공인중개사는 상황에 따라 전문가 교육도 받고 심리학 공부도 하고, 계약 기법도 공부해야 한다. 부동산 중개업 사무소의 내재 가치는 계약에 있다. 계약을 많이 체결하고 정도를 걸으며 수익을 창출해야 한다.

회원 상호간에는 서로 오픈하는 마음으로 공동이익을 창출하며, 각자는 그 지역에서 중개물건 분야에 따라 나만의 콘셉트로 무장해 절대 강자가 되어야 비로소 계약 성사(Closing)가 이루어지고 성공의 길로 갈 수 있다.

물건 공부 열람 확인하기

다음과 같이 물건의 권리분석을 위해 다음 공적서류를 열람해야 한다.

① 토지이용계획확인서 : 그 토지의 공법의 적용현황을 한눈에 파악이 가능하다.
　　즉, 개발가능한지 건폐율/용적률 등 제한사항을 파악해야 한다.
② 등기사항전부증명서(건물+토지) : 그 토지의 소유권자와 소유권 이외의 담보권을 확인한다.
③ 토지대장 : 그 목적물의 토지면적을 정확히 파악한다.
　　등기사항전부증명서의 면적과 토지대장상의 면적이 상이한 경우에 그 사유를 밝힌다.
④ 건축물관리대장 : 건축물이 있다면 그 건축물의 상세내역을 파악한다.
　　불법건축물이 있다면 그 내용을 파악하며 사유를 밝힌다.
⑤ 토지 형질변경의 허가서류를 파악한다.
　　개발부담금 납부 및 농지전용 부담금 납부내역을 확인한다.
⑥ 진입도로(연접된 토지 등기사항전부증명서)

진입도로가 사도인지를 확인하고 사도이며 현황도로라면 건축이 가능한지 차후에 사도 지료청구가 있는지 책임소재를 정확하게 파악해야 한다.

⑦ 경계좌표등록부 : 구획정리가 완료된 토지에는 경계좌표등록부도 확인한다.

추가 검토사항

① 인접 거주 주민과 대화를 통해 지역의 민원사항 문제점이 있는지 검토

② 교통여건과 생활편의시설(학교, 시장, 병원, 주민자치센터, 금융기관)등 파악

③ 교외의 전원주택생활 여건상 위해시설 등 묘지 다수 있음을 인지 시 계약서에 특약하며 전기, 가스, 음용수에 관한 합의 특약도 한다.

공부 열람은 '1사 편리제도'를 이용하는 것이 좋으나, 필자의 경우에는 출근 시에 그 물건이 속하는 행정관청을 직접 방문해 열람하는 방식을 선호한다. 열람 중 문제가 있다고 생각되면 해당 부서를 찾아가 질의해서 해결점을 찾는다. 즉, 행정관청은 내 집 드나들 듯이 자주 방문하고, 모르는 점은 주저하지 말고 물어봐야 한다.

[예시 1] 토지 브리핑 자료 만들기

도로	용도지역
지방도 8m 도로 인접	생산녹지지역

지번	지목	면적(㎡/ 평)	개별공시지가(원)	현 이용 상태
산5	생산녹지	9,697㎡/2,933평	182,500원	임야
활용도		도로변 일반상가 및 Rental House 부지로 적합 주변 : 미군(미군속) 렌털하우스 선호지역 부대귀소 : 10분 이내		

[예시 2] 토지 브리핑 자료 만들기

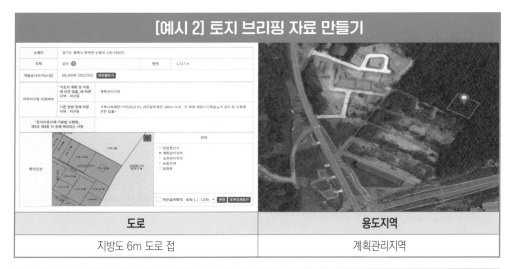

도로	용도지역
지방도 6m 도로 접	계획관리지역

지번	지목	면적(㎡/ 평)	개별공시지가(원)	현 이용 상태
170-79	임	4,874㎡	68,300원	계획관리지역 근생 인허가 토목공사 완료
계		4,874㎡/약 1,475평	× 300만 원(조정 가능)	

토지 매매계약서

아래 부동산에 대하여 매도인과 매수인은 합의하여 다음과 같이 매매계약을 체결한다.

1.부동산의 표시

소재지	경기 시 구 면 리 - 번지			
토 지	지목	잡종지	면 적	765㎡

2.계약내용 제1조 [매매대금 및 지급시기] ①매도인과 매수인은 지불시기를 다음과 같이 약정한다.

매매대금	一金 삼억오천만원	원정(₩350,000,000원정)		
계 약 금	一金 삼천만원	원정은 계약시에 지불하고 영수함.	영수자	인
중 도 금	一金 일억원정	원정은 20 년 월 일에 지불하며		
	一金	원정은 년 월 일에 지불한다.		
잔 금	一金 이억이천만원정	원정은 20 년 월 일에 지불한다.		
융 자 금	一金 ( )은행채 권최고액 일억이천만원정 원정은 승계 특약사항에 별도 명시 한다.			

②제1항의 매매대금은 달리 정함이 없는 한 공인중개사의 입회하에 지불하기로 한다.

제2조 [소유권이전] 매도인은 매매대금의 잔금을 수령함과 동시에 소유권 이전등기에 필요한 모든 서류를 교부하고 위 부동산을 인도하여야 한다.

제3조 [제한권 등 소멸] 매도인은 소유권의 행사를 제한하는 사유나 공과금 기타 부담금의 미납이 있을 때에는 잔금수수일 이전까지 그 권리의 하자 및 부담등을 제거하여 완전한 소유권을 이전하여야 한다. 다만, 달리 약정한 경우에는 그러하지 아니하다.

제4조 [제세공과금] 위 부동산에 관하여 발생한 수익의 조세공과 등의 부담금은 부동산의 인도일을 기준으로 하여 그전 까지의 것은 매도인에게 그 이후의 것은 매수인에게 각각 귀속한다. 단, 지방세 납부의무 및 납부책임은 지방세법의 규정에 따른다.

제5조 [부동산의 인도] ①매도인은 계약당시 매매물건에 부속하는 수목 등 부속물·시설일체를 인도하여야 한다.

②매도인은 위 부동산에 대하여 폐기물 등을 처리하고 통상적인 철소를 하고 난 후에 인도하여야 한다. 다만, 달리 약정한 경우에는 그러하지 아니하다.

제6조 [계약의 해제] 매수인이 매도인에게 계약당시 계약금 또는 보증금 명목으로 금전이나 물건을 교부한 때에는 다른 약정이 없는한 중도금(중도금약정이 없을 때는 잔금)을 지불하기 전까지 매도인은 계약금의 배액을 상환하고 매수인은 계약금을 포기하고 이 계약을 해제할 수 있다.

제7조 [채무불이행과 손해배상] 매도인 또는 매수인이 본 계약상의 내용에 대하여 불이행이 있을 경우 그 상대방은 불이 행한자에 대하여 서면으로 최고하고 계약을 해제할 수 있으며, 계약해제에 따른 손해배상을 상대방에게 청구할 수 있다. **제8조 [중개보수]** 공인중개사의 중개보수는 다른 약정이 없는 한 본 계약의 체결과 동시에 매도인과 매수인 쌍방이 각각 지불하며, 공인중개사의 고의나 과실없이 매도인 또는 매수인의 사정으로 본 계약이 무효, 취소, 해제되어도 중개보수는 지급한다. **제8조 [확인설명서 등 교부]** 공인중개사는 중개대상물 확인설명서를 작성하고 업무보증관계증서(공제증서 등) 사본을 첨부하여 _____ 20 년 월 일 거래당사자 쌍방에게 교부한다.

특약사항1. 본토지 매매계약은 양당사자가 토지이용계획확인서.등기사항전부증명서.토지대장.지적도 및 본 토지 경계상태를 확인하고 계약서명 .날인한다.

2.( )은행 채권최고액 일억이천만원은 매수자가 승계받기로 하고 잔금에서 공계하기로한다.

3.진입도로 지분 44㎡는 지목이 다른관계로 금오해만원에 별도계약서 작성한다.

4.본 토지위 경작물 콘테이너 2점은 잔금시까지 매도자가 정리하여주며 미정리시에는 매매대금에 포함하기로한다.

5.본 토지위 경작물(배추,무 등)은 매도자가 잔금시까지 정리하며 미 정리 시에는 매수자 1 조치하기로한다.

6.본 토지 명의이전에 매수자가 토지거래허가 및 농지자격취득증명이 불가시에는 계약금반환하고 조건없이 해약하기로한다.   7.본계약은 양당사자가 위 특약사항과 확인설명서를 읽고 듣고 계약 서명.날인한다.

첨부: 토지이용계획확인서.토지대장 등기사항전부증명서.지적도

본 계약에 대하여 매도인과 매수인은 이의 없음을 확인하고 각자 서명·날인 후 매도인, 매수인, 공인중개사가 각 1통씩 보관한다.

20 년   월   일

매도인	주 소	새로운도로명주소			印
	주민등록번호		전화	성명	본인서명
매수인	주 소	새로운도로명주소			印
	주민등록번호		전화	성명	본인서명
공인중개사	사무소소재지	새로운도로명주소			
	등록번호	2015-00010	사무소명칭		印
	전화번호		대표자성명	본인서명	

중개대상물 확인·설명서[Ⅲ] (토지)

■ 공인중개사법 시행규칙 [별지 제20호의3서식] <개정 2020. 10. 27.>

(3쪽 중 제1쪽)

중개대상물 확인·설명서[Ⅲ] (토지)
([∗] 매매·교환   [ ] 임대)

확인·설명 자료	확인·설명 근거자료 등	[∗] 등기권리증 [∗] 등기사항증명서 [∗] 토지대장 [ ] 건축물대장 [∗] 지적도 [ ] 임야도 [∗] 토지이용계획확인서 [ ] 그 밖의 자료( )
	대상물건의 상태에 관한 자료요구 사항	토지 임대차에 관한 자료

유의사항

개업공인중개사의 확인·설명 의무	개업공인중개사는 중개대상물에 관한 권리를 취득하려는 중개의뢰인에게 성실·정확하게 설명하고, 토지대장등본, 등기사항증명서 등 설명의 근거자료를 제시해야 합니다.
실제 거래가격 신고	「부동산 거래신고 등에 관한 법률」 제3조 및 같은 법 시행령 별표 1 제1호마목에 따른 실제 거래가격은 매수인이 매수한 부동산을 양도하는 경우 「소득세법」 제97조제1항 및 제7항과 같은 법 시행령 제163조제11항제2호에 따라 취득 당시의 실제 거래가액으로 보아 양도차익이 계산될 수 있음을 유의하시기 바랍니다.

Ⅰ. 개업공인중개사 기본 확인사항

① 대상물건의 표시	토지	소재지	경기 시 군 면 리 번지			
		면적(㎡)	496 제곱미터	지목	공부상 지목	전
					실제이용 상태	전((채소경작)

② 권리관계	등기부 기재사항	소유권에 관한 사항		소유권 외의 권리사항	
		토지		토지	농협 채권최고액 육천만원 있음

③ 토지이용 계획, 공법상 이용 제한 및 거래규제 에 관한 사항 (토지)	지역·지구	용도지역	자연 녹지		건폐율 상한	용적률 상한
		용도지구	취락		40%	80%
		용도구역				
	도시·군계획 시설	해당 없음	허가·신고 구역 여부	[무] 토지거래허가구역		
			투기지역 여부	[무] 토지투기지역 [무] 주택투기지역 [무] 투기과열지구		
	지구단위계획구역, 그 밖의 도시·군관리계획	부	그 밖의 이용제한 및 거래규제사항	부		

④ 입지조건	도로와의 관계	(4 m × 4 m)도로에 접함 [∗] 포장 [ ] 비포장		접근성	[ ] 용이함 [∗] 불편함	
	대중교통	버스	(마을알)정류장,	소요시간: ([10] 도보, [∗] 차량) 약 분		
		지하철	(화도역)역,	소요시간: ([ ] 도보, [∗] 차량) 약 15 분		

⑤ 비 선호시설(1km이내)	[ ] 없음	[∗] 있음(종류 및 위치: 주변 묘지 다수)	

⑥ 거래예정금액 등	거래예정금액	삼억오천만원	
	개별공시지가(㎡당)	197,000원	건물(주택)공시가격	무

⑦ 취득 시 부담할 조세의 종류 및 세율	취득세	4%	농어촌특별세	무%	지방교육세	무%
	※ 재산세는 6월 1일 기준 대상물건 소유자가 납세의무를 부담					

210㎜×297㎜[백상지(80g/㎡) 또는 중질지(80g/㎡)]

Ⅱ. 개업공인중개사 세부 확인사항

⑧ 실제 권리관계 또는 공시되지 않은 물건의 권리 사항	현 경작물 다수(가을까지) 콘테이너 2점 및 공구 다수 매수자 6차례 방문확인 및 건축허가 행정관청 방문 확인하고 계약함.

Ⅲ. 중개보수 등에 관한 사항

⑨중개보수 및 실비의 금액과 산출내역	중개보수	삼백일십오만원	<산출내역> 중개보수:350,000,000만권 X 0.9%= 3,150,000 권 실 비:
	실비		
	계	삼백일십오만원	※ 중개보수는 거래금액의 1천분의 9 이내에서 중개의뢰인과 개업공인중개사가 서로 협의하여 결정하며, 부가가치세는 별도로 부과될 수 있습니다.
	지급시기	잔금시	

「공인중개사법」 제25조제3항 및 제30조제5항에 따라 거래당사자는 개업공인중개사로부터 위 중개대상물에 관한 확인·설명 및 손해배상책임의 보장에 관한 설명을 듣고, 같은 법 시행령 제21조제3항에 따른 본 확인·설명서와 같은 법 시행령 제24조제2항에 따른 손해배상책임 보장 증명서류(사본 또는 전자문서)를 수령합니다.

20　　년　　　월　　　일

매도인 (임대인)	주소	도로명 주소	성명	본인서명	(서명 또는 날인)
	생년월일		전화번호		
매수인 (임차인)	주소	도로명 주소	성명	본인서명	(서명 또는 날인)
	생년월일		전화번호		
개업 공인중개사	등록번호		성명 (대표자)	본인서명	(서명 및 날인)
	사무소 명칭	도로명 주소	소속 공인중개사		(서명 및 날인)
	사무소 소재지		전화번호		
개업 공인중개사	등록번호		성명 (대표자)		(서명 및 날인)
	사무소 명칭		소속 공인중개사		(서명 및 날인)
	사무소 소재지		전화번호		

토지취득자금 조달 및 토지이용계획서

■ 부동산 거래신고 등에 관한 법률 시행규칙 [별지 제1호의4서식] 부동산거래관리시스템(rtms.molit.go.kr)에서도 신고할 수 있습니다.
<개정 2023. 8. 22.>

토지취득자금 조달 및 토지이용계획서

※ 색상이 어두운 난은 신청인이 적지 않으며, [ ]에는 해당되는 곳에 √표시를 합니다. (앞쪽)

접수번호	접수일시		처리기간	

제출인 (매수인)	성명(법인명)		주민등록번호(법인 · 외국인등록번호)	
	주소(법인소재지)		(휴대)전화번호	

① 대상 토지		토지 소재지		면적	거래금액
	1	시/군 동/읍/면 리 번지		m²	원
	2	시/군 동/읍/면 리 번지		m²	원
	3	시/군 동/읍/면 리 번지		m²	원

② 자금 조달계획	자기 자금	③ 금융기관 예금액 원	④ 주식 · 채권 매각대금 원
		⑤ 증여 · 상속 원	⑥ 현금 등 그 밖의 자금 원
		[ ] 부부 [ ] 직계존비속(관계:) [ ] 그 밖의 관계( )	[ ] 보유 현금 [ ] 그 밖의 자산(종류:)
		⑦ 부동산 처분대금 등 원	⑧ 토지보상금 원
		⑨ 소계 원	

	차입금 등	⑩ 금융기관 대출액 합계 원	토지담보대출	원
			신용대출	원
			그 밖의 대출 (대출 종류:)	원
		⑪ 그 밖의 차입금 원	⑫ 소계	
		[ ] 부부 [ ] 직계존비속(관계:) [ ] 그 밖의 관계( )		원
	⑬ 합계			원

⑭ 토지이용계획	

「부동산 거래신고 등에 관한 법률 시행령」 별표 1 제4호 · 제5호 및 같은 법 시행규칙 제2조제8항부터 제10항까지의 규정에 따라 위와 같이 토지취득자금 조달 및 토지이용계획서를 제출합니다.

년 월 일

제출인 (서명 또는 인)

시장 · 군수 · 구청장 귀하

유의사항

1. 제출하신 토지취득자금 조달 및 토지이용계획서는 국세청 등 관계기관에 통보되어, 신고내역 조사 및 관련 세법에 따른 조사 시 참고자료로 활용됩니다.

2. 토지취득자금 조달 및 토지이용계획서를 계약체결일부터 30일 이내에 제출하지 않거나 거짓으로 작성하는 경우 「부동산 거래신고 등에 관한 법률」 제28조제2항 또는 제3항에 따라 과태료가 부과되니 유의하시기 바랍니다.

3. 이 서식은 부동산거래계약 신고서 접수 전에는 제출할 수 없으니 별도 제출하는 경우에는 미리 부동산거래계약 신고서의 제출여부를 신고서 제출자 또는 신고관청에 확인하시기 바랍니다.

210mm×297mm[백상지(80g/m²) 또는 중질지(80g/m²)]

농지취득자격증명(농취증) : 농지취득자격증명서 발급 법령

제4조(농지취득자격증명 발급대상자) 농지취득자격증명은 다음 각 호의 어느 하나에 해당하는 자에 대하여 발급한다.

1. 농업인 또는 농업법인 〈전문 개정〉
2. 농지취득자격증명 신청당시 농업경영을 하지 아니하는 자가 자기의 농업경영에 이용하고자 하여 농지를 취득하려는 자 〈전문 개정〉
3. 소관 중앙행정기관의 장(소관 사무에 관한 권한을 위임받은 자를 포함한다)의 추천을 거쳐 농지소재지를 관할하는 특별시장·광역시장 또는 도지사(이하 '시·지사'라 한다)의 농지취득인정을 받은 '초·중등교육법' 및 '고등교육법'에 따른 학교 또는 '농지법 시행령규칙(이하 '규칙'이라 한다) 별표 2에 따른 공공단체 등 〈전문 개정〉
4. 주말·체험영농을 하려고 법 제28조에 따른 농업진흥지역 외의 농지를 취득하려는 농업인이 아닌 개인
5. 법 제 34조 제1항에 따른 농지전용허가(다른 법률에 의하여 농지전용허가가 의제되는 인가·허가·승인 등을 포함한다)를 받거나 법 제35조 또는 법 제43조에 따른 농지전용신고를 한 자(해당 농지를 취득하는 경우에 한정한다)
6. '한국농어촌공사 및 농지관리기금법' 제24조 제2항에 따른 농지의 개발사업지구 안에서 한국농어촌공사가 개발하여 매도하는 다음 각 목의 어느 하나에 해당하는 농지를 취득하는 자
   가. 도·농간의 교류촉진을 위한 1,500㎡ 미만의 농원부지
   나. 농어촌관광휴양지에 포함된 1,500㎡ 미만의 농지
7. '농어촌정비법' 제98조 제3항에 따른 한계농지 등의 정비사업 시행자로부터 1,500㎡ 미만의 농지를 분양받는 자
8. 법 제6조 제2항 제9호의 2에 따른 영농여건불리농지를 취득하는 자
9. '공공토지의 비축에 관한 법률' 제2조 제1호 가목에 해당하는 토지 중 같은 법 제7조 제1항에 따른 공공토지비축심의위원회가 비축이 필요하다고 인정하는 토지로서 '국토의 계획 및 이용에 관한 법률' 제36조에 따른 계획관리지역과 자연녹지지역 안의 농지를 취득하려는 한국토지주택공사

농지취득자격증명을 발급받지 않고 농지를 취득할 수 있는 경우

① 상속으로 인한 농지 취득
② 담보 농지를 경매, 공매로 취득
③ 농지전용 협의를 마친 도시지역 주거 상업 공업지역 및 도시계획시설 예정지로 결정된 농지
④ 농업법인 합병 공유 분할 등으로 취득
⑤ 도시지역의 녹지지역 및 개발제한구역 농지로 개발행위 허가를 받은 농지취득

도시개발사업에 의해 중개할 수 있는 토지 물건

도시개발 시행 주체	공영사업	민간사업
사업 방식	시도시 개발 산업단지 개발 등	지역개발 등
	수용방식(공공시행 : 지방공사 등)	환지방식(혼용) 민간인이 조합구성
	국가 및 지방자치단체기관 사업시행자가 협의 수용 또는 사업지구 토지를 전부 취득해 사업 시행	지주들의 토지 소유를 인정해 구획 정리 후 용도변경된 토지를 지주들에게 돌려주는 방식
	일괄수용형태로 사업진행 빠름	절차상 사업진행이 늦어짐.
체비지란?	사업시행사가 도시개발사업에 필요로 하는 사업비용을 충당하기 위하여 감보율이 적용된 토지를 소유자로부터 공출받은 토지를 체비지 또는 보류지라고 한다. 감보율이 20~60% 범위 적용 시행사는 도시개발에 필요로 하는 비용을 충당하기 위해 체비지를 사용수익하거나 처분을 할 수 있는 토지를 말한다.	
이주자 택지	원(原)주민이 사용수익하고 있는 토지 1. 점포 겸용 택지(상가비율 40%) 2. 1회에 한해 전매 가능(조성된 원가 70~90% 선에서 공급) 3. 생활대책용지로 상가용지 보상 권한 부여 4. 면적 : 약 8평 감정가격에 공급	
협의 양도자 택지	1. 주택 건축만 가능(주거 전용택지) 2. 조성원가의 120% 내외 3. 이주자 택지보다 분양가가 비싼 택지	
생활대책용지	1. 수용토지 위에 기존 영업을 하거나 농축산업을 영위하던 생활종사자에게 생활대책 보상으로 제공되는 토지 2. 일반상업용지나 근린생활용지 3. 면적 : 약 8평 4. 감정가격에 공급 5. 단독 실행하기가 불가능해 조합구성 건축	

토지 매매계약서 특약사항 모음

[권리분석과 물건 현 상태 확인]
① 공동소유물건 위임장 ② 대리인과 계약 위임장 ③ 정착물 외 추가 시설물 포함 여부 ④ 확장 여부 ⑤ 용도변경 ⑥ 민원사항 발생 여지 ⑦ 경작물 확인 특약 ⑧ 신탁관리 물건 확인 ⑨ 진입도로 문제 ⑩ 오래된 무허가건물 확인 ⑪ 토목공사 성토연수 확인 ⑫ 정착물 확인 ⑬ 기반시설 설치 가능 상하수도(음용수, 전기, 가스) 사용 가능 문제 확인 ⑭ 돈사, 우사, 계사 등 확인 ⑮ 산업폐기물, 쓰레기 확인

[특약사항 기본]
① 본 토지 매매계약은 양 당사자가 토지이용계획확인서, 등기사항전부증명서, 건축물관리대장, 토지대장, 지적도, 평면도 확인 및 물건 현 상태를 육안으로 확인하고 계약 서명, 날인한다.
② 본 토지 매매계약은 등기사항전부증명서, 토지대장상의 면적이며 향후 실측면적과 차이가 있더라도 매수인이 일체 책임을 지기로 한다.
② 등기사항전부증명서상 (   )은행 채권최고액 (   )만 원은 중도금 시 은행에 동행해 상환 말소하기로 한다.
③ 현 비닐하우스 임대차계약(보증금 ○억 원, 기간 20 년 월 일 종료)은 매수자가 승계받기로 하고 잔금일 기준으로 정산한다.
④ 본 토지 위 정착물(컨테이너 2점)은 매도인이 중도금 시까지 정리해주기로 하며 잔금 시까지 미정리 시에는 매매대금에 포함하기로 한다.
⑤ 본 토지 매매계약은 매수인이 토지거래허가 및 농지자격취득증명이 불가 시에는 계약금 반환받지 않기로 하고 조건 없이 해약하기로 한다.
⑥ 본 토지 매매계약은 매수인이 토지거래허가 및 농지자격취득증명이 불가 시에는 계약금 반환하기로 하고 조건 없이 해약하기로 한다.
⑦ 본 계약의 토지 위 농작물은 중도금 시까지 매도자가 정리하기로 하며 잔금 시까지 미정리 시에는 매매대금에 포함하기로 한다.
⑧ 본 토지 매매계약은 중도금 시 경계측량을 해서 가감이 발생 시에는 비례분을 가감계산 정산하기로 한다.
⑨ 매수인은 본 토지가 토목공사 3년 경과한 토지로서 구릉지역에 성토된 토지로 건축 시에는 보강 토석 공사를 해서 건축하기로 한다.
⑩ 본 토지 진입로 (   )번지는 개인 사도로써 년 ○만 원 지료를 지불하고 있음을 매수인이 확인하고 계약하며 잔금 이후 매수인이 지급하기로 한다.
⑪ 본 계약은 양 당사자가 위 특약사항과 확인설명서를 읽고 듣고 계약 서명, 날인한다.

[추가 선택 특약사항]

⑩ 매도자는 잔금 시 현 비닐하우스의 임차의 철거를 책임지기로 하고 미이행 시에는 손해배상금으로 (   )만 원을 잔금에서 공제한다.

⑪ 매도자는 본 물건 등기사항전부증명서상 권리(압류, 가압류, 가등기, 가처분 등)를 중도금 시까지 정리해주기로 한다.

⑫ 본 토지 위 무허가 건축물(사진 첨부)은 매도자가 중도금 시까지 정리해주기로 하며 잔금 시까지 미정리 시에는 철거 정리비(만 원)을 잔금에서 공제하기로 한다.

⑬ 본 토지 위 무허가 건축물은 매매대금에 포함하기로 하며 현 임대차계약은 매수자가 승계받기로 한다.

⑭ 본 소유권자와 통화 승낙하에 처 (   )와의 계약이며 대금은 소유권자 (   )의 (   ) 은행 - -) 계좌로 입금하며 20 년 월 일 소유권자가 추인하기로 한다.

⑮ 본 계약은 대리인 (   )이 위임장과 인감증명서 첨부하고 소유권자와 통화 승낙하에 계약하며 대금은 소유권자 (   )의 (   )은행 - - - 계좌로 입금하며 잔금일 소유권자는 직접 참석하에 동시 이행으로 잔금 정리한다.

⑯ 본 계약은 소유권자가 영주권자로 통화 승낙하에 해외거주사실확인서와 위임장을 첨부한 대리인 (   )와 계약하며 대금은 소유권자 (   )의 (   )은행 - - - 계좌로 입금한다.

⑰ 본 계약은 공동소유권자 물건으로 위임장을 첨부한 1/2 소유권자인 (   ) 와 계약하며 1/2 소유권자 (   )와 통화 승낙하에 계약하며 대금은 1/2씩 공동소유권자 계좌로 입금한다.

⑱ 매수자는 중도금 지급일은 20 년 월 일 지급하며 중도금 지급날짜 전에 지급하지 않기로 한다.

⑲ 본 매매계약은 (   )신탁관리 회사의 신탁관리 물건으로 신탁관리 회사의 승낙하에 매매하며 신탁관리 계좌 (   )은행 - - - (   )신탁관리 회사로 대금을 입금하기로 한다.

⑳ 본 계약의 계약금 (   )만 원 중 (   )만 원 계약 시 지급하며 (   )만 원은 20 년 월 일 지급하기로 하고, 매수인이 미지급 시에는 기지급한 (   )만 원은 위약금으로 반환받지 않기로 하며 조건 없이 해약하기로 한다.

㉑ 본 매매계약은 매수인의 사정에 의해 중도금 시에 매수인이 지정하는 자에게 매도인은 잔금과 동시에 명의 이전해주기로 한다.

㉒ 양 당사자는 잔금일(이사날짜)은 상호 협의가 가능 시에 날짜를 조정할 수 있다.

㉓ 본 토지의 진입로 (   )번지는 사도로서 향후 매수인에게 지로청구권이 요구될 수 있음을 확인하고 계약 서명, 날인한다.

㉔ 본 물건의 등기사항전부증명서에 설정된 개인채무 권리자 (   )는 중도금 시에 소유권자와

동행 참석하에 말소 수임 법무사에 맡겨 정리하기로 위임하기로 한다.

㉕ 본 계약은 중도금 생략하고 등기사항전부증명서상 담보물권 등을 잔금일 기준 정산하기로 한다.

무슨 일이든 정성을 다하다 보면 훗날 자신에게 뜻하지 않은 행운을 가져다준다. 필자는 유독 나이 드신 분이나 화가, 글 쓰는 이, 대학교수 같은 고객이 많다. 한 번 고객으로 맺어지면 오래도록 유지되는 것은 그만큼 정성을 다했기 때문이라고 생각하며 고객 관리 노트를 다시 한번 펼쳐 본다. 해마다 새해에는 카드를 보내는 일도 잊지 않는다.

돈도(錢道)와
악도(惡道)의 차이

토지 거래는 도로 분석이 성패를 좌우한다. 한 주택이 있고 도로도 시멘트로 포장된 상태였다. 하지만 옆 필지에 있는 통나무 주택은 다른 진입도로를 사용 중이었다.

추위가 막 가시기 시작하는 3월 초, 예전에 본 듯한 손님이 이 토지를 매도하고 싶다고 찾아왔다. 현장 답사를 마치고 지적도와 토지이용계획확인서, 등기사항전부증명서상 도로 부분 소유자를 확인하니 도로 지분에 5명이 등재되어 있고, 매도하고자 하는 토지는 도로 지분이 없다. 맹지인 셈이다.

사정은 이렇다. 5필지를 분할하면서 도로 지분을 7평씩 등기해주었으나, 건축을 하지 않은 상태로 시간이 오래 지나면서 팔린 필지도 많았다. 현 소유자는 도로에 대해 잘 모르는 공인중개사로부터 이 토지를 싼값에 매수했는데, 알고 보니 도로 지분을 누락하고 샀던 것이다.

도로에는 돈도(錢道)와 악도(惡道)가 있다. 운이 좋아 느닷없이 도로 계획이 나서 벼락부자가 되는 경우는 돈도라 할 수 있고, 집을 지으려고 보니 도로 지분이 없는 경우는 악도다. 토지가 주위에 비해 무척 싸게 나온 급매물이라면 왜 그런지 의문을 갖고 꼼꼼히 권리분석을 해야 한다. 필자는 매수자에게 이 토지를 현장 진입도로라고 설명하고, 진입도로 부분은 매수자가 책임지는 조건으로 가격을 절충해 2억 원에 계약을 성사시켰다.

토지는 미용(美容)해서 매도해야 한다. 과거 강화도의 농민대학원에서 강의 요청을 받은 적이 있다. 강화도 토지는 약 70%가 서울, 인천 등 외지 사람들의 소유로 등록되어 있다고 한다. 그런데 살던 주민들이 외부인에게 토지를 팔 때 제값을 못 받는 일이 많아서, 이를 방지하는 법이 없을까 싶어 필자에게 문의한 것이었다. 토지를 팔고자 한다면 매물로 내놓기 전 '토지 미용'을 해야 한다. 돈이 좀 들더라도, 팔려는 토지에 진입로를 조성하거나 구릉지를 평평하게 만들면 좋다. 감나무, 포도나무를 심거나 잔디를 가꾼 후에 판다면 가격을 높게 받을 수 있다. 강의 후, 일부 농민들이 이 같은 방법으로 효과를 봤다고 한다.

몇 년 전 공인중개사 한 분에게 강화도 근처 '석모도'라는 곳으로 취업을 알선해드린 적이 있다. 그분은 3년 동안 열심히 배운 후 독립해 자기 중개사무소를 개업했는데, 이와 같은 토지 미용을 통해 계약을 연달아 성사시키며 성공적인 토지 전문 공인중개사로 활약하고 있다.

쌩쌩 중개현장 23

상가 짓기 성공한
육씨 이야기

상가(건물) 투자자는 왕복 2차선에서 4차선 도로변의 토지를 선호한다. 이는 향후 지가 상승은 물론, 그 토지 위에 상가(건물)을 신축해 수익성을 기대할 수 있기 때문이다.

장년기의 직장인 육씨는 기회가 있을 때마다 이러한 토지를 물색하던 중 다음 좌측의 460평 토지를 매입했다. 매입 자금이 부족해 퇴직금을 미리 정산하고 살던 아파트를 매각한 뒤 전세로 살면서 건축을 위한 설계를 진행했다. 건축비 일부는 금융기관에서 대출을 받았고, 건축 중간에 임차인을 맞추어 보증금 일부를 포함해 3층 건물로 연면적 552평을 지었다. 현재 공정률은 40%를 보이고 있다.

[건축 면적]
1층 : 184평 2종 근생 5개 점포
2층 : 184평 2종 근생 2개 점포
3층 : 150평 1종 근생 2개 점포
        34평 주택(본인 거주 목적)
※ 엘리베이터 설치 및 후면 주차장 완비(전기, 수도, 도시가스)

[임대료 산정]
1층 : 보증금 : 2,000만 원 X 5개 점포 = 1억 원
        임대료 : 184평 X 5만 원 = 920만 원
2층 : 보증금 : 2,000만 원 X 2개 점포 = 4,000만 원
        임대료 : 184평 X 3만 원 = 552만 원
3층 : 보증금 : 1,500만 원 X 2개 점포 = 3,000만 원
        임대료 : 150평 X 3만 원 = 450만 원

계 : 보증금 = 1억 7,000만 원 임대료 = 19,220,000원

육씨는 3층 34평을 본인 거주 주택으로 마련하고, 직접 관리할 계획이다.

육씨는 투자 수익률을 다음과 같이 계산하고 있다.

투자 수익률 계산	
1. 임야 매입가격 : 1972평 X 35만 원 = 6억 9,000만 원 2. 건축비 : 788평 X 110만 원 = 8억 6,680만 원 3. 필요경비 : 1억 2,000만 원 계 : 16억 7,700만 원 4. 융자 : 5억 원 이자 : 180만 원(이율 4%) 5. 보증금 : 1억 원 6. 차임 : 1층 394평 X 20,000원 = 788만 원 　　　　2층 394평 X 15,000원 = 394만 원 월차임 :　　　　계 : 1,182만 원	연수익(월차임 X 12개월) $$\frac{1억 4,184만 원}{10억 7,700만 원} \times 100 = 약 13\%$$ ◆ 총투자 16억 7,700만 원 　　(-융자 : 5억 원 - 보증금 : 1억 원)

　중년기에 접어들면 누구나 위와 같은 수익성 있는 부동산을 갖고 싶어 한다. 그래서 사업을 하는 사람이나 직장인은 주말이나 휴일에 가족과 함께 여행을 하면서도 건축할 수 있는 토지를 눈여겨본다. 또한 기회가 있을 때마다 시간을 내서 부동산 투자에 관한 공부를 게을리하지 않아야 한다.

　공인중개사도 영업 현장에서 맹지 탈출이나 자가 사무소 마련과 같은 예시를 보듯이, 자가 사무소를 마련할 기회가 주어진다면 실행으로 옮겨야 성공한 공인중개사가 될 수 있다.

2

토지(임야)
임대차계약서 작성

제소 전 화해조서

신청인 : 김 길동　　　주소 : **도 ***시 **구 ***동 ***∼****번지

피신청인 : 이 향단　주소 : **도 ***시 **구 ***동 ***∼****번지 **아파트 ***동****호

내용 : 상가(겸포) 명도 청구의 화해

신청취지 :

위 신청인과 피신청인은 아래와 같이 화해조항 기록 취지의 제소 전 화해를 신청합니다.

신청 원인 :

① 피신청인은 20 년 월 일 신청인 소유 **도 ***시 **구 ***동 ***∼**번지 위 지상건물 1층 3호 60제곱미터를 임차하여 수익사용하기로 하고 임대보증금 일천만 원, 월차임 칠십만 원(부가세별도)에 임차기간은 20 년 월 일부터 20 년 월 일까지 임대차 합니다.

② 임대차 기간 종료 시에 양 당사자의 분쟁을 방지하기 위하여 아래와 같이 화해가 성립되어 청구를 합니다.

[화해조항]

① 피신청인은 신청인에게 계약서에 기재한 부동산의 1층 3호 60제곱미터를 사용수익 임대차 기간 만료 시 원상 복구하여 명도한다. ② 피신청인은 신청인에게 20 년 월 일까지 월차임 칠십만 원(부가세 별도)을 신청인에게 지급한다. ③ 피신청인은 임차권 및 임차보증금을 타인에게 양도.담보할 수 없으며, 차임을 3회 이상 연체할 경우 위 ①항에 기재한 상가(겸포)를 즉시 명도한다.

④ 피신청인은 임차한 건물 상가(겸포)에 대하여 권리금, 유익비, 유치권 등은 일절 인정하지 않기로 한다. ⑤ 임대차 기간 만료 후 명도지연으로 인한 강제집행비용 등은 피신청인이 부담하기로 한다. ⑥ 본 화해조서 비용은 각각 1/2씩 부담하기로 한다.

※첨부서류 : ① 본 물건 등기 사항 전부 증명서 1통 ② 본 물건 임대차계약서 사본

20 년 월 일

신청인 : 김 길동

서울 ** 지방법원 귀중

제소 전 화해조서

1. 비닐하우스 임대
2. 비닐하우스 공장 임대
3. 비닐하우스 창고 임대
4. 비닐하우스 음식점 임대

권리분석 자료	물건상태의 확인(임장 활동)
1. 토지이용계획확인서 2. 등기사항전부증명서(토지+건물) 3. 건축물관리대장(제 동 제 호) 4. 평면도 5. 지적도 6. 임대차가 있다면 계약서 사본	1. 기본 시설물이 있다면 상태 확인 2. 사용 용도에 맞는 토지, 나대지, 잡종지 등 　① 야적장 ② 재활용 순환자원 용도 　③ 고물상 용도 ④ 주차장 ⑤ 건설자재 야적 　⑥ 함바집 건축 ⑦ 간이 건축물 사용 등

토지 임대차 물건 현황

① 비닐하우스 ② 고물상 ③ 공사자재 야적장

　토지 임대차계약 시에는 고려할 점이 많다. 필자는 도농복합지역에서 겨울에 야채 비닐하우스 임대차계약을 많이 했다. 그런데 통상적으로 가을에 1년 차 계약을 하고 보니, 임차인들이 비닐하우스 내부에 견고한 시멘트 자재와 철근을 사용해 숙식을 겸하는 공간을 조성하는 경우가 있었다. 이로 인해 행정관청으로부터 원상복구 명령과 과태료 처분이 임대인에게 날아오는 일이 발생했다. 임차인에게 원상복구를 요구했으나, 사실상 원상복구가 힘들다는 것을 알게 되었다.

　따라서 임대인의 불이익을 방지하기 위해 특약을 설정하고, 계약서를 지참해서 관할 법원에 제소 전 화해조서를 작성하도록 했다. 특히 공사 자재 야적장, 고물상, 주차장 등을 임대차계약할 때는 지목이 잡종지로 변경할 수 있는지도 검토하고 특약을 설정해야 한다.

토지(비닐하우스) 월세 계약서

아래 부동산에 대하여 임대인과 임차인은 합의하여 다음과 같이 임대차계약을 체결한다.

1. 부동산의 표시

소재지	경기 시 읍 면 동 번지 외 필지			
토 지	지 목	답	면 적	360 ㎡
임대할부분				

2. 계약내용

제1조 [매매대금 및 지급시기] ①임대인과 임차인은 지불시기를 다음과 같이 약정한다.

보 증 금	一金	일천만원정(₩ 10,000,000원)		
계 약 금	一金	일백만원정은 계약시에 지불하고 영수함	영수자	본인서명인
중 도 금	一金	원정은 년 월 일에 지불하며		
잔 금	一金	구백만원정은 20 년 월 일에 지불하며		
월 세	一金	12 개월분(700 만원정)은 잔금시 일시불로 지불하기로 한다		

②제1항의 보증금은 공인중개사의 입회관리 지급하기로 한다.

제2조 [존속기간] 임대인은 위 부동산을 임대차 목적대로 사용 수익할 수 있는 상태로 20 년 월 일 까지 임차인에게 인도하며, 임대차 기간은 인도일로부터 20 년 월 일 까지로 한다.

제3조 [용도변경 및 전대 등] 임차인은 임대인의 동의 없이는 위 부동산의 용도나 구조 등을 변경하거나 전대·임차권 양도 또는 담보제공을 하지 못하며 임대차 목적 이외의 용도에 사용할 수 없다.

제4조 [계약의 해지] 임차인이 2회 이상 차임의 지급을 연체하거나 제3조를 위반했을 때는 임대인은 본 계약을 해지할 수 있다.

제5조 [계약의 종료] ①임대차 계약이 종료된 경우 임차인은 위 부동산을 원상으로 회복하여 임대인에게 반환한다.

②제1항의 경우, 임대인은 보증금을 임차인에게 반환하고 연체임대료 또는 손해배상 금액이 있을 때는 이를 제하고 그 잔액을 반환한다.

제6조 [계약의 해제] 임차인이 임대인에게 지급함시 계약금 또는 보증금 명목으로 금원이나 물건을 교부한 때에는 다른 약정이 없는 한 중도금(중도금이 없을 때는 잔금)을 지급할 때까지는 임대인은 계약금의 배액을 상환하고 임차인은 계약금을 포기하고 이 계약을 해제할 수 있다.

제7조 [채무불이행과 손해배상] 임대인 또는 임차인이 본 계약상의 내용에 대하여 불이행이 있을 경우 그 상대방은 불이행자에 대하여 서면으로 최고하고 계약을 해제할 수 있으며, 계약당사는 계약해제에 따른 손해배상을 상대방에게 청구할 수 있다.

제8조 [중개수수료] 공인중개사는 임대인과 임차인은 다른약정이 있는 임대인과 임차인 쌍방이 각각 지불하며, 공인중개사의 고의나 과실없이 거래 당사자 사정으로 본 계약이 무효, 취소, 해제되어도 중개수수료는 지급한다.

제9조 [중개대상물 등 교부] 공인중개사는 중개대상물 확인설명서를 작성하고 업무보증관계증서(공제증서 등) 사본을 첨부하여 20 년 월 일 거래당사자 쌍방에게 교부한다.

특약사항

1. 본 토지 귀 비닐하우스 2 개동을 임대차하며, 지하수 토공 1 기와 전기시설(10kw)포함하여 계약한다.

2. 야채 경작을 하기로 하며, 다년생식물 재배는 하지 않기로 한다.

3. 비닐하우스 내외부에 견고한 시멘트·철근을 사용한 시설물 설치는 하지 않으며 주거시설은 하지 않기로 한다.

4. 불법 시설물 설치로 행정관청의 원상복구 명령이나 과태료 처분은 임차인이 책임지기로 한다.

5. 임차인이 사용수의 중 옆 비닐하우스 동 경작자 와 다툼이 없어야 하고 민원사항 발생시에는 임차인이 책임지기로 한다.

6. 잔금시에 계약서를 지참 양당사자가 관할법원에 제소전 화해조서를 하기로 하며 비용은 반반 지불하기로 한다.

7. 본 계약은 양당사자가 특약사항을 읽고 듣고 계약서명 날인 한다.

본 계약에 대하여 임대인과 임차인은 이의 없음을 확인하고 각자 서명, 날인 후 임대인, 임차인, 공인중개사가 각 1통씩 보관한다.

20 년 월 일

임대인	주 소	도로명 주소					印
	주민등록번호		전화		성명	본인서명	
임차인	주 소	도로명주소					印
	주민등록번호		전화		성명	본인서명	
공인중개사	사무소소재지	도로명 주소					

토지 임대차계약서 특약사항 모음

[권리분석과 물건 현 상태 확인]

① 공동소유물건 위임장 ② 대리인과 계약 위임장 ③ 기본 시설물 외 추가 시설물 포함 여부 ④ 현재 사용 중인 목적 확인 ⑤ 용도변경 가능성 확인 ⑥ 신탁관리 물건 ⑦ 임차인 사용 목적에 적합성 확인 ⑧ 민원사항 발생 여지 확인 ⑨ 진입도로 문제 ⑩ 산업폐기물 및 쓰레기 확인 ⑪ 현 경작물 정리 문제 확인

[특약사항 기본]

① 본 임대 계약은 양 당사자가 토지이용계획확인서, 등기사항전부증명서, 건축물관리대장, 토지대장, 지적도, 평면도 확인 및 물건 현 상태를 육안으로 확인하고 계약 서명, 날인한다.

② 등기사항전부증명서상 (   )은행 채권최고액 (   )만 원이 있음을 확인하고 계약한다.

③ 현 임대차계약은 임차인이 비닐하우스 설치 농작물 재배를 목적으로 하며 철근, 시멘트, 벽돌 등 견고성 건축물 설치를 하지 않기로 하며 주거 목적의 시설물 설치를 하지 않기로 한다.

④ 임차인이 비닐하우스 재배설치의 행정사항과 불법 시설 설치로 인해 철거 명령이나 과태료 처분은 임차인이 책임지기로 한다.

⑤ 본 계약은 양 당사자가 1년(20 년 월 일~20 년   월 일까지) 계약이며 양 당사자의 합의 시에는 연장계약하기로 하며 양 당사자가 법원에 제소 전 화해조서를 작성하며 그 비용은 각각 1/2씩 부담하기로 한다.

⑥ 본 계약은 양 당사자가 1년(20 년 월 일~20 년 월 일까지) 계약이며 양 당사자의 합의 시에는 연장계약하기로 하며 양 당사자가 법원에 제소 전 화해조서를 작성하며 그 비용은 임대인이 부담하기로 한다.

⑦ 본 계약은 양 당사자가 위 특약사항과 확인설명서를 읽고 듣고 계약 서명, 날인한다.

[추가 선택 특약사항]

⑧ 임대인은 잔금 시 현 임차의 퇴거를 책임지기로 하고 미이행 시에는 손해 배상금으로 (   )만 원을 잔금에서 공제한다.

⑨ 본 토지의 임대차계약은 현 토지 위 비닐하우스는 임차인이 사용 후 기간 만료 시 현 설치상태(사진 첨부)로 설치해주기로 한다.

⑩ 임차인은 물을 사용하기 위한 지하수 투공 등은 임차인의 비용으로 설치 사용하며 사용 후에는 임대인에게 조건 없이 그대로 사용하도록 한다.

⑪ 본 소유권자와 통화 승낙하에 처 (   )와의 계약이며 대금은 소유권자 (   )의 (   ) 은행   -   -   계좌로 입금하며 20 년 월 일 소유권자가 추인하기로 한다.

⑫ 본 계약은 대리인( )이 위임장과 인감증명서 첨부하고 소유권자와 통화 승낙하에 계약하며 대금은 소유권자 ( )의 ( )은행 − − − 계좌로 입금하며 잔금일 소유권자는 직접 참석하에 동시 이행으로 잔금 정리한다.

⑬ 본 계약은 소유권자가 영주권자로 통화 승낙하에 해외거주사실확인서와 위임장을 첨부한 대리인 ( )와 계약하며 대금은 소유권자 ( )의 ( )은행 − − − 계좌로 입금한다.

⑭ 본 계약은 공동소유권자 물건으로 위임장을 첨부한 1/2 소유권자인 ( )와 계약하며 1/2 소유권자 ( )와 통화 승낙하에 계약하며 대금은 1/2씩 공동소유권자 계좌로 입금한다.

⑮ 본 임대차계약은 ( )신탁관리 회사의 신탁관리 물건으로 신탁관리 회사의 승낙하에 임대차하며 신탁관리 계좌 ( )은행 − − − ( )신탁관리 회사로 대금을 입금하기로 한다.

⑯ 본 계약의 계약금 ( )만 원 중 ( )만 원 계약 시 지급하며 ( )만 원은 20 년 월 일 지급하기로 하고, 매수인이 미지급 시에는 기지급한 ( )만 원은 위약금으로 반환받지 않기로 하며 조건 없이 해약하기로 한다.

고객과 다툼이 있으면 안 된다. 다투고 나서 매물을 걷어가버리면 결국 자신만의 손해가 아닌가? 설사 다툼이 있었다면 쉽게 회복하기가 힘들겠지만, 그때의 원인을 찾아 설득해서 자기 손님으로 끌어들여야 한다. 밉고 미워도 내 고객이 아닌가?

함바집 계약서는
이렇게 특약하세요

지방 소도시에서 영업을 시작한 공인중개사가 있다. 마침 한 건설회사가 인근에서 약 2,000여 세대 규모의 아파트 단지를 짓고 있다고 한다. 이 공사장에서 근무하는 인부의 식사를 위해 속칭 '함바집(건설현장 식당)'을 소개해 계약서를 작성하려고 하는데, 해당 토지에 들어가는 임차인이 가설 건축물을 짓고 영업하는 조건으로 토지주와 임대차계약을 상의하고 있다. 이럴 때는 어떤 특약을 넣어야 할까?

[특약사항]

1. 본 토지 임대차계약은 양 당사자가 토지이용계획확인서, 등기사항전부증명서, 토지대장, 지적도를 확인하고 토지 경계상태를 밟아본 후 계약 서명, 날인한다.
2. 본 토지 위 함바집을 운영하기 위한 가설 건축물은 임대인은 관련 서류를 제공하고 임차인이 허가 등의 절차를 거쳐 임차인 비용으로 설치하기로 한다.
3. 수도, 전기, 가스, 하수처리 등 기반 시설은 임차인이 법 규정에 맞게 설치하기로 한다.
4. 본 임대차계약은 보증금 7,000만 원, 월차임 300만 원(부가세 10% 별도 추가)으로 계약하며 차임은 (   ) 은행 - - - (   )의 계좌로 매월 (   )일 입금한다.
5. 건축물 설치 및 내부 시설 기간은 2개월(20 년 월 일~20 년 월 일)로 정하며 20 년 월 일부터 차임을 지급한다.
6. 임차인이 함바집으로 영업하는 기간에 행정관청의 행정처벌을 받거나 과태료가 부과될 때는 임차인이 책임지기로 한다.
7. 함바집 운영으로 주변의 민원사항이 발생할 때는 임차인이 책임지기로 한다.
8. 기간 종료 시 임차인은 가설 건축물 등을 임차인 비용으로 철거해 원상복구하기로 한다.
9. 양 당사자는 계약서 작성 후에 관할 법원에 동행해서 제소 전 화해조서를 작성하며 그 비용은 양 당사자가 공동 부담하기로 한다.

10. 양 당사자는 위 특약사항과 확인설명서를 읽고 들은 후 계약 서명, 날인한다.

※ 첨부 : 토지이용계획확인서, 등기사항전부증명서, 토지대장, 지적도, 임대차 전·현 토지 사진

해당 경우에는 양 당사자의 합의점을 잘 기록하는 일이 중요하다. 특히 기간 연장 문제는 합의 사항을 특약으로 명시하고, 임대인이 인수할 경우 얼마에 인수하기로 한다는 조항도 넣어둔다. 또한 임대차계약 전 토지 사진을 첨부해두어야 기간 만료 후 원상복구를 시키는 데 문제가 없다.

공장(창고)
계약의 기술

부 동 산 계 약 의 기 술

공장(창고)
매매계약서 작성

출처 : 저자 제공(이하 동일)

공장(물류창고) 알선 중개 영업은 다양한 물건이 많기 때문에 보다 전문적위 교육을 받고 창업해아 성공할 수 있다. 공장(물류창고) 지역 물건은 광역적인 지역에 산재해 있으며, 산업 분포도를 장기간 연구하고 파악해야 원활한 중개로 수익을 창출할 수 있다.

공장은 건축물 또는 공작물 물품제조 등 제조시설과 그 부대시설을 갖추고 [한국표준산업분류]에 따른 제조업을 하기 위한 사업장을 말한다.

권리분석 자료	물건상태의 확인(임장 활동)

1. 토지이용계획확인서
2. 등기사항전부증명서(토지+건물)
3. 건축물관리대장(제 동 제 호)
4. 평면도
5. 지적도
6. 공장 등록 유무 [한국표준산업분류] 제조업
7. 임대차가 있다면 계약서 사본
8. 민원사항 발생 여부(소음, 진동, 공해)
	1. 기본 시설물 상태 확인 및 불법 증축 부분 확인
	2. 건물 층고 대형차 진입 여부 확인
	   (진입도로 확인 8~10m 규모에 따라)
	3. 배수 누수 침수 여부 확인(비오는 날 임장 활동)
	   ① 전기, 수도 확인 ② 폐기물쓰레기 ③ 화장실
	   ④ 기중기 확인 ⑤ 상하수도 시설
	   ⑥ 누수 확인 ⑦ 주차장 확인 ⑧ 야적장 확인
	4. 위치 접근성, I.C로부터 몇 km

공장 임장활동

공장 외관 / 생산라인 / 창고

작업장 / 야적장

출처 : 국가기술표준원

공장(창고) 등을 전문으로 알선 중개하려면, 고객이 사업하고자 하는 해당 업종의 산업 코드 번호를 확인하고, 원하는 위치와 규모 등을 종합적으로 검토해 현황 자료를 만들어 브리핑해야 한다.

다음은 공장(창고)의 등록 요건과 구비 서류에 관한 사항과 의뢰받은 물건에 대해 임장 활동으로 확인해야 할 사항이다.

공장등록 요건	공장등록 서류
1. 건축물 대장상 용도가 공장일 것 　(다를 경우 용도변경해야 하며 바닥 면적 500㎡ 미만인 경우에 제2종 근린생활시설(제조업소)에서도 공장등록 가능 2. 사업자등록증에 업태가 제조업이고 산업 표준 분류표상 제조업 종목에 해당할 것 3. 같은 지번에 공장 등록된 업체가 없어야 된다.	1. 공장등록 제한지역이 아니어야 함. 2. 불법 증개축된 시설물이 아닐 것 　(불법 증개축 물건이 있다면 원상회복 후에 등록 신청 가능함) 3. 공장부지가 공장등록 용도지역이라 나야 가능함. 4. 소음, 진동, 오폐수 등 배출 기준에 적합 해야 함.

임장 활동 시 확인해야 할 사항
1. 건축물관리대장을 지참해 불법 건축물 대조 확인 2. 야적장 들 불법 설치물 확인 3. 진입로 차량진입 규모 확인(도로 폭)확인 4. 주차장 확인 5. 전기, 수도, 오폐수·우수시설 정화조 확인 6. 소음 진동 주변 민원사항 확인 7. 비 오는 날 임장 활동을 하면 누수 침수 등 확인이 용이함. 8. 고속도로 진입 거리 확인 9. 민원사항 발생 여지 유무 확인 10. 임대차계약 물건이라면 전대차 계약상태 확인

물건 현장 임장 활동

계약서 작성

1. 토지 컨설팅계약서
(물건접수 = 인과관계 맺기)
2. 토지 매매계약서(하자 담보 특약)
3. 창고 임대차계약서
4. 건물(자산)관리 컨설팅계약서(창조적인 고객 관리)

고객 현장 내부 안내

진입로 검토는 필수

내부 건축물(위법/편법) 검토

현장 실습으로 필드에서 느끼는 애로사항을 현지 공인중개사로부터 브리핑(30분)받은 후 종합분석 강의를 마치고 현지 임장 활동 강의를 종료했다.

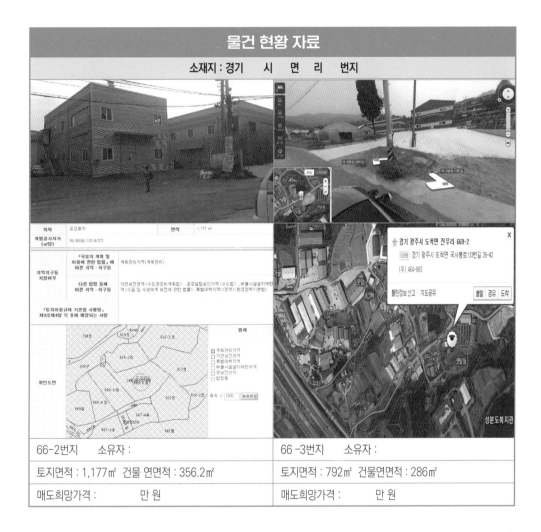

66-2번지	소유자 :	66-3번지	소유자 :
토지면적 : 1,177㎡ 건물 연면적 : 356.2㎡		토지면적 : 792㎡ 건물연면적 : 286㎡	
매도희망가격 : 만 원		매도희망가격 : 만 원	

이와 같이 자료를 종합해서 브리핑할 수 있도록 미리 준비해야 계약이 순조롭게 이루어진다. 단순히 이 물건, 저 물건이 좋다고 말하는 것보다 구체적으로 자료를 제시해야 고객의 마음을 움직일 수 있다는 사실은 필자는 오랫동안 중개업을 하면서 터득한 경험이다.

1. 물건 개요

* 2개 물건 합친 자료임.

소재지		경기 시 면 리 66-2번지 66-3번지	
공장지	1,969㎡	주용도	제2종 근린생활(제조업소)
연면적	642.2㎡	용도지역	계획관리
보증금	만 원	용도지구	자연취락지구
월임대료	3.3㎡/25,000원 예정	다른용도지역	자연보전권역/배출시설 설치제한 기타오수제한시설
개별공시지가	99,900원/㎡당	교통	광주시내 : 10km 중부고속 곤지암
냉/난방	개별 도시가스, 수도	도로	6m 일반도로
준공년도	2014년	외벽	H빔 경량철골조
융자	농협 채권 최고 10억 원	주용도	공장/창고
주변여건	도농복합혼재지역	전기	10kw
건폐율	30.26%	용적율	30.26% 높이 : 9m 주차 : 2대
소유권자	2명	참고	자매

2.매매희망가격(합계)

주 : 매수자 개별융자 검토

희망 매매가격		억 원	건물분 부가세 매수자 부담 조건	
절충가격		억 원	융자승계 시 가격	6억 원
최종 매매가격		억 원	융자+임대보증금 승계 시	억 원
매매 의뢰기간	3개월		임대차기간	공실

이와 같이 물류창고를 매매 또는 임대할 때는 융자금 승계가 가능한지를 담보권을 행사한 은행에 미리 물어봐야 한다. 단순히 융자가 승계될 줄 알고 매매를 성사시켰으나, 잔금 시 융자 승계가 불가능해서 애를 먹은 적이 있기 때문이다.

또한 공장이나 물류창고 매매나 임대차계약 시에는 산업폐기물 또는 쓰레기 적체 문제로 서로 얼굴을 붉히게 되는 경우도 있다. 미리 폐기물 처리 업체에 견적을 받아두고, 누구의 책임으로 처리할 것인지를 합의해두는 것이 현명한 방법이다.

토지, 상가, 공장, 창고, 음식점, 사무실, 기타 물건 체크리스트

소재지 : 경기   시   면   리 66 -2, 3번지 포괄(2개 공장 소유자 각각 자매)

순위	확인사항	현 상태	참고사항	비고
1	진입도로 상태 : 1. 정상(∨) 2. 사도( )			사도 등 참조
2	토지 지반 상태 : 1. 정상(∨) 2.성토( )			5년 후 건축
3	담장경계 상태 : 1. 확실(∨) 2. 불확실( )			경계측량
4	주차장 상태 : 1. 유(∨) 2. 무( )		4대 주차	공동주차
5	건물 보존상태 : 1. 신축(∨) 2.노후( )	신축 1년	2014년 건축	
6	화장실상태 : 1.유(∨) 2. 간이화장실( )			
7	음용수 : 1.수도( ) 2. 지하수(∨)			
8	전기 : 1.전력(∨) 2. 심야전기( )			10kw
9	산업폐기물, 쓰레기 문제 : 1. 유( ) 2. 무(∨)		산업폐기물이 있다면 매도인이 처리	
10	비선호시설 : 1. 유(∨) 2. 무( )		근거리 묘지 다수 등	

주 : 1. 임차인이 운영상 민원사항이 발생 시에는 임차인이 책임지기로 합니다.
　　　 이는 임대인의 불이익에 해당될 수 있습니다.
　　 2. 매수자, 임차인의 인가, 허가, 등록, 신고사항은 매수인, 임차인의 책임으로 정합니다.
　　 3. 전기승압. 하수시설 증설 등의 문제를 특약사항으로 정해야 합니다.
　　 4. 영업권은 승계(불승계)를 잘 선택해야 합니다.
　　 5. 공장 매매, 임대차는 그 설치 기준 산업분류 넘버를 확인해 사전조율해야 합니다.
　　 6. 건물분 부가세는 매수인이 부담하기로 합니다.

본 물건 매수/임차는 당사자가 토지이용계획확인서, 등기사항전부증명서(토지+건물), 토지대장 건축물관리대장, 지적도, 설계도면, 건물배치도, 진입도로, 주변 민원사항 등을 종합 검토하고 물건 현 상태를 육안으로 확인·검토해 위 사항을 매매가격에 반영하여 계약서를 작성합니다.

20　　년　　월　　일

위와 같이 물건의 권리 분석 및 임장 활동 결과를 체크리스트로 기록해두는 것이 좋다. 또한 계약서 작성 후에 매수인에게 첨부해주는 것도 좋은 방법이다.

특히 임대차계약 시에는 원인자 부담금, 수익자 부담금, 사용자 부담금에 대해 명확하게 누가 부담할 것인지를 특약으로 명시해야 한다.

원인자 부담금이란 소유권자가 부담해야 할 내용으로 수도가 없다면 음용수로 지하수라도 마련해주는 부담을 의미한다. 수익자 부담이란 가령 마트나 정육점을 임차했는데 승압이 필요시 임대인은 관련 서류를 제공하고 임차인 부담으로 승압하는 것을 말한다. 사용자 부담금이란 직접 사용하는 자가 서로 분배해서 내는 요금이다.

공장 매매계약서

공장 매매 계약 서

매매 토지의 표시

번호	소 재 지 번	법정지목	현황지목	면적(㎡)
1	경기 시 면 리 번지	공장용지	공장용지	375.215㎡
2	경기 시 면 리 번지	공장용지	공장용지	375.215㎡

매매 건물의 표시

번호	소 재 지 번	주용도	주구조	연면적(㎡)
1	경기 시 면 리 번지	제조장	일반철골	430.07㎡
2	경기 시 면 리 번지	제조장	일반철골	430.07㎡

매매가격 및 지불조건

매매가격	금이십억원정 一金 2,000,000,000원정		
	토지대금 : 금1,500,000,000원정		
	건물대금 : 금500,000,000원정 〈건물 부가가치세는 별도임〉		
계약금	금200,000,000원정	지불일자	계약시 지급
중도금	금500,000,000원정	지불일자	20 년 월 일
잔금	금1,300,000,000원정	지불일자	20 년 월 일

②제1항의 매매대금은 달리 정함이 없는 한 공인중개사의 입회하에 지불하기로 한다.
제2조 [소유권이전] 매도인은 매매대금의 잔금을 수령함과 동시에 소유권 이전등기에 필요한 모든 서류를 교부하고 위 부동산을 인도하여야 한다. **제3조 [제한권 등 소멸]** 매도인은 소유권의 행사를 제한하는 사유나 공과금 기타 부담금의 미납이 있을 때에는 잔금수수일 이전까지 권리의 하자 및 부담금을 제거하여 완전한 소유권을 이전하여야 한다. 다만, 달리 약정한 경우에는 그러하지 아니하다. **제4조 [제세공과금]** 위 부동산에 관하여 발생한 수익과 조세공과 등의 부담금은 부동산의 인도일을 기준으로 하여 그전일까지 의 것은 매도인에게 그 이후의 것은 매수인에게 각각 귀속한다. 단, 지방세 납부의무 및 납부책임은 지방세법의 규정에 따른다. **제5조 [부동산의 인도]** ①매도인은 계약당시 매매물건에 부속하는 수목/정원/문담장 등 기타건물에 부속물/시설일체를 인도하여야 한다. **제8조 [중개보수]** 공인중개사의 중개보수는 다른 약정이 없는 한 본 계약의 체결과 동시에 매도인과 매수인 쌍방이 각각 지불하며, 공인중개사의 고의나 과실없이 매도인 또는 매수인의 사정으로 본 계약이 무효, 취소, 해제되어도 중개보수는 지급한다. **제9조 [확인설명서 등 교부]** 공인중개사는 중개대상물 확인설명서를 작성하고 업무보증관계증서(공제증서 등) 사본을 첨부하여 20 년 월 일 거래당사자 쌍방에게 교부한다.

특약사항:
1. 본 계약은 양당사자가 토지이용계획 확인서 등기사항전부증명서,토지대장,건축물관리대전,지적도 및 물건 현 상태를 육안으로 확인과 토지경계현황을 밟아보고 계약서명 날인한다.
2. 현 임대차현황 (임대 사업 부동산)은 매수자가 포괄승계 양도, 양수계약하며 잔금일 기준 정산 하기로 한다.
3. 현 ( )은행 채권 최고액 ***만원은 매수자가 승계받기로 하고 잔금일 기준 정산 한다.
4. 본 계약은 양당사자가 위 특약사항과 확인 설명서를 읽고 듣고 계약서명 날인한다.

중개대상물 확인 설명서는 20 년 월 일 중개의뢰인에게 업무보증관계증서사본과 함께 교부한다.

상기 계약이 성립되었음을 확인합니다. 계약일자 20 년 월 일

매도인	주 소	도로명주소			
	법인번호(사업자번호)		전화번호	성명	본인서명 (인)
	대리인		전화번호	성명	(인)
매수인	주 소	도로명주소			
	법인번호(사업자번호)		전화번호	성명	본인서명 (인)
	대리인		전화번호	성명	(인)
개업공인중개사	사무소소재지	도로명주소			
	사무소명칭	●		대 표 자	(인)
	등록번호	1 전화번호		소속공인중개사	본인서명 (인)

중개대상물 확인·설명서[공장재단]

■ 공인중개사법 시행규칙 [별지 제20호의4서식]

중개대상물 확인 · 설명서[Ⅳ](입목 · 광업재단 · 공장재단)
([ ] 매매 · 교환   [ ] 임대)

확인 · 설명 자료	확인 · 설명 근거자료 등	[ ] 등기권리증 [ ] 등기사항증명서 [ ] 토지대장 [ ] 건축물대장 [ ] 지적도 [ ] 임야도 [ ] 토지이용계획확인서 [ ] 그 밖의 자료( )
	대상물건의 상태에 관한 자료요구 사항	

유의사항		
개업공인중개사의 확인 · 설명 의무		개업공인중개사는 중개대상물에 관한 권리를 취득하려는 중개의뢰인에게 성실 · 정확하게 설명하고, 토지대장 등본, 등기사항증명서 등 설명의 근거자료를 제시해야 합니다.
실제 거래가격 신고		「부동산 거래신고 등에 관한 법률」 제3조 및 같은 법 시행령 제3조제1항제5호에 따른 실제 거래가격은 매수인 이 매수한 부동산을 양도하는 경우 「소득세법」 제97조제1항 및 제7항과 같은 법 시행령 제163조제11항제2호에 따라 취득 당시의 실제 거래가액으로 보아 양도차익이 계산될 수 있음을 유의하시기 바랍니다.

Ⅰ. 개업공인중개사 기본 확인사항

① 대상물건의 표시	토지	대상물 종별	[ ] 입목 [ ] 광업재단 [ ] 공장재단
		소재지 (등기 · 등록지)	

② 권리관계	등기부 기재사항	소유권에 관한 사항	성명	
			주소	
		소유권 외의 권리사항		

③ 재단목록 또는 입목의 생육상태	

④ 그 밖의 참고사항	

⑤ 거래예정금액 등	거래예정금액			
	개별공시지가(㎡당)		건물(주택)공시가격	

210mm×297mm[백상지(80g/㎡) 또는 중질지(80g/㎡)]]

⑥ 취득 시 부담할 조세의 종류 및 세율	취득세		%	농어촌특별세		%	지방교육세		%
	※ 재산세는 6월 1일 기준 대상물건 소유자가 납세의무를 부담								

II. 개업공인중개사 세부 확인사항

⑦ 실제 권리관계 또는 공시되지 않은 물건의 권리 사항	

III. 중개보수 등에 관한 사항

⑧ 중개보수 및 실비 의 금액과 산출내역	중개보수		<산출내역> 중개보수: 실 비: ※ 중개보수는 거래금액의 1천분의 9 이내에서 중개의뢰인과 개업공인중개사가 서로 협의하여 결정하며 부가가치세는 별도로 부과될 수 있습니다.
	실비		
	계		
	지급시기		

「공인중개사법」 제25조제3항 및 제30조제5항에 따라 거래당사자는 개업공인중개사로부터 위 중개대상물에 관한 확인·설명 및 손해배상책임의 보장에 관한 설명을 듣고, 같은 법 시행령 제21조제3항에 따른 본 확인·설명서와 같은 법 시행령 제24조제2항에 따른 손해배상책임 보장 증명서류(사본 또는 전자문서)를 수령합니다.

년   월   일

매도인 (임대인)	주소		성명	(서명 또는 날인)
	생년월일		전화번호	
매수인 (임차인)	주소		성명	(서명 또는 날인)
	생년월일		전화번호	
개업 공인중개사	등록번호		성명 (대표자)	(서명 및 날인)
	사무소 명칭		소속공인중개사	(서명 및 날인)
	사무소 소재지		전화번호	
개업 공인중개사	등록번호		성명 (대표자)	(서명 및 날인)
	사무소 명칭		소속공인중개사	(서명 및 날인)
	사무소 소재지		전화번호	

공장(물류창고) 매매계약서 특약사항 모음

[권리분석과 물건 현 상태 확인]
① 공동소유물건위임장 ② 대리인과 계약위임장 ③ 기본 시설물 외 추가 시설물 포함 여부
④ 확장 여부 ⑤ 용도 변경 ⑥ 대수선 호수 늘림 ⑦ 근생(대피소) 주거시설 설치 ⑧ 신탁관리 물건
⑨ 진입도로 문제 ⑩ 오래된 건물 특약 미하자담보책임 ⑪ 민원사항 문제

[특약사항 기본]
① 본 매매계약은 양 당사자가 토지이용계획확인서, 등기사항전부증명서, 건축물관리대장, 토지대장,
   지적도, 평면도 확인 및 물건 현 상태를 육안으로 확인하고 계약 서명, 날인한다.
② 등기사항전부증명서상 (　　　)은행 채권최고액 (　　　)만 원은 중도금 시 은행에 동행해 상환
말소하기로 한다.
③ 현 임대차계약금(보증금 ○억 원, 기간 20　년　월　일 종료)은 매수자가 승계받기로 하고 잔금일
   기준으로 정산한다.
④ 본 제조업 공장(물류창고)의 건축물관리대장상 기준이며 확장 부분(사진 참조)은 매수자가 승계받
   기로 한다.
⑤ 본 물건의 진입로는(　　　번지) 개인 사도로서 향후 매수인에게 지료청구권이 요구될 수 있음을 확
   인하고 계약서명 날인한다.
⑥ 본 계약은 양 당사자가 위 특약사항과 확인설명서를 읽고 듣고 계약 서명, 날인한다.

[추가 선택 특약사항]
⑦ 매도자는 잔금 시 현 임차인의 퇴거를 책임지기로 하고 미이행 시에는 손해배상금으로 (　　　　)
   만 원을 잔금에서 공제한다.
⑧ 매도자는 본 물건 등기사항전부증명서상 권리(압류, 가압류, 가등기, 가처분 등)를 중도금 시까지
   정리해주기로 한다.
⑨ 본 건물의 증축 확장 부분과 건축물관리대장상 두 칸이나 네 칸으로 분리 주거시설 설치해 임대차
   하고 있음을 매수인은 확인하고 계약 서명, 날인한다.
⑩ 본 소유권자와 통화 승낙하에 처 (　　　)와의 계약이며 대금은 소유권자 (　　　)의 (　　　)
   은행　－　－　계좌로 입금하며 20　년　월　일 소유권자가 추인하기로 한다.
⑪ 본 계약은 대리인 (　　　)이 위임장과 인감증명서 첨부하고 소유권자와 통화 승낙하에 계약하며
   대금은 소유권자 (　　　)의 (　　　)은행　－　－　계좌로 입금하며 잔금일 소유권
   자는 직접 참석하에 동시 이행으로 잔금 정리한다.
⑫ 본 계약은 소유권자가 영주권자로 통화 승낙하에 해외거주사실확인서와 위임장을 첨부한 대리인

( )와 계약하며 대금은 소유권자 ( )의 ( )은행 － － － 계좌로 입금한다.

⑬ 본 계약은 공동소유권자 물건으로 위임장을 첨부한 1/2 소유권자인( ) 와 계약하며 1/2 소유권자 ( )와 통화 승낙하에 계약하며 대금은 1/2씩 공동소유권자 계좌로 입금한다.

⑭ 매수자는 중도금 지급일은 20 년 월 일 지급하며 중도금 지급날짜 전에 지급하지 않기로 한다.

⑮ 본 매매계약은 ( )신탁관리 회사의 신탁관리 물건으로 신탁관리 회사의 승낙하에 매매하며 신탁관리 계좌 ( )은행 － － － ( )신탁관리 회사로 대금을 입금하기로 한다.

⑯ 본 계약의 계약금 ( )만 원 중 ( )만 원 계약 시 지급하며 ( )만 원은 20 년 월 일 지급하기로 하고, 매수인이 미지급 시에는 기지급한 ( )만 원은 위약금으로 반환받지 않기로 하며 조건 없이 해약하기로 한다.

⑰ 본 매매계약은 매수인의 사정에 의해 중도금 시에 매수인이 지정하는 자에게 매도인은 잔금과 동시에 명의 이전해주기로 한다.

⑱ 양 당사자는 잔금일은 상호 협의가 가능 시에 날짜를 조정할 수 있다.

⑲ 본 물건에 인테리어 시설 등으로 유치권 주장이 있다면 매도인이 책임지고 잔금 시까지 정리해주기로 하며 미정리 시에는 대금에서 공제한다.

⑳ 본 물건의 등기사항전부증명서에 설정된 개인채무 권리자 ( )는 본 매매계약 시에 소유권자와 동행 참석하에 말소 수임 법무사에 맡겨 정리하기로 위임하기로 한다.

㉑ 본 계약은 중도금 생략하고 등기사항전부증명서상 담보물권 등을 잔금일 기준 정산하기로 한다.

㉒ 본 물건은 현재 신축 중인 건축물로써 매도자가 보존등기 후 잔금과 동시에 명의 이전하며 선 임대차계약 및 융자금 ( )만 원은 잔금일 기준 매수자가 승계받기로 한다.

진입도로를
미리 확인한 후에 계약하세요

공인중개사가 토지를 중개했는데, 진입도로 문제 때문에 잔금을 받지 못한 사례가 있다. 중개사는 맹지 한 필지를 매매하면서, 인접한 매도자 형제의 토지 위로 진입도로를 내는 특약을 했다.

[특약사항]

본 토지의 진입도로 개설을 위하여 (전)   번지 (전)   번지 (전)   번지에 (약 250 ㎡) 폭 4m 도로 부분으로 분할해 명의 변경해주기로 하며 공사비용은 매수자가 책임지기로 한다.

위와 같은 특약을 했으나, 3필지의 소유권자인 형제의 이견 때문에 분할을 하지 못했다. 할 수 없이 우회 도로를 계획해 보니, 이번에는 공사비용이 배가 되어 매수자가 응하지 않았다. 어쩔 도리가 없이 잔금 지급만 계속 미뤄지고 말았다.

이러한 경우, 처음부터 진입도로 문제를 해결한 후에 중개하는 것이 좋다. 소유권자가 아무리 가까운 사이라도 다툼이 일어나지 않으리라는 보장이 없다. 특히 도농복합지역이나 농촌지역에서 전원주택(지) 개발·분양을 하다 보면 진입도로 때문에 애를 먹는다. 개발업자는 되도록 싼 토지를 구입하려고 하기 때문에, 맹지 또는 진입도로가 협소한 토지를 싼값에 매입해 도로 사용 승낙을 받거나 매수해서 지분등기로 전환하는 경우가 많다.

개발·분양된 토지만 중개하다 보면 도로 사용 승낙을 필요로 하거나, 시간이 지난 후에 도로 소유권자가 도로 사용 지료 청구권을 행사하기도 한다. 이 경우 난처해지는 것은 결국 공인중개사다. 공인중개사는 도농복합지역이나 농촌지역에 전원주택(지), 농가주택을 중개할 때는 반드시 지방도로에서 진입하는 여러 필지의 등기사항전부증명서를 열람해서 중간에 사도가 있는지를 살펴봐야 한다. 사도가 중간에 끼여 있다면 소유권자를 만나 사용 여부와 지료 청구 여부를 확인하고 매도자의 희망 가격에서 절충하는 것이 좋다. 특히 향후에 사도로 문제가 생긴다면 매수자가 책임진다는 특약을 해야 한다. 종종 개발업자가 도산해서 도로를 타인 명의로 옮겨놓고 나중에 지료 청구를 하는 경우도 있기 때문에 조심해야 한다.

공사가 지지부진한 전원주택(지) 개발 현장이나 육안으로 확인될 정도로 진행된 토목공사가 중단된 필지가 있다면 이 가능성을 의심해봐야 한다. 분할된 토지를 중개할 때는 기술적으로 문제가 되는 부분을 매수자가 책임진다는 특약을 해서 가격을 절충하는 것이 바람직하다.

2

공장(창고)
임대차계약서 작성

1. 토지이용계획확인서 2. 지적도 3. 토지대장 4. 건축물관리대장
5. 등기사항전부증명서(건물+토지) 6. 건축물 각층 도면 7. 임대차계약서 현황
8. 경계측량도면 9. 하자담보 확인서 10. 물건 체크리스트

　　도농복합지역이나 공장물류창고지역에서 영업을 하다 보면 불경기라는 말을 잘 하지 않는다. 그만큼 꾸준하게 매매 또는 임대차계약이 이루어진다는 사실이다. 그러나 공장 물류창고 토지 지역에서 영업하기란 어느 정도 경력을 바탕으로 토지 형질변경 등의 전문가 교육이 필요하다. 5년 정도 토지, 공장, 물류창고 지역에서 영업을 하다 보면 꾸준한 고객 관리로 성공의 길에 다가갈 수 있다.

 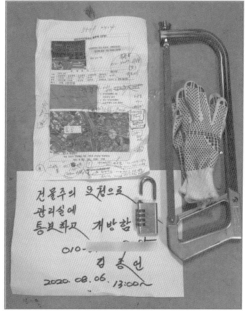

창고 야적 가설 건축물   임차인 행방불명

    공장(창고) 임대차계약 시에는 가설 시설물을 잘 확인하고 특약을 명시해야 한다. 또한, 임차인의 사업 부진으로 임차료가 밀리고 보증금도 소진되었는데 임차물이 반환되지 않고 임차인이 행방불명되는 경우도 있다. 이때는 함부로 문을 개방하면 안 된다.

    내용증명을 보내고, 관리사무소를 통해 연락을 시도한다. 소유권자가 문을 개방한다는 내용을 공지하고 사진 촬영을 한 후 개방해야 한다.

공장 임대차 계약서

1.부동산의 표시:아래 부동산에 대하여 임대인과 임차인은 합의하여 다음과 같이 임대차계약을 체결한다.

소재지	경기 시 면 리 번지				
토 지	지목	공장지 및 공장		면적	1,177.1㎡
건 물	구조	일반철 골조	용도 근생제조	면적	356.2㎡
임대할부분	위 번지내 공장지 및 건축물				

2.계약내용

제1조 [보증금 및 지급시기] ①임대인과 임차인은 임대차 보증금과 지불시기를 다음과 같이 약정한다.

보증금	金오천만원정(50,000,000원정)		
계약금	金오백만원정은 계약시에 지불하고 영수함.	영수자	본인서명 인
중도금	金은 년 월 일에 지불하며		
잔 금	金사천오백만원정은 20 년 월 일에 지불하며		
월 세	일백구십만원정(부가세별도) 원정은 매월 일에 지불하기로 한다.		

②제1항의 보증금은 공인중개사의 입회하에 지불하기로 한다.

제2조 [존속기간] 임대인은 위 부동산을 임대차 목적대로 사용 수익할 수 있는 상태201* 년 ** 월 ** 일 까지 임차인에게 인도하며,임대차 기간은 인도일로부터 201* 년 ** 월 ** 일 까지로 한다.

제3조 [용도변경 및 전대 등] 임차인은 임대인의 동의 없이는 위 부동산의 용도나 구조 등을 변경하거나 전대, 임차권 양도 또는 담보제공을 하지 못하며 임대차 목적 이외의 용도에 사용할 수 없다.

제4조[계약의 해지]임차인이 2이상 차임의 지급을 연체하거나 제3조를 위반했을때는 임대인은 본계약을 해지할 수 있다. **제5조 [계약의 종료]** ①임대차 계약이 종료된 경우 임차인은 위 부동산을 원상으로 회복 하여 임대인에게 반환한다. ②제1항의 경우,임대인은 보증금을 임차인에게 반환하고 연체임대료 또는 손해배상 금 액이 있을 때는 이들을 제하고 그 잔액을 반환한다. **제6조 [계약의 해제]** 임차인이 임대인에게 계약당시 계약금 또는 보증금 명목으로 금전이나 물건을 교부한 때에는 다른 약정이 없는 한 중도금(중도금이 없을 때는 잔금)을 지불 할 때까지는 임대인은 계약금의 배액을 상환하고 임차인은 계약금을 포기하고 이 계약을 해제할 수 있다. **제7조 [채무불이행과 손해배상]** 임대인 또는 임차인이 본 계약상의 내용에 대하여 불이행이 있을 경우 그 상대방은 불이 행한자 에 대하여 서면으로 최고하고 계약을 해제할 수 있으며, 계약해제에 따른 손해배상을 상대방에게 청구할 수 있다. **제8조 [중개보수]** 공인중개사의 중개보수는 이 계약의 체결과 동시에 임대인과 임차인 쌍방이 각각 지불하며, 공인중개사의 고의나 과실없이 거래 당사자 사정으로 본 계약이 무효, 취소, 해제되어도 중 개보수는 지급한다. **제9조 [확인설명서 등 교부]** 공인중개사는 중개대상물 확인설명서를 작성하고 업무보증관계증 서(공제증서 등) 사본을 첨부하여 *201* *년* *월* 일 거래당사자 쌍방에게 교부한다.

특약사항

1. 본 공장 임대차 계약은 양당사자가 토지이용계획확인서,등기사항전부증명서,토지대장,건축물관리대장, 건물배치도,지적도 및 공장지 및 건축물의 현 상태를 유안으로 확인하고 계약서명, 날인한다.

2. 등기사항전부증명서상 ( )은행 채권최고액 ( )원 있는 상태 계약임.

3. 현재 전기는 10㎾ 이며 임차인의 공장운영상 전기 승압이 필요시 임대인은 관련서류를 제공하며 그 비용은 임차인이 부담하기로 하며 민원사항 발생시에는 임차인이 책임지기로 한다.

4. 임차인은 운영상 편의사항은 임차인이 해결하며 기간종료시 산업폐기물, 쓰레기는 임차인이 정리하기로 한다.

5. 월차임은 일백구십만원으로 정하고 부가세 10%추가하여 ( )은행 - - 김) 계좌입금하기로 한다.

6. 기간종료시 본 물건에 대하여 원상복구 하기로 하며 미 복구시에는 철거비용을 산정하여 잔금에서 공제하 기로한다.

7. 본 계약은 양당사자가 위 특약사항과 확인설명서를 읽고 듣고 계약서명, 날인한다.

첨부: 토지이용계획확인서,등기사항전부증명서,토지대장,건물배치도,지적도.

본 계약에 대하여 임대인과 임차인은 이의 없음을 확인하고 각자 서명 날인 후 임대인, 임차인, 공인중개사가 각 1통씩 보관한다. 20 년 월 일

임대인	주 소	새로운도로명주소				印
	주민등록번호		전화		성명 본인서명	
임차인	주 소	새로운도로명주소				印
	주민등록번호		전화		성명 본인서명	
공인중개사	사무소소재지	새로운도로명주소				印
	등록번호		사무소명칭		● 사무소	
	전화번호		대표자성명		본인서명	

공장의 상가 부분 건물의 임대차 보호법 준용 여부

적용 범위	상가임대차보호법 적용 여부
사업자 등록되는 건물로서 임대사업목적물인 건물 영리를 목적으로 영업용으로 사용하는 임대차계약 단순히 상품의 보관, 제조, 가공 등 사실행위가 함께 이루어진다면 상가보호법 적용 대상이 아님.	공부상 표시가 아닌 건물의 현황으로 용도 등에 비추어 영업용으로 사용 여부를 실질적으로 판단함.
대법원 2011. 7. 28 선고 2009다 40967	상가건물임대차보호법은 사업자등록이 되는 건물로서 그 전부 또는 주된 부분을 영업용으로 사용하는 경우만 적용된다. 그런데 상품의 보관 등 사실행위만이 이루어지는 창고 등으로서 그곳에서 비영리 행위와 더불어 영리를 목적으로 하는 수익사업 영업활동이 함께 이루어지지 않는 경우에는 상가건물임대차보호법 적용 대상인 상가건물에 해당되지 않으므로 상가건물임대차보호법에 의한 보호를 받을 수 없고 민법 규정이 적용될 뿐입니다. 다만 임차인이 해당 창고가 단순히 사실행위만 이루어지는 장소가 아니라 해당 창고에서 판매품 일부를 가공하거나 고객 유치에 활용하는 등 영업활동의 기반으로 활용한다면 상가임대차 보호법 적용을 받을 수가 있습니다.

상가건물이란?
상가건물임대차보호법의 목적과 같은 법 제2조 제1항 본문, 제3조 제1항에 비춰보면, 상가건물임대차보호법이 적용되는 상가건물 임대차는 사업자등록 대상이 되는 건물로 임대차 목적물인 건물을 영리를 목적으로 하는 영업용으로 사용하는 임대차를 말한다. 상가건물임대차보호법이 적용되는 상가건물에 해당하는지 여부는 공부상 표시가 아닌 건물의 현황용도 등에 비추어 영업용으로 사용하느냐에 따라 실질적으로 판단해야 한다. 단순히 상품의 보관, 제조, 가공 등 사실행위만이 이루어지는 공장, 창고 등은 영업용으로 사용하는 경우라고 할 수 없으나, 그곳에서 그러한 사실행위와 더불어 영리를 목적으로 하는 활동이 함께 이루어진다면 상가건물임대차보호법 적용 대상인 상가건물에 해당한다 (대법원 20110728 선고 2009다40967 판결).

당사자는 영업용으로 사용하기로 합의해야 한다.
영업용으로 사용하는 건물의 용도가 무엇이든지 관계가 없고, 미등기이든, 무허가 건물이든, 비영업용 건물이든 임차인이 운영하는 업종에 대해 사업자등록을 신청할 수 있는 건물이라면 이 법의 적용을 받는다. 임대인과 임차인이 임차목적물을 영업용으로 사용한다는 합의가 없는 상태에서 임차인이 사업자등록을 갖추고 영업용으로 사용한다면 이 법의 보호를 받지 못할 수 있다.
비영리민간단체는 제외 사업자등록을 갖추지 않고 고유번호를 발급받는 어린이집, 교회, 동창회, 자선단체 등 비영리민간단체의 경우에는 이 법의 보호를 받지 못한다. 상품의 보관 등 사실행위만이 이루어지는 창고로 사용하거나 영업과 무관한 예술 활동을 위한 공간으로 사용할 때도 이 법의 보호를 받을 수 없다.

사업자등록 대상 건물에 영업용으로 사용
이 법의 적용을 받기 위한 상가건물 임대차란? 임차인이 임대차 목적물인 건물을 영리목적인 영업용으로 사용하는 임대차를 뜻하며 건축물관리대장 등 공적 장부상 표시가 아닌 건물의 현황 용도 등에 비추어 영업용으로 사용하느냐에 따라 실질적으로 판단해야 한다.

공장(물류창고) 매매계약서 특약사항 모음

[권리분석과 물건 현 상태 확인]

① 공동소유물건 위임장 ② 대리인과 계약 위임장 ③ 기본 시설물 외 추가 시설물 포함 여부

④ 확장 여부 ⑤ 용도변경 ⑥ 대수선 호수 늘림 ⑦ 근생(대피소) 주거시설 설치 ⑧ 신탁관리 물건

⑨ 진입도로 문제 ⑩ 오래된 건물 특약 미 하자담보책임 문제 ⑪ 기반시설(화장실. 음용수 가스 등) 확인

⑫ 민원사항 발생 여지 확인 ⑬ 행정관청 관련 문제 확인 ⑭ 산업폐기물 및 쓰레기 적치확인

⑮ 현 경작물 처리문제 확인 ⑯ 환경 부담금 납부책임 문제 확인

[특약사항 기본]

① 본 임대차계약은 양 당사자가 토지이용계획확인서, 등기사항전부증명서, 건축물관리대장, 토지대장, 지적도, 평면도 확인 및 물건 현 상태를 육안으로 확인하고 계약 서명, 날인한다.

② 등기사항전부증명서상 (　　　)은행 채권최고액 (　　　)만 원은 중도금 시 은행에 동행해 상환 말소하기로 한다.

③ 현재 전기는 10kw이며 임차인이 공장(물류창고)운영상 전기 승압이 필요시에는 임대인은 관련 서류를 제공한다. 그 비용은 임차인이 부담하고 민원사항 발생 시에는 임차인이 책임지기로 한다.

④ 임대차 기간 종료 시 산업폐기물 및 쓰레기 등은 임차인이 정리해주기로 한다.

⑤ 월차임은 (　　　　)만 원으로 정하고 부가세 10%를 별도 추가해 임대인에게 지급하며 매월 (　　　)일 세금계산서를 발급해주기로 한다.

⑥ 임대인은 간이화장실 설치와 투공 작업으로 지하수를 임차인이 사용하도록 잔금 시까지 해주기로 한다.

⑦ 임차인은 본 임차물을 사용 수익 시 발생하는 민원사항, 행정처분 과태료 등을 책임지기로 한다.

⑧ 본 계약은 양 당사자가 위 특약사항과 확인설명서를 읽고 듣고 계약 서명, 날인한다.

[추가 선택 특약사항]

⑨ 본 건물의 증축 확장 부분과 건축물관리대장상 두 칸이나 네 칸으로 분리 주거시설 설치해 임대차하고 있음을 매수인은 확인하고 계약 서명, 날인한다.

⑩ 본 소유권자와 통화 승낙하에 처 (　　　)와의 계약이며 대금은 소유권자 (　　　)의 (　　　) 은행 　 － 　 － 　 계좌로 입금하며 20　년　월　일 소유권자가 추인하기로 한다.

⑪ 본 계약은 대리인 (　　　)이 위임장과 인감증명서 첨부하고 소유권자와 통화 승낙하에 계약하며 대금은 소유권자 (　　　)의 (　　　)은행 　 － 　 － 　 계좌로 입금하며 잔금일 소유권자는 직접 참석하에 동시 이행으로 잔금 정리한다.

⑫ 본 계약은 소유권자가 영주권자로 통화 승낙하에 해외거주사실확인서와 위임장을 첨부한 대리인

(   )와 계약하며 대금은 소유권자 (   )의 (   )은행 – – –   계좌로 입금한다.

⑬ 본 계약은 공동소유권자 물건으로 위임장을 첨부한 1/2 소유권자인 (   )와 계약하며 1/2 소유권자 (   )와 통화 승낙하에 계약하며 대금은 1/2씩 공동소유권자 계좌로 입금한다.

⑭ 임차인은 중도금 지급일은 20 년 월 일 지급하며 중도금 지급날짜 전에 지급하지 않기로 한다.

⑮ 본 임대차계약은 (   )신탁관리 회사의 신탁관리 물건으로 신탁관리 회사의 승낙하에 매매하며 신탁관리 계좌 (   )은행 – – – (   )신탁관리 회사로 대금을 입금하기로 한다.

⑯ 본 계약의 계약금 (   )만 원 중 (   )만 원 계약 시 지급하며 (   )만 원은 20 년 월 일 지급하기로 하고, 매수인이 미지급 시에는 기지급한 (   )만 원은 위약금으로 반환받지 않기로 하며 조건 없이 해약하기로 한다.

⑰ 본 임대차계약은 임차인의 사정에 의해 잔금 시 지정하는 임차인에게 계약서 변경을 해주기로 한다.

⑱ 양 당사자는 잔금일(이사날짜)은 상호 협의가 가능 시에 날짜를 조정할 수 있다.

⑲ 본 물건에 시설 등으로 유치권 주장이 있다면 매도인이 책임지고 잔금 시까지 정리해주기로 하며 미정리 시에는 계약금 배액을 배상하기로 한다.

㉓ 본 공장 임대차계약에서 임차인은 공장건물의 하중을 넘어가는 기계시설 등을 설치하지 않기로 하며, 만약 기계의 하중이나 진동으로 본 건물에 하자가 발생 시에는 그 원상복구의 책임을 지기로 한다.

㉔ 공장등록 인허가사항은 임차인 책임으로 한다.

㉕ 임대차 기간 중 위법사항이나 민원사항 발생 시에는 임차인이 책임지기로 한다.

㉖ 본 특약사항에 기재되지 않은 사항은 민법상 계약에 관한 규정과 부동산 임대차계약의 일반 관례에 따른다.

㉗ 호이스트 관리는 임차인 책임으로 한다.

㉘ 임차인이 일부분 전대차계약을 원할 시에는 임대인의 동의를 얻기로 한다.

토지, 임야, 공장, 창고, 전원주택을 전문으로 취급하는 중개업자는 현장 안내 시 반드시 도로 사정을 사전에 파악하고 출발해야 한다.

먼 거리에 있는 물건지라면 시간개념에 맞출 것인지 거리개념에 맞출 것인지도 염두에 두고 출발하는 것이 좋다. 또한 어떤 시간대에 출발해야 도로 정체를 피할 수 있는지도 검토하고 출발하는 것이 바람직하다.

산업폐기물 처리 때문에
골치 아파요

주로 아파트를 영업하던 공인중개사 한 분이 있다. 이 공인중개사가 조그만 공장을 하나 매매하고 잔금까지 정리했는데, 공장을 매수한 매수자가 중개보수를 자꾸 미루었다고 한다. 시간이 지나 독촉을 했더니, 그 공장에 산업폐기물이 가득 남아 있다며 폐기물을 처리해달라고 요구해왔다. 이 중개사는 공장이나 창고를 거래한 경험이 별로 없어서 폐기물 처리 특약을 생각지 못 했던 것이다. 매도자는 이미 손을 뗐고, 연락도 되지 않는 상태다. 결국 중개사는 매수자와 합의해서 매수자가 줄 중개보수의 절반만 받기로 하고 상황을 마무리할 수밖에 없었다.

1. 공장이나 창고 건물 점포 등을 매매 또는 임대차할 때는 산업폐기물(쓰레기) 처리에 관한 특약을 넣어야 한다.

2. 만약 잔금을 지급할 때까지 정리가 제대로 되어 있지 않다면 산업폐기물 처리 용역 업소를 불러 견적을 받은 후, 잔금에서 일정 금액을 남겨두어야 공인중개사의 손해를 줄일 수 있다.

필자도 비슷한 경험이 있다. 10년 전, 식품용으로 새싹을 생산하는 제조 공장의 임대차계약을 성사시켜주었을 때다. 처음 1~2년은 운영에 문제가 없었지만, 이후 수출길이 막혀 3년이 못 되어 폐업하고 말았다. 결국 인테리어 사진 촬영 세트장으로 다시 임차인을 받고, 전 임차인이 생산설비 및 재고품을 치워주기로 했다. 그런데 결국 폐기물을 그대로 남겨둔 채 떠나버렸다.
새로운 임차인은 당연히 폐기물 처리를 요구했지만, 임대인은 전 임차인의 보증금을 다 소진한 데다 월차임도 6개월분을 받지 못한 상태라 들어줄 수 있는 상황이 아니었다. 임차인을 소개한 필자만 난처해지고 말았다. 옮겨갈 때 현장을 지켰어야 했는데, 하고 몇 번이나 후회했는지 모른다. 결국 새로운 임차인의 성화에 못 이겨 폐기물을 치우고 중개보수의 절반만 받기로 합의하며 상황을 정리할 수 있었다.

또 다른 사례로는 전속 관리하고 있는 옷 할인매장 점포를 정리해주었을 때였다. 임차인이 보증금과 상품 등은 모두 잘 정리했는데, 점포에 헌 옷 등의 쓰레기를 가득 남기고 떠나버린 것이다. 결국 필자가 적당한 선에서 마무리하자고 판단해서 한 트럭 분의 쓰레기를 모두 치웠다. 그러다 보니 중개보수 일부가 날아가고 말았다. 직접 전속 관리를 맡았으니 임대인에게 이야기하기도 애매한 상황이라, 결국 술 한 잔 마신 셈 치고 잊어버릴 수밖에 없었다.

물류부지 컨설팅 현황 브리핑 자료(예시)

부 동 산 계 약 의 기 술

공인중개사는 일반 중개 영업 외에도 때로는 물류 부지 알선 중개를 하게 되는 경우가 있다. 이때 해당 물건에 대한 컨설팅 브리핑 자료를 만들어야 한다. 세부적인 자료는 더 보강해서 컨설팅 용역 보고서를 만들어야 하지만, 초기 자료를 예시하고 브리핑하는 것이 중요하다.

필지별 토지 현황

NO	소재지	토지/임야	지번	지목	면적(㎡)	면적(평)
1	▨	산	65	임야	42,645	12,900
2		산	66-1	임야	5,719	1,730
3		산	66-2	임야	1,785	540
4		산	66-3	임야	5,719	1,730
5		산	66-5	임야	3,305	1,000
6		산	66-6	임야	6,612	2,000
7		산	67-3	임야	22,567	6,826
8		산	67-4	임야	1,686	510

NO	소재지	토지/임야	지번	지목	면적(㎡)	면적(평)
9	▨	일반	625	답	1,489	450
10		일반	751-10	임야	2,957	894
11		일반	751-11	임야	9,237	2,794
12		일반	803-5	전	477	144
13		일반	831	전	975	295
14		일반	832	전	942	285
15		일반	833	답	255	77
16		일반	838-3	묘지	873	264
17		일반	838-4	도로	203	61
18		일반	838-5	임야	1,275	386
19		일반	838-6	임야	889	269

경기도 ▨751-11번지 일대
총 필지 : 19필지
총 면적(㎡) : 109,610㎡
총 면적(평) : 33,157평

*면적과 필지는 조정될 수 있으나 3만3천평 내외를 유지하고 차후 변경되는 면적은 별도 협의

위는 각 필지별 면적 현황으로, 토지대장을 열람해서 번지별 지적공부의 사항으로 지목별 면적 현황이다. 물류 부지 작업은 대체적으로 소규모 3,300㎡ 이하 부지, 중간급 33,300㎡ 이하 부지, 대형 물류센터 부지 333,000㎡ 이상 부지로 이루어진다. 본 물류창고 부지 컨설팅은 필자가 지주 작업을 완료한 부지로 알선 중개 중이다.

예상 비용

NO	구 분	금 액(원)	(원/평당)	비고
1	지주토지대금	26,525,600,000	800,000	
2	사업추진 용역비	928,396,000	28,000	P 3.5%
3	합 계 (컨설팅 용역비 포함 금액)	27,453,996,000	828,000	

대금 집행 예산

구 분	사업용역 계약	토지약정+토지사용 승낙서	토지 허가 후 소유권 이전	합계(부가세 별도)
	계약금 20%	토지계약금 10%	토지90%, 사업용역 80%	100%
토지		2,652,560,000	23,873,040,000	26,525,600,000
용역사	185,679,200		742,716,800	928,396,000
합계	185,679,200	2,625,560,000	24,615,756,800	27,453,996,000

물류센터 부지 알선 중개는 참으로 힘든 작업이다. 전속 컨설팅 중개 작업이 아니라면 성공하기가 힘들다. 왜냐하면 지주 작업을 한 컨설팅 용역비가 책정되어 있기에 성사 시 용역비 배분 문제도 쉽지 않기 때문이다.

위와 같이 용역비 3.5%가 책정되어 대체적으로 매수인이 부담하는 경우도 있고, 반대로 매도인이 부담하는 경우도 있으므로 이를 확정지어야 한다. 이런 작업은 지주와의 연결을 이끌어내는 주변인(마을 이장, 임차인, 이해관계인 등)들과의 교류가 중요하다.

이러한 지주 작업을 하는 컨설팅 사업과 토목 공사를 하는 업자와 교류를 통해 믿음과 신뢰가 쌓여 공인중개사 전문가로 인정받을 때 물건이 나온다. 또한, 이러한 물건을 전문으로 알선 중개하는 사무소가 아니라면 중개 자체도 힘들고, 잘못하면 물건이 노출되어 빼앗기는 경우도 있으며, 지주 작업 컨설팅 회사에 피해를 입히게 되는 경우도 있으므로 조심해야 한다.

브리핑 현황 자료를 만들 경우, 매도 물건에 대해 매도자가 제시하는 조건에 귀 기울여야 한다. 보통 이러한 물건은 여러 필지로 나뉘어 있으며 소유권자가 많아 제시하는 조건이 제각각이라 어려움이 많다.

특기사항

1. 토지 계약금 10%, 잔금 90%(인허가 완료 후 지급, 약 8개월)
2. 토지 자체의 문제, 관련 법령, 그 밖의 규정에 의거해 인허가를 득하지 못했을 시 계약금을 반환하고 조건 없이 해약하기로 한다.
3. 인허가용 토지승낙서 제공 조건임.
4. 매각 토지 내 묘지(봉분)는 매도자가 잔금 전 정리하는 조건임.
5. 매각 토지 내 농작물은 잔금일 기준 매도자가 정리해주기로 하고, 미 정리 시 매매대금에 포함하기로 한다.
6. 농가 주택이 있다면 점유자에 대해 매도자가 정리해주기로 하고, 미 정리 시 매매대금에 포함하기로 한다.
7. 기타사항의 양 당사자가 합의하기로 한다.

이러한 부지 작업은 사업 주체가 보통 계약금 지급과 동시에 토지주의 사용 승인을 요하는 경우가 많고, 허가를 득한 후에 중도금 또는 잔금 지급 조건을 제시한다.

따라서 일정한 기간을 두고 토지 사용 승낙서를 첨부하는데, 이 기간 사업 허가가 나지 않을 경우를 대비해 위약금 등의 조항을 합의해야 한다.

물류 부지 사업 선정의 특성은 무엇보다도 고속도로 진입 거리가 가까워야 한다는 점이다. 사업 주체(매수자)와 상담해보면 고속도로 IC까지 10분, 15분 거리를 선호하며, 대상 부지의 진입로는 6m, 8m 이상의 도로를 원한다. 대형 트레일러 차량이 진입해야 하기 때문인데, 사실 이러한 사업 부지를 찾기가 쉽지 않다. 그래서 대부분의 중·대형 물류센터는 고속도로와 인접한 곳에 자리를 잡고 있다.

사업 부지의 토지이용계획확인서, 등기사항전부증명서, 지적도, 토지대장, 임야도, 임야 등고선 확인서 등 각종 서류를 열람하고 지참한다. 현장 임장 활동으로 정밀 분석을 하고, 컨설팅 용역 보고서를 작성해야 한다. 매수하려는 주체는 정밀 검토를 하고, 계약 시에는 지주 작업을 한 컨설팅 회사의 대표와 직접 계약의 검토사항을 미리 협의해서 확정하고 준비해야 한다.

필자의 경험에 따르면, 이러한 사업 부지 물건을 지주 작업을 한 대표와 긴밀한 유대관계를 맺고 물건 광고(홍보)를 해야 한다. 물건을 공개하면 대부분의 물건이 경쟁자들에 의해 정보를 빼앗기고 계약이 시도되기 때문에 물건 공개를 함부로 하지 않는다. 매도자 컨설팅 용역 회사도 매수자 측 알선 중개하는 사람도 믿음과 신뢰가 쌓이지 않으면 계약이 어려운 것이 현실이다.

사업부지 위치도

사업부지 현황도

도시 계획

양교지구 산업단지(민간제안 산업단지 , 2만5천평)
서해선(수도권 전철. 북선전철사업 . 2022.12월 개통예정)

　　그 사업 부지가 도시계획에 합당한지를 행정 관청이나 설계사무소를 통해 정밀 분석해야 한다. 필자는 모르는 부분이 있으면 바로 행정 관청 주무 부서로 달려간다. 담당 공무원을 만나기 전에 민원실에서 관련 서류를 열람하고, 질의하고자 하는 부분을 미리 메모해서 주무관의 조언을 얻는다.

　　공인중개사는 행정 관청의 도시과, 건축과, 위생과, 상하수도과, 산업과 등을 언제나 내 집 드나들 듯이 찾아가 질의하고 공부해야 한다. 필자가 아는 개업공인중개사는 어느 관청을 3년여 방문하면서 공부해 그 지역에서 최고의 토지, 공장, 창고 컨설팅 전문가로 활동하며 고수익을 올리고 있다.

　　이러한 부동산 중개 컨설팅 용역 분야에서 열심히 공부하고 경험을 쌓는다면 공인중개사 전문가로 성공할 것이다.

오염토지에 대한
매도인의 채무불이행

오염된 토지와 산업폐기물 방치된 토지

　대법원 판결(대법원 2021. 4. 8 선고 2017다202050 판결)에 의하면 '매매의 목적물에 하자가 있는 경우 매도인의 하자담보책임과 채무불이행은 별개의 권원에 의해 경합적으로 인정'된다.

　이 경우 특별한 사정이 없는 한 하자를 보수하기 위한 비용은 매도인의 하자담보책임과 채무불이행에서 말하는 손해에 해당한다. 따라서 매매 목적물인 토지에 폐기물이 매립되어 있고, 매수인이 폐기물 처리를 하기 위해 비용이 발생한다면, 매수인은 그 비용을 민법 제390조에 따라 채무불이행으로 인한 손해배상으로 청구할 수 있다. 또한 민법 제580조 제1항에 따라 하자담보책임으로 인한 손해배상으로 청구할 수도 있다는 취지다.

　따라서 매수인은 구체적 사정에 따라 그에 적합한 법리로 매도인을 상대로 폐기물 처리 비용 등을 청구할 수 있다. 또한 대법원은 '토지 매도인이 성토 작업을 기화로 다량의 폐기물을 은밀히 매립하고 그 위에 토사를 덮은 다음 도시계획을 시행하는 공공사업자와 정상적인 토지임을 전제로 협의취득 절차를 진행해서 매도함으로써 매수자에게 그 토지의 폐기물 처리 비용 상당의 손해를 입게 했다면, 매도인은 이른바 불완전 이행으로써 채무불이행으로 인한 손해배상을 부담하고, 이는 하자 있는 토지 매매로 인한 민법 제580조 소정의 하자담보책임과 경합적으로 인정된다(대법원 2004. 7. 22 선고 20202다51586 판결)'라고도 했다.

PART

11

단기 임대차계약서
작성

부 동 산 계 약 의 기 술

견고한 시설물 설치
임대차계약서 특약

360㎡ 정도의 창고를 단기 6개월 임대차계약했을 때의 일이다. 식품을 보관하며 프랜차이즈 업소에 보급하는 사업자를 임차인으로 맞추어 6개월 임대차계약을 했다. 사업이 제법 잘되었기에 처음 2개월간은 차임도 꼬박꼬박 들어왔으나, 어찌된 일인지 3개월 차부터는 임차료가 들어오지 않았다. 한 달, 두 달 지나 보증금까지 다 소진되었는데 연락이 두절되었고, 아무리 수소문해도 찾을 수가 없었다. 결국 그렇게 계약 기간이 끝난 후 경찰을 불러 창고를 열어 봤는데, 문을 연 순간 악취가 훅 끼치는 것이 아닌가.

하지만 냄새는 둘째 문제였다. 창고 안에는 대형 냉동고 2대와 집기들이 뒤엉켜, 한눈에 봐도 철거 비용이 만만치 않은 상황이었다. 계약서에 적힌 임차인 주소지는 엉터리 주소였고, 그가 납품했던 프랜차이즈 업소나 물건을 넘겼던 주소를 찾아봐도 증거 영수증이나 서류를 찾을 수 없었다. 당장 치우고 싶어도 임차인의 물건이니 함부로 치울 수도 없고, 당연히 새로운 임차인을 들이기도 어려웠다. 이를 중개한 필자는 임대인 고객에게 그저 죄송하다는 말밖에 할 수 없었다.

그렇다고 이대로 놔둘 수는 없었다. 6개월이 지난 후 신문에 광고를 냈다. 임차인은 1개월 후까지 창고의 집기와 시설을 철거하고 원상복구하라는 내용이었다. 그래도 감감무소식. 결국 사진을 찍어 증거를 남긴 후 산업폐기물 처리업체에 의뢰해 원상복구할 수밖에 없었다. 다행히 특수시설 냉동고 2대는 옆 공간에 설치해서 보관 중이다.

이후 임대인에게는 새로운 임대차계약을 성사시켜드리는 것으로 문제는 마무리되었으나, 공인중개사 입장에서는 참으로 죄송한 일이 아닐 수 없었다. 그래도 필자의 진심이 통했는지 임대인이 입장을 이해해주었고, 쌓아온 신뢰를 바탕으로 전속중개를 이후에도 이어나갈 수 있었다.

교환계약서,
증여계약서 작성

교환계약서 작성

부동산 교환계약서

부동산 교환계약서

교환인 '갑'과 '을'은 아래 부동산 교환에 관하여 다음과 같이 계약 체결한다.

부동산의 표시	갑	대상물건	시 구 동 번지 (주택, 상가, 토지, 공장, 창고, 기타)	
		평가금액	금	
		순가액	금	
	을	대상물건	시 구 동 번지 (주택, 상가, 토지, 공장, 창고, 기타)	
		평가금액	금	
		순가액	금	

제1조 : 위 부동산의 교환에 있어 (　　　)의 소유자는 (　　　)의 소유자에게 상기교환물건 외 순가액의 차익(이하 교환대금)을 아래와 같이 지불하기로 한다.

교환대금	금	원정(₩　　　)원정
계약금	금	원정은 계약 시 지불하고
중도금	금	원정은　20　년　월　일 지급하며
잔금	금	원정은　20　년　월　일 지급하기로 한다.

제2조 : '갑'과 '을'은 교환대금의 잔금 수령과 동시에 소유권이전 등기에 필요한 모든 서류를 상대방에게 넘겨주고 갑과 을은 부동산을 각각 인도한다.
제3조 : '갑'과 '을'은 위 부동산에 관하여 소유권의 완전한 행사에 제한하는 사유가 있거나 제세공과금, 기타 수익자의 부담금, 미납금 등이 있을 때는 잔금 수령일까지 그 권리의 하자 및 부담을 제거하여 완전한 소유권을 각각 '갑'과'을'에게 이전한다. 다만 승계하기로 합의하는 권리 및 금액은 그러하지 않는다.
제4조 : 위 '갑'과 '을'은 부동산에 관하여 발생하는 수익의 귀속과 제세공과금 등의 부담은 위 부동산을 인도일 기준으로 정산하되 지방세의 납부의무는 지방세법 기준에 의한다.
제5조 : '갑'과 '을'은 중도금(중도금이 없는 경우에는 잔금)을 지불할 때까지는 계약금의 배액을 배상하고 포기 해제할 수 있다. 단 등가 교환일 경우에 계약 해지는 별도 약정에 의한다.

특약사항	이 계약이 성립되었음을 증명하기 위하여 각각 서명 날인 후 1부씩 보관한다. 20　년　월　일

교환인 (갑)	주소				
	주민등록번호		성명	(인)	전화번호
교환인 (을)	주소				
	주민등록번호		성명	(인)	전화번호
개업 공인 중개사	주소				
	사무소 명칭 등록번호		대표		
			전화		

증여계약서 작성

부동산 증여계약서

부동산 증여계약서

증여자와 수증자 쌍방은 아래 부동산에 대하여 다음 계약 내용과 같이 증여계약을 체결한다.

1. 부동산의 표시

소재지	시 구 동 번지			
토지	지목		면적	제곱미터
건물	구조/용도		면적	제곱미터

2. 계약 내용

제1조 : 증여자는 수증자에 대해 위 표시된 부동산을 무상으로 증여하고 수증자는 이를 수증한다. 증여 부동산의 인도일은 20 년 월 일에 하기로 한다.

제2조 : 증여자는 인도일을 기준으로 위 부동산에 설정된 지상권, 저당권, 임차권 등 소유권에 행사를 제한하는 사유가 있거나 제세공과금과 기타 부담금 등의 미납금이 있을 때는 부동산 인도일까지 그 권리의 하자 및 부담 등을 완전히 제거하여 완전한 소유권을 수증자에게 이전한다. 다만 승계하기로 합의하는 권리 및 부담 등은 그러하지 않는다.

제3조 : 위 표시 부동산에 관하여 발생한 수익의 귀속과 제세공과금 등의 부담은 위 표시 부동산의 인도일을 기준으로 정하되 지방세 납부의무 및 납부책임은 지방세법 규정에 따른다.

제4조 : 증여자 또는 수증자의 책임에 따르지 않는 사유로 인하여 위의 부동산 소실 또는 심하게 훼손되었을 때는 본 계약을 해제한 것으로 한다.

특약사항	본 계약을 증명하기 위하여 계약 당사자가 이의 없음을 확인하고 각자 서명, 날인한다. 20 년 월 일

3. 계약 당사자의 인적사항

증여자	주소			
	주민등록번호		연락처	
	성명		서명·날인	(인)
수증자	주소			
	주민등록번호		연락처	
	성명		서명·날인	(인)

협력업체 컨설팅 임대차계약서 작성

부 동 산 계 약 의 기 술

현장 임장 활동 (프랜차이즈 편의점, 학원, 병원, 독서실 등)

프랜차이즈 가맹점 등 임대차 물건 협력업체 용역 계약

협력 업체 계약서

[   ] 주식회사 대표이사 ○○○(이하 "갑"이라 칭한다) 와 [   ] 컨설팅 공인중개사 사무소의 개업공인중개사 ○○○(이하 "을"이라 칭한다)는 아래와 같이 업무계약을 체결한다.

제1조 (목적)
본 계약은 "갑"과 "을"의 업무협약에 필요한 권리 및 의무를 규정하는 데 목적이 있다.

제2조 (존중과 신뢰)
"갑"과 "을"은 상호 존중과 신의 성실로 본 계약의 이행과 본 계약에 수반하는 문제 발생 시 최대한 협력하기로 한다.

제3조 (계약 기간)
① 계약 기간은 본 계약 체결일로부터 24개월로 한다.
② 계약 기간 만료일 30일 전에 양 당사자가 합의해 연장할 수 있다.

제4조 (업무협약대상 물건)
① "을"이 제공하는 부동산매매/임대차 등 물건의 알선·거래·중개
② "을"이 제공하는 권리금 컨설팅용역 등 물건의 알선·거래·중개

제5조 (중개보수 및 컨설팅 용역비에 관한 사항)
① 제4조 ①②항의 물건에 대해 "을"이 컨설팅 자료를 "갑"에게 제공하였을 시에 매도하려는 자(매도인/임대인, 권리금)의 중개보수 및 컨설팅 용역비는 "을"의 수익으로 한다.
② "갑"이 위 "을"이 제공한 물건을 취득하려는 자(매수인/임차인/권리금을 지급하는 자)를 소개시 중개보수 및 컨설팅 용역비는 "갑"의 수익으로 한다.
③ "을"이 제공하는 물건에 대해 "갑"이 사용·수익하는 계약에 대하여 발생하는 중개보수 및 권리금 용역비는 "을"에게 지급하기로 한다.
④ 위 ①, ②, ③에 대하여 "갑"과 "을"이 별도 협의하는 사항은 그 협의에 따르기로 한다.

제6조 (비밀유지 의무)
"갑"과 "을"은 협력 기간 중은 물론이고 협력관계 종료 후에도 업무 물건에 대하여 비밀 준수 의무를 다한다.

제7조 (문제 발생 시)
"갑"과 "을"은 상호신뢰를 바탕으로 협의하기로 하며 어느 일방에게 손해가 발생할 시에는 손해배상 청구를 할 수 있다.

2010년 ○○월 ○○일

"갑" : [   ] 주시회사 대표이사 ○○○   (인)
주소: 서울시   구   연락처 :

"을" : [   ] 컨설팅 공인중개사 사무소 대표 ○○○   (인)
주소: 서울시   구   연락처 :

PART
14

부동산 전속관리/분양 대행 용역계약서 작성

부 동 산 계 약 의 기 술

부동산 전속관리 용역계약서 작성

부동산 전속관리 용역계약서

물건 소재지				
층수 : 층	방수 : 개	부대시설		
전기 :	난방 :	수도 :	관리비	

위 표기된 건물에 대하여 전속관리 용역계약을 체결하며, 상호 신뢰와 성실 의무를 다하여 전속 관리 할 것을 아래와 같이 명기하고 이행하기로 한다.

부동산 관리 컨설팅 의뢰인 '갑'[   ]은 관리 수임자 '을'[   ]에게 아래와 같이 건물 전속관리 의뢰를 한다.

1. 관리 용역 기간은 202   년   월   일 부터 202   년   월 일 까지로 한다.

2. '갑'은 '을'에게 현 임대차 현황 사본을 제공한다.

3. '을'은 본 건물관리비 산출 및 관리비 영수증 등을 정산하여 임차인에게 매월 20일 제공하여 월 임대료 가 잘 입금되도록 노력한다.

4. '을'은 입주자 편의를 위하여 일주일에 3회 청소요원을 배치해 임차인의 생활에 편익을 제공한다.

5. 건물 하자부분은 '을'이 '갑'과 상의하여 보수비는 '갑'이 지불하기로 한다.

6. 입주자의 퇴거/신규입주 관리에 '을'은 최선을 다하며 임대차계약은 '을'에게 전속 위임 계약하기로 한다.

7. 기타사항은 '갑'과 '을'이 상호 협의에 의한다.

■ 의뢰인 : '갑' 성명 :   연락처 :

■ 위임자 : '을' 성명 :   연락처 :

첨부 : 의뢰인 위임장(인감증명서 포함), 임대차 현황 사본

부동산 전속관리 용역 특약사항 모음

[권리분석과 물건 현 상태 확인]

① 공동소유물건 위임장 ② 대리인과 계약 위임장 ③ 기본 시설물 외 추가 시설물 포함 여부

④ 확장 여부 ⑤ 용도 변경 ⑦ 근생(대피소) 주거시설 설치 ⑧ 신탁관리 물건 ⑨ 환경부담금 문제

⑩ 민원사항 문제

[특약사항 기본]

① 본 관리용역 계약은 양 당사자가 토지이용계획확인서, 등기사항전부증명서, 건축물관리대장, 토지대장, 지적도, 평면도 확인 및 물건 현 상태를 육안으로 확인하고 계약 서명, 날인한다.

② 등기사항전부증명서상 (   )은행 채권최고액 (   )만 원이 있음을 확인하고 계약한다.

③ 본 관리 용역계약은 2년(24개월)기간으로 계약하며 보증금 (   )원 월차임 (   )원(부가세포함)으로 계약하고 위 월차임의 30% 이내에서 관리자의 이익으로 인정을 하기로 한다.

④ 본 관리용역계약은 소유권자와 관리자의 전속용역 계약으로 관리자는 임차인을 선정할 수 있음을 승낙하며 기간 완료 후 양 당사자의 합의에 의한 연장계약 가능하며 기간 종료 시에는 현 임대차현황을 그대로 소유권자에게 조건 없이 인계하기로 한다.

⑤ 본 관리용역 계약의 공동관리 등은 관리자가 정산하기로 하며 누수 등 중요 하자 부분은 소유권자가 책임지고 수리해주기로 하며 추가 설치 사항은 관리자가 원상복구해주기로 한다.

⑥ 본 관리용역 계약은 양 당사자가 위 특약사항과 확인설명서를 읽고 듣고 계약 서명, 날인한다.

[추가 선택 특약사항]

⑦ 본 관리용역 계약은 임대차 관리를 활성화하기 위한 분할 칸막이 등은 관리자의 책임으로 한다.

⑧ 소유권자는 본 물건 등기사항전부증명서상 권리(압류, 가압류, 가등기, 가처분 등)를 중도금 시까지 정리해주기로 한다.

⑨ 본 건물의 증축 확장 부분에 대해 원상복구나 과태료 처분은 소유권자가 책임지기로 하며, 용역계약 후 발생한 부분은 관리자가 책임 원상복구하기로 한다.

⑩ 본 소유권자와 통화 승낙하에 처 (   )와의 계약이며 대금은 소유권자(   )의 (   )은행 - - - 계좌로 입금하고 20   년   월   일 소유권자가 추인하기로 한다.

⑪ 본 관리용역 계약은 대리인 (   )이 위임장과 인감증명서 첨부하고 소유권자와 통화 승낙하에 계약하며 대금은 소유권자 (   )의 (   )은행 - - - 계좌로 입금하고 잔금일 소유권자는 직접 참석하에 동시 이행으로 잔금 정리한다.

⑫ 본 관리용역 계약은 소유권자가 영주권자로 통화 승낙하에 해외거주사실확인서와 위임장을 첨부한 대리인 (   )와 계약하며 대금은 소유권자 (   )의 (   )은행 - - -

의 계좌로 입금한다.

⑬ 본 관리용역 계약은 공동소유권자 물건으로 위임장을 첨부한 1/2 소유권자인 (   )와 계약하며 1/2 소유권자 (   )와 통화 승낙하에 계약하며 대금은 1/2씩 공동소유권자 계좌로 입금한다.

⑭ 본 관리 용역계약으로 민원 발생사항, 과태료 부과 시 관리자가 책임지기로 한다.

⑮ 본 관리용역 계약은 (   )신탁관리 회사의 신탁관리 물건으로 신탁관리 회사의 승낙하에 매매하며 신탁관리 계좌 (   )은행   -   -   (   )신탁관리 회사로 대금을 입금하기로 한다.

⑯ 본 관리용역 계약의 계약금 (   )만 원 중 (   )만 원은 계약 시 지급하며 (   )만 원은 20   년   월   일 지급하기로 하고, 매수인이 미지급 시에는 기지급한 (   )만 원은 위약금으로 반환받지 않기로 하며 조건 없이 해약하기로 한다.

⑰ 본 관리용역 계약으로 소유권자와 관리자의 문제 발생 시에는 서로 합의에 의해 조정하며 불가 시에는 민법 관리 용역 규정에 따른다.

분양대행 용역계약서 작성

부동산(Rental House) 빌리지 분양대행 용역계약서

물건 소재지	경기도 평택시 팽성읍 리 험프리힐스 빌리지 17세대				
층수 : 지하층 1~4층	방수 : 4개	부대시설	기본 시설 일체		
전기 : 열 빙축 시설	난방 : 열 빙축시설	수도 : 공용	관리비	임대인 부담	

위 표기된 건물 17세대에 대하여 전속분양대행 용역계약을 체결하며, 상호 신뢰와 성실 의무를 다하여 전속관리할 것을 다음과 같이 명기하고 이행하기로 한다.
부동산 매각 의뢰인 '갑'[   ]은 수임자 '을'[   ]에게 다음과 같이 건물 전속 매각 분양대행 업무를 의뢰한다.

1. 전속매각 용역 기간은 20   년   월   일 부터 202   년   월 일 까지로 한다.

2. '갑'은 '을'에게 현 렌탈 임대차 현황 사본을 제공한다.

3. '갑'은 각세대별 매각 용역비는 (   )만 원으로 정하고 계약 시에 50%, 잔금 시에 50%를 지급한다.

4. 매각 대행료에 10% 부가세를 매각의뢰인은 추가로 '을'에게 지급한다.

5. '을'은 매수자 편의를 위해 일주일에 3회 청소요원을 배치해 관리한다.

6. 건물 하자 부분은 '을'이 '갑'과 상의해서 보수비는 '갑'이 지불하기로 한다.

7. 입주자의 퇴거/신규입주 관리에 '을'은 최선을 다하며 임대차계약은 '을'에게 전속 위임 계약하기로 한다.

8. '을'은 매각물건에 대한 광고비 등은 본인 부담으로 한다.

9. 기타 사항은 '갑'과 '을'이 상호 협의에 의한다.

■ 의뢰인 : '갑' 성명 :   연락처 :

■ 위임자 : '을' 성명 :   연락처 :

첨부 : 의뢰인 위임장(인감증명서 포함), 임대차 현황 사본

PART

15

해외 거주자
(영주권자. 시민권자)
매도/매수/임대차계약서 작성

해외 거주자 매매/매수 임대차계약서 작성

시대의 흐름에 따라 해외 거주자, 즉 우리나라 국적을 보유하고 있는 영주권자와 아예 상대국의 시민권자나 외국인의 부동산 취득, 매도, 임대차 알선 중개하는 물건이 많아졌다. 이에 공인중개사는 이러한 물건을 의뢰받았다면 계약서를 작성하기 전에 각종 필요 서류와 양도소득세를 미리 알아봐야 한다.

필요 구비 서류						
매수 시			매도 시			
구분	내국인	외국인	구분	내국인	외국인	
매매계약서	원본	원본	매매계약서	원본	원본	
신분증	주민등록증 운전면허증	외국인 거소증	신분증	주민등록증 운전면허증	외국인 거소증 (출입국관리소)	
도장	막도장	출입국 등록 사인	인감도장	반드시 인감도장	출입국 등록 사인	
주민등록 증/등본	주민등록등본	외국인 등록 사실 확인서 (출입국관리소)	주민등록초본	주소이력 포함	외국인등록 사실 증명서	
가족관계 증명서	가구 내 소유주택 수에 따라 취득세 차등 부부공동명의 등	해당 무	인감증명서 (매도용)	부동산 매도용으로 발급 매수인 인적사항 정확히 기록	부동산 매도용으로 발급 매수인 인적사항 정확히 기록	
			등기필증 (등기권리증)	분실 시 법무사 확인서면	분실 시 법무사 확인서면	
			임대차계약서	해당될 경우 준비	해당될 경우 준비	
			토지/건물 양도시 세금	매도 후 신고	잔금 전 양도소득세 신고확인서	

국내에 주소를 둔 영주권자는 해외 거주 상대국의 총영사관에서 거주증명확인서를 발급받아 첨부하고, 매도 시에는 상대국 총영사관의 확인란에 표기를 한 서류를 미리 준비한다. 또한 매도용 인감증명서를 발급받기 전에 양도소득세를 신고해 납세증명서를 첨부해야 매도용 인감증명서를 발급받을 수 있다.

시민권자의 부동산 매도 시에는 미리 법무사를 통해 관련 서류를 준비해야 한다. 필자는 20년 전 잔금일이 촉박하게(매수자 융자 등으로) 캐나다 영주권자의 서류를 받기 위해 캐나다를 다녀온 적이 있었는데, 미리 준비를 하면 번거로움을 줄일 수 있다.

해외 영주권자의
물건을 중개할 때

다른 공인중개사 사무소의 오피스텔 전세물건을 공동중개로 계약했는데, 임대인이 해외에 거주 중인 영주권자라고 한다. 이 경우 어떤 서류를 받아야 하고, 어떻게 처리해야 할까?

1. 3억 원이 넘는 물건으로 융자가 없다. 현재 2억 7,000만 원 전세계약 상태이나 계약 기간 만료로 나갈 예정이다. 2억 5,000만 원에 새로 전세계약을 체결하면서 차액 2,000만 원은 잔금 지급 시 임대인이 따로 준비해온다고 했다. 임대인이 해외 영주권자라 부인이 위임장을 준비해서 대신 오겠다고 했다.

2. 이 경우 어떤 서류를 준비해야 할까?

- 등기권리증 　　• 가족관계호적등본(부인 증명)
- 위임장(본인) : 부인에게 위임한 사실 증명
- 거주증명확인서(영주권국의 총영사관에서 발행함)
- 임대인 통장사본 : 진정한 권리자에게 입금시켜야 문제가 없음.

보통 현장에서는 위임받은 자에게 임차보증금을 지불하고, 나가는 임차인에게 바로 주는 경우가 많다. 가능하다면 임대인 남편의 계좌에 입금하는 것이 정상이지만, 절차가 복잡하다면 후일 출금한다. 나가는 임차인의 임대차계약서를 복사해서 확인 후 보관하고, 잔금을 반환할 때 임대인과 임차인이 보관하고 있는 계약서가 동일한지 확인한 후 회수해서 보관한다. 외국에 있는 임대인과 들어오는 임차인이 서로 통화해 절차를 승낙했다고 하면, 부인이 지참한 위임장을 확인한 후에 잔금을 지불하면 된다.

3. 좀 더 정확히 하고자 할 경우, 잔금 지급 시 임대인의 거주국에 팩스로 잔금 영수증을 보내어 서명·날인을 받아도 좋다. 요즘은 스마트폰으로 바로 파일을 전송하거나 받을 수 있으니, 계약서와 영수증을 휴대전화로 찍어 보내거나 보관하는 방법도 고려해보자.

4. 영주권자/시민권자의 재산을 거래하는 경우가 점차 늘어나고 있어 대리인을 통한 거래 또한 증가하고 있기 때문에, 보다 세밀한 주의가 필요하다. 당사자가 직접 참여한다면 문제는 어렵지 않지만, 올 수 없는 경우 즉 다른 사람에게 위임하는 경우에는 계약금·중도금을 소유권자의 계좌로 보내는 것이 최선이다. 잔금 지급 시에는 가급적 본인도 참석하도록 한다.

5. 외국인도 거주증명 확인 등록번호가 있다면 우리나라 부동산 매수가 가능하다는 사실도 참고하자. 물론 농지 등은 외국인 매수가 불가능한 경우도 있다.

경매 매수신청
대리 알선

필자는 경매 물건에 대해 크게 관심을 두지 않는 편이지만, 출근하면 대법원 경매 사이트를 열어 오늘의 영업 지역 경매 물건을 살펴본다. 손님이나 고객이 방문해 현 지역의 경매 물건에 대해 문의하면 답변을 해야 하기 때문이다. 지금은 평택에서 For Rental House 전속으로 매각하기 위한 빌리지가 경매가 진행되고 있기에 많은 전화가 걸려오고, 1차 유찰 시 2차 경매 날짜에는 직접 법원 경매계를 방문한다. 과연 누가 얼마의 금액으로 낙찰받는지를 살펴보고 렌탈비 수익률을 계산해보기도 한다.

공인중개사는 이와 같이 자신이 영업하고 있는 지역의 주택, 상가, 토지, 공장, 창고 등 경매물건에 관심을 가지고 때로는 급매물을 찾는 손님에게 경매 물건을 권유해봐야 한다. 이를 위해 협회에서 실시하는 경매 매수대리 자격을 획득해 공인중개사 전문가로 인정받는 것이 좋다. 경매 매수대리 자격은 법적으로 변호사, 법무사, 공인중개사 중 법원 소정의 교육 약 32시간을 이수한 자에게 주어진다. 법원에서는 공인중개사 협회에 교육을 위탁하고 있다.

[경매 물건 관찰]

중개사는 자기 관할 지역의 아파트 단지에서 경매 물건이 나온다면 놓치지 말아야 한다. 그 물건을 비교적 파악하기 쉽기 때문이다.
① 주인이 사는지 세입자가 사는지, 인도에 문제
② 물건 상태는 어떠한지, 외벽·내벽 상태
③ 관리비·가스비는 얼마나 밀려 있는지를 관리실을 통해 확인하기
④ 현 입주자의 성향은 어떠한지를 이웃 주민을 통해 확인하기
⑤ 경매 1주일 전, 물건의 동향은 어떠한지 전화나 찾아오는 사람의 기록을 통해 파악하기
⑥ 법원 경매현장에서 응찰자가 몇 명인지 살펴보기
⑦ 응찰가격 산정도 현장 분위기를 파악하면 한결 용이하므로, 적정가격도 현 시세와 비교해 파악하기

공인중개사는 적어도 자신의 지역 경매 물건을 파악하고 있어야 하며, 급매물을 찾는 등 경매에 관심을 가질 만한 손님이 있다면 상담을 통해 경매를 권해봐야 한다. 단, 권유할 때는 현재 부동산 가격 흐름과 현 지역의 실거래 가격을 비교해 정확한 분석 결과를 제시하도록 하자. 또한 경매 법정에서 누군가가 낙찰을 받았다면 낙찰자가 실제로 입주할 것인지, 매매 또는 임대차를 할 것인지 알아보고 직접 인사를 건네 손님으로 맞이하는 요령도 필요하다.

급매물보다는 경매 물건,
알선 이야기

무더운 날씨, 이것저것 서류를 정리하다가 편지 한 통을 받았다. 경매를 알선해 집을 마련해 드린 한 고객에게서 온 편지였다. 이분은 일흔을 앞둔 어르신으로, 도심을 벗어나 조용히 살아갈 수 있는 저렴한 아파트를 물색하고 있었다. 여러 곳을 다니던 중, 분당에 인접해 교통이 편리한 오포 지역을 염두에 두고 몇 군데 사무소에 들러 보다가 필자의 사무소를 보게 되었다. 먼저 와서 전세 상담을 받는 손님이 있기에 옆에 앉아서 들어보니, 믿음직한 사람이라 한번 맡겨 보겠다는 생각으로 그 손님 다음에 상담을 받았다고 한다.

필자는 손님과 상담을 진행한 후, 손님이 말하는 조건과 금액을 자세히 메모하고 2채의 아파트를 선택해 현장을 확인하고 왔다. 하지만 손님이 선택한 물건의 가격 차이를 좁히지 못해 고심에 고심을 거듭하다가 포기를 결정하려던 찰나, 필자가 경매 물건을 권한 것이다. 경매 낙찰을 받으면 급매물보다 저렴한 가격으로 내 집을 마련할 수 있다는 말에 손님은 마음이 흔들렸으나, 나이도 있으니 복잡하고 어려운 것은 피하고 싶어서 일단 다음을 기약하고 집으로 돌아갔다.

집에 돌아와 자식들에게 경매 이야기를 하니 역시 손사래를 치며 말렸다고 한다. 하지만 손님은 어쩐지 필자의 권유가 나쁘지 않았다고 한다. 밑져 봐야 본전이라고 생각한 손님은 필자에게 전화를 걸어 자세한 이야기를 요청했다. 필자는 현 세입자와도 이사비용 정도로 원만하게 합의할 수 있다는 사실을 확인한 후, 월요일에 10%의 응찰계약금을 수표로 발행해서 약속한 성남 법원 경매 법정으로 갔다.

필자는 각종 자료를 제시하고 설명하면서 손님의 반응을 살핀 후, 급매물보다 저렴한 가격을 제시하는 게 어떻겠냐고 권유했다. 손님은 권유 가격대로 응찰했고, 북적이는 와중에 집행관의 말도 제대로 알아듣기 힘들어 뭐가 뭔지도 모르고 그저 필자의 눈만 쳐다보고 있었다고 한다.

드디어 결과가 발표되었다. 응찰자는 28명이나 되었으나, 결국 손님이 차점자보다 440만 원 더한 금액으로 낙찰을 받았다. 한 달 정도 걸려 필자의 안내에 따라 잔금을 정리했고, 세입자와 원만하게 합의한 후에 입주할 수 있었다. 급매물보다 3,000만 원 정도 저렴하게 내 집을 마련한 셈이라며, 손님은 기쁨을 감추지 못했다.

그 손님은 지금도 낙찰받은 아파트에 살고 있다.

김종언 사장님 귀하
쉰을 넘긴 사람으로서 서울 도심을 벗어나 조용히 살아갈 조그마하고 저렴한 아파트를 물색하기 위하여 여러 곳을 다니던 중에 분당에 인접하고 비교적 교통이 편리한 오포라는 지역을 염두에 두고 몇 군데 부동산 중개사무소를 다니다가 우연히 부동산 중개사무소 간판에 사진이 붙어 있어 문을 여니 마침 먼저 방문한 손님과 전세계약을 체결 중이더군요.
우리 부부는 옆 탁자에 앉아 기다리는 동안에 사장님의 여러 말을 자세히 귀 기울이며 듣다 보니 왠지 믿음이 가는 공인중개사로 생각이 되었고 먼저 온 손님을 보내고 상담했습니다. 본인이 말하는 조건과 금액을 자세히 메모하시더니 2개의 아파트를 선택하여 현장을 보고 왔습니다.
그런대로 마음에 드는 한 곳을 선택하여 가격절충을 하니 매도자 측의 금액조절이 힘들어 다음으로 미루고 나오려고 하니 사장님께서 그렇다면 "경매 물건이 하나 있는데 낙찰을 받으면 아무래도 급매물보다 저렴한 가격으로 가능하니 자신을 믿고 한번 생각하시죠?" 이 말을 듣고 우리 부부는 "경매란 말은 들어보긴 했지만 복잡하고 어려운 것은 피하고 싶다"라는 말을 하고 일단 다음을 기약하고 집으로 돌아왔습니다.
집에 돌아와 자식들에게 경매 이야기를 하니 자식들도 손사래를 치고 말렸지만 어쩐지 그 권유가 나쁘게 생각되지는 않았습니다.

밑져야 본전이란 생각에 김 사장님께 다시 전화로 한 번 더 자세한 이야기를 들을 수가 있었고 현 세입자와도 이사비용 정도로 원만한 합의가 가능하다기에 월요일 10%의 응찰계약금을 수표를 발행해 ○○법원 경매○계에 도착하니 많은 사람으로 북적북적한 가운데 김 사장님과 만났습니다.

김 사장님은 각종 데이터를 설명하면서 눈치를 살피더니 이왕이면 급매물보다 저렴한 가격 정도로 권유를 받고 응찰했지요.

집행관의 말도 제대로 알아듣기도 힘들고 많은 사람으로 인하여 뭐가 뭔지도 모르고 그저 사장님의 눈만 쳐다보고 있었지요. 뭐.

드디어 발표하는데 그 아파트 물건의 응찰자는 28명이나 되었으니 설마 내가 낙찰되리라는 생각은 하지 않았으나 차점자보다 440만 원 더한 금액으로 낙찰을 받았잖아요.

예상보다 빠른 한 달 정도의 기간에 잔금 정리를 했고 사장님의 주선으로 세입자와 원만한 합의를 거쳤고 일부분 인테리어를 보강하고 입주해서 잘살고 있습니다. 급매물 금액보다 2,500만 원 정도 저렴하게 내 집을 마련한 셈이니 기분이 좋습니다.

본인은 나이 들어가면서 많은 사람을 겪어봤지만 김 사장님처럼 처음 만난 사람을 성의껏 도움을 주는 사람은 보지를 못했습니다. 김 사장님께 방문할 때마다 한결같이 정직한 마음으로 많은 손님을 상담하는 볼 수 있었습니다.

그동안의 경험담을 책으로 엮는다기에 알선받은 사람으로서 몇 자 적어 봅니다. 고마웠습니다. 앞으로 김 사장님의 사업이 번창하길 바랍니다.

경매 아파트를 알선받은 곽○○ 올림.

PART

17

외국인을 위한 렌탈하우스
(For Rental House)
임대차계약서 작성

부 동 산 계 약 의 기 술

필자는 국내에서는 드물게 주한미군(민간인 군속 근무자) 영외 거주자에 대한 주거주택으로 For Rental House 영어 계약서를 작성해 영업을 했다. Rental 영업은 일단 미군 'Humphreys Hills K-6 Housing'에 신청하고 심사를 받아 선정되었다. 제출 서류는 다음과 같았다. 선정되고 나서 1년이 지나고 매년 2월에 다시 전속 멤버로 등록되어야 비로소 외국에서 주한 미군부대에 전속을 배정받고 올 시에 그 등록된 멤버 사무소를 찾아 본인의 군무원 수당(LOA)에 맞추어 주택을 선정하고 계약을 체결하게 되었다. 그 계약서를 Housing에 제출해 승낙을 받았다.

List of required documents for Reaitor Registraton with USAG Humpheys Houing

*Submit the following documents for Housing's review.
*Registration with USAG Humphreys Housing Office is an annual requirement for #6 & #9. Realtors and assistants must provide these two documents not later than 1 Nov. Failure to provide these two documents will be removal from the realty list.

1. Map of Realty office(사무소 위치도)
2. Realtors Guideliines(공인중개사 서약서)
3. Gertificate of Public Brokerage License(공인중개사자격증)
4. Certificate of Registration and Approval of Real Estate Agency Establishment
   (공인중개사사무소등록증)
5. Certificate of Business Registration(사업자등록증)
6. Certificate of Insurance(Certificate of Guarantee Insurance) 제증서
   (인허가 보증보험증권)
7. Capy of Office Lease Agreenement(공인중개사사무소 임대차계약서 사본)
8. Certificate of Seal Imprint(인감증명서)
9. Capy of Registered employment as assistant with City Hall
   (중개보조원 고용서 신고수임서)

경기 평택시 팽성읍 계양리 136-○○
험프리힐스 김종언 공인중개사사무소

1. 사무소 위치도

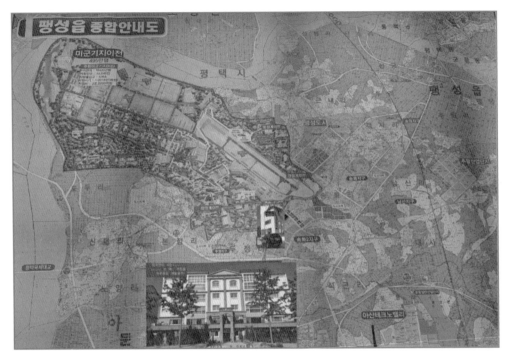

출처 : 저자 제공(이하 동일)

　주한 미군은 비상시 10분 이내에, 민간 군속은 30분 이내에 귀대해야 하므로 주로 평택시 팽성읍에서 주거지를 택한다. 그래서 For Rental House 영업은 주로 팽성읍과 오산 비행장 인근에서 이루어졌다.

2. 공인중개사 서약서

- Authorized Real Estate Agents Pledge -

This Kim Jongeun, an agent of Humphrey Hills Kim Jongeun Real Estate Office

I devote myself to providing you with a pleasant residential environment,
and the is promise that I will always serve you responsibly and trustfully when
I broker a house rental.
The office is always open. Please come to see agent Kim Jongeun, who is ready
to give you information about real estate. Im sure youll experience a touc.

Humphrey Hills Estate Office Agent Kim Jongeun

031) 692-○○○○   010-6403-○○○○

- 공인중개사 서약서 -

Humphrey Hills 김종언 공인중개사사무소 에이전트 김종언입니다.

저는 여러분께 쾌적한 주거문화를 제공하기 위해 최선을 다하며,
신뢰를 바탕으로 House Rental 알선 중개할 것을 약속합니다.

저희 사무소는 언제나 열려 있습니다. 에이전트 김종언을 만나러 와주세요.
부동산에 대해 유익한 정보를 제공하겠습니다.
여러분께 기쁨과 감동의 시간이 될 것입니다.

Humphrey Hills 김종언 공인중개사사무소 대표 김종언

031) 692-○○○○   010-6403-○○○○

3. 공인중개사 자격증

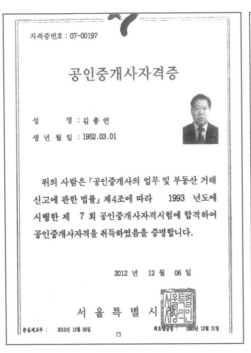

4. 사무소 등록증

5. 사업자 등록증

6. 공제증서

7. 임대차계약서

8. 인감증명서

9. 가계약금 영수증

RENTAL BINDER & DEPOSIT RECEIPT
(가 계약과 가 계약금 영수증)

Binder Deposit Money....................... KRW
(가 계약금)   (원)
Landlord (임대인)   귀하

Tenant (임차인)   귀하

House Property Location:
(하우스 소재지)

House Name:
(하우스 이름)

By Signing this rental binder, the tenant agrees not to get a refund of the above binder deposit if she/he fails to fulfill the rental agreement, and the landlord agrees to return the double amount of the binder deposit if she/he fails to fulfill the rental agreement

(위 임차물건에 대한 특약이다. 임차인이 계약 미 이행 시에는 상기 가 계약금은 위약금으로 반환받지 않기로 하며, 임대인이 계약 미 이행 시에는 임대인이 수령한 가 계약금의 배액을 배상하기로 합의합니다.)

20   년   월   일

Landlord (임대인)   (인)

Tenant (임차인)   (인)

Broker(witness) (중개사)   (인)

10. 영어계약서(예시)

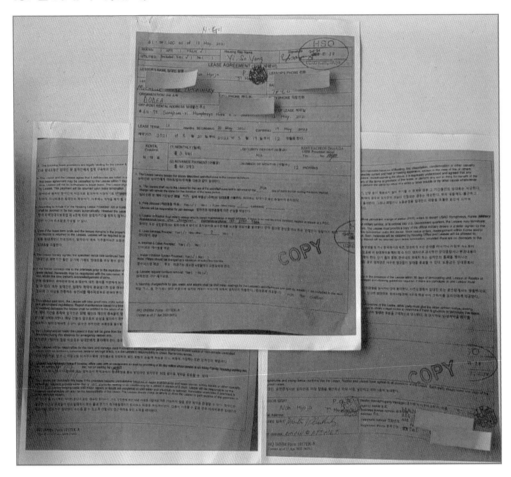

11. 미 군무원 주택수당(LQA) 예시

미군무원 주택수당(LQA)		예시) 환율: 1,170원/1$ (주) 중개보수 : 임대인 부담	
가족수	건물평수	$	원화
1인가구	65 py	33,200 $	38,844,000원
2인 가구	70 py	38,900 $	45,513,000원
3~4인가구	80 py	42,790 $	50,064,000원
5~6인 가구	90 py	46,680 $	54,615,600원
7인가구	100 py	50,570 $	59,166,900원

12. 공인중개사 핸드폰번호/ 회사 전화번호 /부동산 이메일

13. 인터뷰 : 영어 상담. 긴급처치 등 약 10분간 하우징 담당자와 개별 인터뷰

1. Welcome to you!

2. Please sit here

3. It's getting colder today

4. My business card

5. My name is JONG EUN KIM call me JONG EUN

6. My job is a house rental real estate Investment advis consulting agent

7. How long haver you been in pyeongtaek?

8. Can you speak Korean very well?

9. What can I do for you?

10. Have you a nice day! I'll see you again

① 당신은 외국인과 영어로 대화가 가능합니까?(필자의 인터뷰 내용)

② 당신은 외국인의 생활주거 For Rental 영업을 한 경험이 있습니까?

③ 당신의 사무소에는 영어를 잘하는 직원이 있습니까?

④ 당신은 Rental House 대상 물건을 얼마나 확보하고 있습니까?

⑤ 당신은 Housing에서 요구하는 계약서를 작성할 수가 있습니까?

⑥ 당신은 고객이 입주 시에 최선을 다할 수 있습니까?

⑦ 당신은 입주 후에 문제 발생 시에 A/S에 만전을 기할 수가 있습니까?

⑧ 당신은 기간 종료 후에 연장계약에 협조할 수 있습니까?

⑨ 당신은 기간 종료 후 고객이 귀국에 대해 도움을 줄 수 있습니까?

⑩ 당신은 주한 외국인의 주거환경 문화에 최선을 다해주세요. 고맙습니다.

우리 인생에는 수많은 직업군이 있습니다. 그중 하나인 공인중개사는 부동산 전문가로서 평생 직업으로 선택하며, 자신의 만족을 느끼면서 생활할 수 있는 직업입니다. 그래서 많은 사람이 공인중개사가 되고자 합니다. 그러나 앞서 살펴본 것처럼 그렇게 만만하지 않은 것이 현실입니다.

우리 인생은 태어나서 3가지 운(運)을 만난다고 합니다

첫째 : 천운(天運) = 한국에서 태어나고 내 부모 성을 가진 아들딸입니다. 내 이름이 정해지고 금수저, 은수저, 흙수저 등으로 태어납니다.

둘째 : 지운(地運) = 내가 살아가는 땅의 기(氣)를 받으며 성장합니다.

셋째 : 인운(人運) = 만남의 세계에서 본인(本人)이 형성되고, 자기의 인생살이에서 부자가 되기도 하고, 출세의 길도 여기에서 이루어집니다.

세상살이란 좋은 사람을 만나면 좋은 일이 생기고, 사기꾼을 만나면 사기를 당합니다. 비록 흙수저로 태어났지만, 좋은 터에서 땅의 기운을 받아 건강하게 자라거나, 좋은 사람을 만나 좋은 인간관계를 통해 성공하는 이도 있습니다. 공인중개사가 되었으니, 공인중개사 전문가로서 자신만의 콘셉트를 꾸준히 개발하고 철저한 자기 관리로 성공해야 합니다.

그래서 필자는 현장중개실무 강의 시에 자기 목표를 세우라고 말합니다.

첫째, 자가 사무소를 가져야 합니다. 언제까지 월세를 내고 영업하겠습니까? 기회가 주어진다면 자가 사무소를 갖기 위해 노력해야 합니다.

둘째, 수익성 물건의 소유권자가 되어야 합니다. 공인중개사가 되었다면 자기 재테크도 할 줄 알아야 생활도 한 단계 업그레이드될 수 있습니다.

셋째, 성공했다면 그동안의 경험을 한 권의 책으로 엮어 자기 저서를 남겨 후배 공인중개사의 길잡이가 되도록 해야 합니다.

필자는 부동산 중개업을 즐거운 여행이라고 표현합니다. 즐거운 마음가짐으로 영업하고, 때로는 어려움이 있다면 자신만의 심신을 달랠 수 있는 운동이나 여행으로 힐링해 성공할 수 있습니다.

이같이 이룰 수 있는 과정과 방법을 이 책에 담았으니 도움이 되었으면 하고, 우리 공인중개사님들이 대성하길 기원합니다.

공인중개사
김종언

제1판 1쇄 2025년 1월 20일

지은이 김종언
엮은이 한상옥
감수 고상철
펴낸이 허연   **펴낸곳** 매경출판㈜
기획제작 ㈜두드림미디어
책임편집 이향선   **디자인** 김진나(nah1052@naver.com)
마케팅 한동우, 박소라, 구민지

매경출판㈜
등록 2003년 4월 24일(No. 2-3759)
주소 (04557) 서울시 중구 충무로 2(필동 1가) 매일경제 별관 2층 매경출판㈜
홈페이지 www.mkbook.co.kr
전화 02)333-3577
이메일 dodreamedia@naver.com(원고 투고 및 출판 관련 문의)
인쇄·제본 ㈜M-print 031)8071-0961

ISBN 979-11-6484-743-3 (03320)

책값은 뒤표지에 있습니다.
파본은 구입하신 서점에서 교환해드립니다.